歌剣の維新歌

歌で綴る幕末史――純粋行動者の系譜

吉田慎太郎

緒　言

馬齢を重ねていつの頃よりか、「血も涙もある幕末私史」を一冊にしたいと思っていた。それが此度、「歌心剣魂」の志士歌を中心に据えた『歌剣の維新歌』として図らずも上梓されることになった。

拙著は志士と呼ばれる青年らの詠んだ歌と志士的活動を通して明治維新の波乱激動を描こうとした一書である。『歌で綴る幕末史』と副題した所以である。

幕末日本が世界の列強に一呑みにされそうになった時に、惜しみなく一身を擲って立ち上った青年志士らの行動と精神を彼らの歌に拠《よ》って実感的・体感的に叙べ伝えることが主要テーマである。と同時に、青年たちの命懸けの救国行動と遺歌を紹介することによって、内外ともに幕末に非常に似通った状況下にある今日の日本に一石を投ずることが拙著の分不相応の目的でもある。特に次代を担う青年子女にぜひ、志士らの「歌心剣魂」歌に触れてもらい、これからの日本のために一層頑張って欲しいと願って書き進めたことを書き添えて緒言としたい。

拙著の構成に就いて述べる。本篇に入る前に序篇「序に代えて」を設け、愚生の考える純粋行動（者）について『純粋行動者の系譜』と副題し一言した。本篇は初めに維新の牽引者として孝明天皇と吉田松陰について叙したあと、幕末以前、幕末前夜、幕末動乱と筆を進めた。幕末以前では先覚志士として寛政三奇士、さらに先々覚者として水戸光圀に遡って紹介した。

本文記述の体裁は範囲を孝明天皇践祚の弘化3年（1846）頃から帝の崩御（慶応2・1866）辺りまでとし、その間に起きた歴史的事件や出来事を時系列的に略叙していく方法を採った。

節ごとの記述は冒頭に歌を掲げ、次にそれら詠草を生んだ歴史的事件や出来事を略述したあと、作者の略伝を記し、最後に歌意、語釈、感想を述べていくこととした。詩歌の鑑賞はその背景を知らねば歌の生命に近づけないし、また作者の出自、年齢、当時の置かれた立場を知ることは、思いがけぬ感慨を生み、大切であると思い、殊に作歌当時の身分、年齢について特に力を入れたつもりである。

作者数は121人、掲出歌数は201（今様2、狂歌1、端唄2、俳句1含む）。掲出漢詩7篇。所収の引用詩歌作品数（掲出歌は除く）は310余である。

選歌の基準は、「志」が抒情性豊かに詠われていることを大前提として、①維新史の上で愚生の考える重要な出来事（史実）を背景にしていること、②重要な出来事でなくとも史的背景がはっきりしていること、③史的背景が判然していなくても作者の志士的活動、心情、生き方、風貌が伝わるもの、④作品としては取るに足りないが、幕末維新歌として時代の雰囲気を表わしているなど捨て難いもの、⑤そのほかとした。

専門家ではないので、語釈等は大意の分かりにくそうなもののみに留めて、力点を置かなかった。行立てした歌以外の歌も可能な限り地の文に混ぜる形で紹介したが煩を避けるため註解等は行わなかった。和歌以外の漢詩も掲載した。志士らの歌のみならず純粋行動者として殉じた人の歌も人物紹介とともに載せた。又、詠草や本筋に関係なく、重要だと思う出来事や維新史などに対する私見も、副題の『純粋行動者の系譜』の一環として「補記」のかたちで時折り挿入した。全体に前後の脈絡、一貫性を心掛けた積もりだが、浅学菲才、流れが停滞したり、途切れることが多々あった。歌毎の、短文の集まったものとして読んで戴ければ、気が楽だ。

出版に際し、斯界に名高い展転社の荒岩宏奨代表取締役のご海容と、同社へお導き下さった不二歌道会会員で元都議の野村有信氏及び「國の子評論」社主で民族革新会議副議長の横山孝平氏両氏に対し、深甚なる感謝を申し上げる。

なお、目次の読み方について付言すれば、作者名及び歌の下の数字は掲出歌の掲載頁、（　）内はその歌釈頁を、また複数首の場合は最初の掲載歌の掲載頁のみを記し、（　）内は歌全部の歌釈の頁を示した。

さらに本書の性質上、標題のほかに、「歌で綴る幕末史」と「純粋行動者の系譜」という2つの副題を有する変則のスタイルになった。どうしても一方を切り捨てることが出来なかった。ご寛恕を願います。

令和7年歳初

目次

諸言　2

序にかえて―序篇―

維新の志士と救国の純粋行動　26

純粋行動とは何か　28

純粋行動者の系譜～維新期の代表者ほか～　30

維新の担い手、志士　32

生命捧呈を伴った純粋行動、その美と価値　34

志士らの歌心剣魂歌　35

第1回　維新の牽引者

日本国の中心者　38

孝明天皇（2首）　38（38）

輔弼者第一号　40

吉田松陰（6首）　41（43）

補記の1　橋本左内　49

第2回　幕末以前（一）
尊皇先覚者　寛政三奇士　52
林子平（1首）　52（53）
高山彦九郎（1首）　52（54）
蒲生君平（1首）　52（56）
補記の2　小澤蘆庵（1首）　57

第3回　幕末以前（二）
明治維新の根本思想「天皇の国、日本」を宣揚した大先覚者、水戸光圀　60
水戸光圀（1首）　64（64）
補記の3　竹内式部、山縣大貳、藤井右門〜宝暦・明和の尊皇者〜　66

第4回　幕末前夜
水戸学中興の祖、藤田幽谷　70
藤田幽谷（1首）　70（71）

尊皇攘夷思想の鼓吹者　72
水戸斉昭（2首）　72（74）
藤田東湖（1首）　72（76）
補記の4　佐久間象山（2首）　78

第5回　幕末動乱（黒船幕開け）
幕閣老中（政権中枢）と雄藩諸侯の対立　82
阿部正弘（1首）　82（86）
読み人不知（2首）　82（87）

第6回　幕末動乱（序幕）
井伊直弼大老就任、日米通商条約無勅許調印　90
孝明天皇（1首）譲位の叡慮　90（92）
井伊直弼（1首）井伊の暴政と密勅降下　90（92）

第7回　安政の大獄（一）　幕政批判勢力大弾圧
在京四天王ら尊攘志士の一斉逮捕　96

梅田雲浜（1首）　96（97）
頼三樹三郎（1首）　96（100）
梁川星巌（1首）　96（101）
飯泉喜内（1首）江戸逮捕者第1号　96（102）
補記の5　頼山陽　104

第8回　安政の大獄（二）　水戸藩尊攘派弾圧
勅諚降下関係者の一斉処分　106
安島帯刀（1首）　106（107）
鵜飼吉左衛門（1首）　106（109）
鵜飼幸吉（1首）　106（110）
茅根伊與之介（1首）　106（110）
日下部伊三次（1首）　106（111）

第9回　安政の大獄（三）　朝廷圧迫
「堂上、藩主とて容赦せず」　114
三条實萬（1首）　114（115）

近衛忠凞（1首） 114（116）
水戸斉昭（1首） 114（118）
松平春嶽（1首） 114（118）
女性、僧も容赦なし 120
小林民部大輔（1首） 120（120）
老女 村岡（1首） 120（121）
釈 月照（1首） 120（122）
第10回 桜田一挙（一） 水戸藩激派、大老排除を決断
雄藩へ蹶起呼び掛け 126
金子孫二郎（1首） 126（127）
高橋多一郎（1首） 126（128）
齋藤監物（1首） 126（130）
第11回 桜田一挙（二）
十八士、大老の首級挙ぐ 134
関鉄之助（1首） 現場指揮 134（136）

有村治左衛門（1首）　薩摩藩　134（138）
佐野竹之助（1首）　134（139）
鯉淵要人（1首）　134（140）
蓮田市五郎（1首）　134（141）
要撃余香　146
木村權之右衛門（1首）　一挙支援　146（146）
有村蓮壽尼（1首）　治左衛門母　146（147）

第12回　桜田一挙が齎したもの
その歴史的意味　148
補記の6　佐久良東雄（3首）　152

第13回　皇妹和宮降嫁
江戸下り　156
和宮（3首）　156（158）
大橋巻子（1首）　156（159）
補記の7　ジョン万次郎　161

第14回　坂下門要撃　草莽者の反幕行動

六士、斬り込み　164
平山兵助（1首）　164（166）
小田彦二郎（1首）　164（167）
河野顕三（1首）　164（168）
河本壮太郎（1首）　164（169）
坂下、余花　170
児島草臣（2首）　170（171）
河邉佐治衛門（1首）　170（172）

第15回　薩摩国父、島津久光登場

寺田屋騒動　176
有馬新七（1首）　176（178）
森山新五左衛門（1首）　176（179）
是枝柳右衛門（1首）　176（180）
田中河内介（2首）　176（182）

第16回　勅使江戸下向、将軍上洛督促
久光供奉、並びに生麦事件　186
島津久光（1首）　186（187）
大原重徳（1首　漢詩1篇付）　186（188）
第17回　朝議一変—公武合体から破約攘夷へ—
朝廷内攘夷派若手公卿の台頭（並びに尊攘志士等による天誅の嵐）　194
三条實美（1首）　194（197）
岩倉具視（1首）　194（199）
姉小路公知（1首）　194（200）
長州藩、尊皇攘夷へ藩論大転換　194
毛利慶親（1首）　194（201）
長井雅樂（1首）　195（202）
第18回　松陰思想の継承者、久坂玄瑞
藩論転換の中心人物　204
久坂玄瑞（4首）　204（207）

第19回　維新動乱第2幕―玄瑞等、攘夷期限建白書奏上―
攘夷実行―外国船砲撃から八・一八政変まで―　212
久坂玄瑞（3首　今様含む）　212（216）
三条西季知（1首）　七卿都落ち　213（219）
補記の8　勝海舟　221
第20回　天誅組（一）挙兵
皇軍御先鋒　224
中山忠光（2首　上の句を含む）　224（225）
松本奎堂（下の句）　227（228）
吉村寅太郎（1首）　227（228）
藤本鐵石（1首）　227（229）
第21回　天誅組（二）戦いの事ども―五條御政府から解陣・山中彷徨まで―
五條代官所襲撃　232
伴林光平（1首）　232（233）
安積五郎（1首）　233（234）

天辻峠・賀名生　234
伴林光平（1首）　234（235）
十津川勢参加　234
深瀬繁理（1首）　235（237）
高取城攻撃　238
吉村寅太郎（1首）　238（238）
陣中詠（吉野銀峰山）　239
伴林光平（1首）　239（240）
渋谷伊與作（1首）　241（241）
陣中詠（離脱）　241
水郡善之祐（1首）　241（242）
陣中詠（十津川山中）　243
伴林光平（1首）　243（243）
陣中詠（長殿山）　244
藤本鐵石（2首）　244（244）
伴林光平（2首）　245（245）
陣中詠（解陣）　246

野崎主計（1首）　246（247）
藤本鐵石（1首）　247（248）
山中彷徨ほか　248
伴林光平（4首）　248（249）

第22回　天誅組（三）終焉

鷲家口最後の血戦　252
決死隊　252
那須信吾（1首）　252（252）
宍戸彌四郎（1首）　252（253）
忠光卿随従隊　254
半田門吉（1首）　255（255）
警護隊、本隊、傷病隊　256
乾十郎（1首）　256（257）
鶴田陶司（1首）　257（257）
岡見留次郎（1首）　257（258）
尾崎鋳五郎（1首）　257（258）

三総裁辞世　262
藤本鐵石（1首）　262（263）
松本奎堂（1首）　263（263）
吉村寅太郎（1首）　264（265）
補記の9　武市瑞山　267
補記の10　荒木貞夫　268
補記の11　齋藤史（1首）　269

第23回　生野挙兵

一戦も交えず破陣　272
平野國臣（2首）　272（274）
河上弥市（2首）　元奇兵隊総督　272（276）
第一級の文学者志士　276
平野國臣（2首）　277（277）
十六士、惨死・自決・獄死　278
三玉三平（1首）　278（279）
戸原卯橘（1首）　278（279）

長野熊之丞（1首）　278（280）
伊藤龍太郎（1首）　278（280）

第24回　水戸天狗党

筑波山挙兵から藩内訌まで　284
藤田小四郎（1首）　284（286）
田丸稲之衛門（1首）　284（287）
竹内百太郎（1首）　284（288）
田中愿蔵（1首）　284（288）
天狗党、京を目指す　289
武田耕雲斎（1首）　289（291）
齋藤太吉（1首）　289（293）
瀧殿主計（1首）　290（293）
武田彦右衛門（1首）　290（293）
敦賀投降828人とその結末　294
武田耕雲斎（1首）　294（295）
山国兵部（1句）　294（296）

川上清太郎（1首）　294（296）
国分新太郎（1首）　294（297）

第25回　池田屋事件

京都守護職配下、新選組　300
吉田稔麿（1首）　300（302）
宮部鼎蔵（1首）　300（303）
松田重助（1首）　300（304）
杉山松助（1首）　300（304）
新選組と清河八郎　306
清河八郎（1首）　306（307）

第26回　禁門甲子の戦い―動乱第3幕―

長州藩、大激論―出兵、是か非か―　310
木島又兵衛（1首）　310（312）
周布政之助（1首）　310（312）
三条實美（1首）　310（313）

慶親公、軍令状手交。全軍出兵・布陣　314
毛利慶親（1首　漢詩1篇付）　314（315）
久坂玄瑞（2首）　314（317）
両軍、皇居激突―玄瑞戦死―　318
久坂玄瑞（2首）　318（320）
入江九一（1首）　319（321）
寺島忠三郎（1首）　319（321）
倒幕運動の理論的指導者　322
真木和泉（5首）　322（324）
第27回　長州試練（一）―幕軍第一次征長―
三家老切腹、四参謀斬首　330
増田親施（1首）　330（332）
福原越後（1首）　330（333）
国司信濃（1首）　330（334）
第28回　長州試練（二）―英仏蘭米連合艦隊に全面降伏―

高杉晋作、キューパー提督相手に一世一代の大芝居　338
高杉晋作（2首　漢詩1篇付）　338（342）

第29回　長州試練（三）―藩内訌・親幕派の台頭―
晋作、潜竜　348
高杉晋作（1首）　348（350）
井上聞多（1首）　348（351）
野村望東尼（2首）　348（352）

第30回　功山寺蹶起
親幕派を一掃、藩論元に復す　356
野村望東尼（1首）　356（359）
毛利定広（1首）　356（360）
伊藤俊輔（1首）　356（361）
殉難、上席六士　362
毛利登人（1首）　362（363）
松島剛蔵（1首）　362（363）

渡邊内蔵太（1首） 362（363）
清水清太郎（1首） 363（364）
第31回　長幕戦争前夜
桜山招魂場（奇兵隊） 366
高杉晋作（3首） 366（367）
日柳燕石（1首）　侠客勤皇家 366（371）
第32回　第二次長幕戦争―長州大試練―
長州藩、四境戦争に勝利す 374
高杉晋作（1首　今様1曲・漢詩2篇付） 374（380）
晋作、逝く 384
高杉晋作（1首上の句　俗曲1曲・漢詩1篇付） 384（385）
野村望東尼（1首下の句） 384（385）
第33回　桂、西郷、龍馬
薩長同盟 388

桂小五郎（1首　俗曲1曲）　388（391）
西郷隆盛（2首　漢詩1篇付）　388（392）
坂本龍馬（2首）　388（394）
中岡慎太郎（1首）　389（395）
補記の12　最後の将軍、徳川慶喜　397

第34回　孝明天皇崩殂
孝明天皇（御製13首）　404（404）

あとがきに代えて
補記の13　明治維新160年の歩みと今日の課題　410
幕末維新歌の真価　410
ナショナリズム覚醒　411
100年続いた明治維新のエネルギー　412
「WGIP」（日本人洗脳計画）―日本的なもの一切を「悪」と断罪―　413
日本人反日者（敗戦利得者）の跋扈　416
日本精神復権を主張した四烈士　418

占領政策2大後遺症―「反戦平和病」と「自虐史観症」― 420
日本精神を取り戻す100年目 422
令和の課題―あと20年ある、20年しかない― 423
参考文献引用書一覧（蔵書） 426

序にかえて―序篇―

維新の志士と救国の純粋行動

元東大教授で文学博士の坂本太郎博士（1901〜1987）は『日本史概説下巻』（1962年　至文堂）で「幕末を以て日本歴史の神髄の、国民精神の精髄の、最も発揮された時であるという史観が生まれた」「けれども率直に言えば幕末史は陰謀、策略の集積であり、復讐につぐ復讐の継起であり、最後は武力という人間のあさましさを残りなく見せつけた歴史である」と述べている。

明治維新と雖《いえど》も、革命の本質たる権力奪取（暴力）を内蔵するものである以上、そこに人間の悪や醜さが露骨に展開されるのは当然であり、維新史に暗黒醜悪の半面があるのは否定できるはずはない。元々我々人間は浅ましく愚かなものだからである。

しかし、明治維新は、泥田に咲く蓮の花のごとく、浅ましい中になお粋然と咲き出でる美しく輝かしい行為のあったことも、また事実である。坂本博士の見解は維新史の一面にすぎない。

その行為とは幾百幾千という志士と呼ばれる青年らが自国を外国の侵略（植民地化）から守るため

に一身を擲《なげう》った救国行動を指す。その「自己犠牲的行為」がなぜ美しく輝かしいのか。それは彼らの行動が所謂「純粋行動」だからである。人は人の真心からの行為、私心のない行為、つまり、「純粋行動」に出会った時にそれを美しい、立派な行ないと感じ、強く心を動かされる。中でも、「他」のために自分の命を捧げる「自己犠牲」は最大の純粋行動であり、青年志士らの「自己犠牲的救国行動」がまさにその通りのものであったことは何人も異存は無かろうと思う。

「純粋行動が何故美しく、且つ人の心を動かすのか」は後述するとして、「純粋行動とは何か」であるが、愚生の考える「純粋行動」は、志《こころざし》的要素、自己犠牲的要素、無償的要素の3要素によって構成されていると考えるので小見を述べておく。

「志的要素」は、純粋行動が生まれる大本の構成要素であり、純粋行動の「出発点」である。先の志士の例で言えば志士らの救国行動は救国の志（＝胸中の信念）から生まれたものである。（「志」とは胸中の信念の意である）

「自己犠牲的要素」は、「他」のために「己」を滅するという純粋行動の根幹をなす「精神性」を担う構成要素であり、且つ、純粋行動の真贋証明（踏絵）的要素である。

「無償的要素」は、一切の対価、成否を求めないという純粋行動の「純粋性」を担保する構成要素である。

少々、理屈っぽくなるが、実際の純粋行動はⒶ胸中の志を行うことそれ自体に最高の価値ありとする「志《こころざし》実行型」（殉志型と言ってもいい）と、Ⓑ志（信念）の目的達成に最重要価値を置く「目的達成型」

に分かれる。ⒶⒷいずれも自己を他のために犠牲にする行為ゆえに両者とも「自己犠牲的行動」であるが、特にⒶ「志実行型」は対価、成否を求めないという意味で「無償的・自己犠牲的・完全純粋行動」である。

「殉志」について付言すれば、「殉志」とは辞書に無い言葉だが、志に殉ずる意であるから、一種の「精神行動」である。「殉ずる」とは国や自己の信条などのために命を捨てる意。（新潮国語辞典　1969年版）

純粋行動（者）とは何か

以上を念頭に置いて、重複を厭《いと》わず、「純粋行動」についてもう少し厳密に整理しておけば、拙著に云う「純粋行動」とは自らの志や思想を実行することそれ自体のために身命を捧げる行為を言い、一切の形而下的有効性を峻拒《しゅんきょ》した、対価なしの行動である。己の志を第一とし、自己の生命、財産、名誉その他諸々を犠牲にした、成否を度外視した陽明学的行動であると云うこともできる。

これを定義すれば「純粋行動」とは

一、己の志、信念、初発心等から生まれ、且つ、それを行うことを第一義の目的とした行動でなければならない。（志に殉じなければならない）

一、その行動は自己犠牲を前提にしなければはならない。（理想を言えば「死」によって完結しなければならない）

一、その行動は対価なし（＝無償）でなければならない。（功利性や結果を100％度外視した行動でなければならない）

この3要件をもって「純粋行動」とし、これを行った人を「純粋行動者」という。利害、打算、鬼謀の人であっても、ある一瞬、自らのまごころ（初発心）に身をもって殉じたならばその行為は純粋行動であり、その人はその刹那、純粋行動者である。目の前で溺れる子供を見て咄嗟に川に飛び込んで助けようとする行為は純粋行動である。

明治維新第一等の純粋行動者、吉田松陰はそれを「志を万事の源と為す」と言い、「知るは行いの本也」と言っている。「念へば発す」とも言った。念いや信念が極まれば行動になると言った。松陰はまた「諸君は功業を為すか、我は忠義を為すつもり」とも言った。結果や成否は問題ではない、己の信ずる志を行うことに価値があると言ったのである。「純粋行動」とは思想、信条、信念を行うことが最高の目的である行動であり、その意味では行動のための行動であると言っていい。

純粋行動の動機となった思想や哲学に客観的価値が有れば有るほどその行動の発光度、耀きは大きく、強く、偉大なものとなる。また自己犠牲が己一個から離れれば離れるほど価値あるものとなる。純粋行動（者）にはその信ずる信念、哲学の大小、高下、種類等々によって千差万別の評価が生まれる。世界規模の純粋行動と我が身一個の欲望充足ではその価値、評価に天地の開きがあるのは当然だ。100％の純粋行動から非純粋行動まで無限の幅があり、段階があるのも無論である。

日本歴史の中で最大の歴史的出来事といっていい明治維新を成し遂げた志士らの純粋行動がその発光度において、強く、偉大なものとなったのは当然であった。

純粋行動者の系譜〜維新期の代表者ほか〜

我が国の純粋行動者の系譜について若干触れておく。純粋行動者は外国との戦争など国の重大事に多く出現する。

過去の日本国存亡の危機は

①元寇（＝蒙古襲来）（鎌倉時代の文永11と弘安4・1274年と1281年）

②明治維新（前段階）（徳川幕府末期の嘉永6〜慶応3・1853〜1867年の14年間）

③大東亜戦争（昭和7〜昭和20・1932〜1945年の13年間）

の3大国難の時であった。

①の純粋行動者の代表は元使の来朝時に弱冠16歳で執権となり、無礼な使いを切り捨てるなど2度に渡る蒙古の大襲来を斥け、元の来寇が止むとほぼ同時に亡くなった若き征夷大将軍、北条時宗（32）であり、②は吉田松陰、久坂玄瑞、高杉晋作、西郷隆盛等々であり、③のそれは戦局の逆転を願って人類未曾有の人間魚雷「回天」を創案した黒木博司少佐（24）はじめ、一撃必殺の信念で敵艦に体当たりしていった若き特攻隊員らである。殊に明治維新は一時代に一人か二人しか現れない救国的人

物が一時に数多く顕われた稀有な時代であった。

これまでの日本歴史の中で出現した純粋行動者の系譜を遡ればその源は神話のヤマトタケルノミコト（日本武尊）に辿り着こうが、以後、聖徳太子（対隋）、中大兄皇子・中臣鎌足（大化改新）、和気清麻呂（道鏡の皇位簒奪阻止）、菅原道真（遣唐使廃止）、後鳥羽上皇（承久挙兵）、北条時宗、防海の将士（元寇）、楠木正成、楠正行、新田義貞、宗良親王（南朝の忠臣）、赤穂義士（主君仇討）、水戸光圀（大日本史編纂）、竹内式部、山形大弐（宝暦・明和の尊皇塾）、寛政三奇士（尊皇先覚者）、大塩平八郎（天保飢饉貧民救済）、志士・草莽（明治維新）、廣瀬武夫、佐久間勉艇長等将兵（日露戦争）、青年将校等（昭和維新）、黒木博司、関行男以下特別攻撃隊等将兵（大東亜戦争）、戦後は山口二矢《おとや》、三島由紀夫、影山正治、野村秋介（日本精神復権）等々と、その流れは脈々と続いている。

このように我が国では国の重大事のその折々に英雄や偉人や救国的人物が出現し、我が国独特の山脈を形作っている。なかでも維新激動の時代に出現し、時代を牽引し、多くの志士らをリードした松陰、玄瑞、晋作、西郷は近代純粋行動者の系譜の歴史にひと際明るい光芒を放って後に続くものの道標となっている。彼ら救国的人物の出現は2千年の蓄積の中から迸り《ほとばし》出た日本民族精神の大噴火であり、その大噴火の直下には数多くの青年志士らの溜まりに溜まった憂国のエネルギーが今や遅しと噴出を待っていたと言っていい。産業革命以降の西欧列強によるアジア植民地化という滔々たる世界史的流れの中で彼らの「日本存亡」の危機感から生まれた爆発的行動は1人や2人、10人や20人、百人や2百人の少人数グループ的、間歇《かんけつ》的な行動ではなかった。その救国のエネルギーの奔流爆発は尊皇、攘夷、改幕、反幕、倒幕と名を変え次から次とエスカレートし、約15年にわたり広がり、うねり、押し寄せて連続的、民族的、集団的、自己犠牲的な一大行動となって旧体制を押し流した。青年志士らのこれらの怒涛の如き純粋行動によって所謂、黒船来航以降危惧された日本の植民地化は免れ、国の独立は守られたといってよい。

維新の担い手、志士

黒船来航前後の日本にあって、青年志士らのみならず、日本の対外的将来を憂えた心ある大多数は外国の侵略を防ぐには日本が一つにまとまって戦う以外にないとの結論で一致した。そしてそれは長い鎖国政策の上に胡坐をかき箍《たが》の弛《たる》んだ当時の徳川幕藩体制では到底無理であり、天皇の名のもとの挙国一致体制しかないと考えた。しかし、思うは易く行うは難し。天皇親政——それは必然的に260年の長期間に渡って武力政権のトップに君臨し、弛みきっているとは言え圧倒的な武力を有する徳川幕府（6百万石）との対決を意味する。藩主以下藩の上層部にとっては、藩の滅亡は勿論、家名断絶や自身の身の破滅を意味した。また、当時の日本の9割を占める農工商の庶民層には攘夷思想や革命に繋がる幕政批判思想など皆無であった。

従って幕府に対し改幕的反幕的を問わず命懸けの敵対的行動を行なえるものは所謂、志士と呼ばれる脱藩下級武士（処士、浪士を含む）やそれに準ずる神職・僧・下級医者などの準士分階級、及び郷士、庄屋、商家出身の所謂、草莽者といった下級下層のそれも概ね無名の若年層しかいなかった。彼らは家督相続権のない次男三男が多く、比較的自由と言えば自由であり、世界情勢に関心を持ち、自分の中に意見や志を持った当時の知識階級であったが、身分制度の厳しい当時にあって制度上の発言権や意見具申の道を封ぜられた所謂、局外者（アウトサイダー）であった。

吉田松陰の実家の杉家や養家先の吉田家は30石以下の下級武士であり、後の初代総理大臣となった伊藤博文（俊輔）など出自（2代前）は百姓身分であり、中級藩士の桂小五郎や高杉晋作の家とてせいぜい150石余、久坂玄瑞は寺社組医（25石）の出である。土佐藩の坂本龍馬や吉村寅太郎らは商家や庄屋出身の郷士であり、薩摩藩の西郷隆盛、大久保利通などは城下士の下級身分であった。

彼ら志士は当面の敵、自藩や幕府を相手に脱藩を繰り返したり、処士横議（連携）するなど命を的に既成権力と闘った。その破壊的行動は夷人襲撃、外国公使館焼き打ち、要人襲撃、蜂起、挙兵、暗殺、天誅等々多種多様に及んだ。そうしなければ日本の国は守れないと信じたからであるが、志士らの当時の置かれた身分、立場から政治（＝国事）に己の志を反映させるには、御法度の破壊的行動以外に選択の余地は無かった。彼らには死罪を承知で我が身を捨て石として行動する以外に「ご政道」に携わる手段は無かったのである。

また、幕藩体制に批判的であった藩や藩主、藩上層部や上中級の藩士も少数だがあった。藩で言えば徳川御三家とはいえ将軍職に就けない約束の家柄である水戸家や70万石の大大名ながら辺陬《へんすう》の地の薩摩藩、関ヶ原の戦いで半分の36万石に減封された長州藩であり、個人で言えば水戸斉昭、松平慶永、毛利慶親、島津齋彬、島津久光、山内容堂、尾張慶勝らであった。彼らは海防、国防に憂国の経綸を持った先覚有意の藩主であったが、孰《いず》れも幕政のアウトサイドにいた人々であり、何らかの不遇逆境の中にあった藩や個人であった。これら謂わば批判勢力側の藩主や藩上層部は、同じく長年月、徳川幕府に逼塞させられている朝廷及び下級公卿らに接近して志士らを陰に陽にまた公然と応援したり、自ら反幕の拠点となったりして幕府に対峙した。

当然、これら反体制勢力と既存体制との激突の結果、志士等の大量の血が流され、累々たる屍が築かれた訳だが、その尊い死の犠牲のお蔭で日本は国難を克服した。志士らの貴重な幾多の血潮によってしか維新への道は切り開かれなかったし、扉は開かれなかったのである。

生命捧呈を伴った純粋行動、その美と価値

「純粋行動論」のはじめに戻ろう。

志士らの行動が何故、人の心を摶《う》ち、価値があるのか。それははじめに触れたように彼らの行動が祖国防衛のために自分の命を抛《なげう》った「生命捧呈を伴った純粋行動」だからである。自己犠牲的行動は「生命捧呈」と結び付いたとき最も崇高、且つ美しい行為となる。その中でも国のために己の一命を捧げる行為ほど尊く、価値あるものはない。そうした意味で、志士らの志士的活動が最大、最高の光を放つのは当然である。彼らの行動はこの究極の行動を行なったがゆえに人の心を摶ち、人を動かし、遂

に国を動かした。松陰はそれを「至誠にして動かざるもの未だ之非ざるなり」（孟子）と道破している。明治維新では幾百という志士らのこうした我が身を顧みない純粋行動の積み重ねが不可能と思われた徳川幕藩体制を短期間に崩壊させ、挙国一致の新体制が比較的無血裡に実現し、列強による植民地化を未然に防いだと言っていい。

人は意味なく命を捨てることはない。一つしかない自己の生命と肉体が死によってこの世から消えて無くなるという厳粛かつ冷厳な事実を認識しているからである。身命を捨てて行動しなければ、もっとはっきり言えば、死んで「誠」を見せなければ人の心は動かないし、世の中は動かないのである。乱暴な言い方だが明治維新は維新の志士らが大勢死んでいったために可能となったのだと極論することができる。人の心を搏ち、人を動かす行動は生命奉呈を伴った純粋行動を至上とする。策謀や策略で世間や人の心を捉え得たとしても、それは一時的のものである。拙著はそのような純粋行動者の死の軌跡を彼らが遺した詩歌の面から光を当てて紹介していきたいと思う。

志士らの歌心剣魂歌

志士らは救国の志士活動の合間によく歌を作った。

彼らの歌は、日本武尊（第12代景行天皇の皇子）の「おとめの　床の辺に　わが置きし　剣の太刀

その太刀はや」（古事記）という把剣愛国の歌や、景行天皇の「みつみつし久米の子らが　頭槌　石槌

もち　打ちてし止まむ」（古事記）の攘夷歌に淵源を有する。また万葉集編者、大伴家持の「海行かば　水漬く屍　山行かば草生す屍　大君の辺にこそ死なめ　顧みはせじ」（万葉集巻18　4084番）や吉野朝（元弘元〜元中9・1331〜1392）宗良親王の「君がため世のため何か惜しからむ捨ててかひある命なりせば」、楠正行の辞世歌「かへらじと」（新葉集）などの殉皇、殉国の歌に繋がっている。

維新の志士らはこれら尊皇・把剣・攘夷の志を明治維新という未曾有の国難の秋《とき》にあって高く謳い、烈しく行った歌剣一如の純粋行動者であった。それを、歌人で昭和維新運動「大東塾」の影山正治塾長は氏の著書『増補　維新者の信條』（1969年　大東塾出版部）で「維新史上、最も詩と涙に富んでいたのは西郷南州と吉田松陰であろう。（中略）本質において詩人たらざれば真の維新者たることを得ない」と述べた。

維新の志士は詩人的行動者である故に「志と情」の側に立ち、その激しい悲憤が自ずから行動となり、歌となり詩となった。志や思いが極まれば行動となり、歌が生まれる。志士にとって歌は志であり、志は詩であった。彼らは歌心《うたごころ》と剣の魂を併せ持った「歌の士《さむらい》」であり、彼らによって歌われた歌が「歌心剣魂」の幕末維新歌である。歌剣の維新歌とは国を救うために止むに止まれぬ純粋行動を行なって死んだ志士らが遺していったますらをぶりの歌である。だからこそ、殺伐、流血に明け暮れた動乱期にあってなお、彼らの燃えるが如き日本への念いが志士文学として粋然と花開き咲き競った。それを紹介するのが拙著の役割だ。

平安朝の歌人、紀貫之（貞観14〜天慶9・872〜946）は「やまとうたは、人のこころをたねとして、心におもふことを、三十一文字によみいだせるなり」(『古今集』序)と述べている。歌は、時に感じ、ものに感じて心に湧き出でた生命の燃焼の極みに生れる。殊に維新の志士歌は、命を的に心血を注いで志を詠った正述心緒の真歌《まさうた》である。彼らの歌は直言歌《ただごと》である故に、時に専門歌人を凌駕して人の心を搏つ。恋闕の尊皇歌あり、打ちてし止まんの攘夷歌あり、憂国慨世の愛国歌あり、勇猛の戦陣歌あり、憂憤痛哭の獄中詠あり、父母兄弟を思う惜別哀憐の歌があり、辞世歌がある。その脈々烈々のますらをぶりの調べは時代を超え時を超え私どもの魂を揺さぶらずには止まない。

明治維新から約160年、先の敗戦から80年が経過した現在、翻って思えば、物質万能の迷妄からわずかに精神復興の光兆が感じられる今日、私どもがなすべきは、これら維新の志士歌に触れて自ずから鳴り出でるものに心澄まし、心中深く錆びついた大和魂(日本精神)を今一度掘り起こすことである。それが今日の私どもが継ぎ、伝えていくべき最も必要、且つ喫緊の仕事であると信ずる。

第1回　維新の牽引者

日本国の中心者

孝明天皇（2首）

矛とりて守れ宮人九重のみはしのさくら風そよぐなり

武士もこころあはして秋津すの国はうごかずともにをさめむ

孝明天皇

浦賀湾に錨を投じて、江戸中を大混乱させたマシュー・ペリー来航に先立つ弘化3（1846）年8月29日、孝明天皇は幕府の「天子御学問第一の事」という250年来の弊蒙を破って『海防の勅諭』を下された。これは、徳川氏の朝廷控制以来のことであった。孝明天皇の心痛がいかに大きかったかが分かる。と同時にこのことは自ずからなる天皇の統治大権の覚醒によって朝幕既存の体制が窘《たしな》められたわけだ。ここに徳川幕藩体制衰退の兆しが予感され、朝権復古の徴兆が仄見えたということができよう。最も大事なことは日本国が世界史的な流れの中で蒙古襲来以来の国難に直面しつつあるということであった。

維新史の上で、注目せねばならぬことは、多くの論者が言うように、孝明天皇が旧来の陋習に屈することなく御製や勅諭など様々のかたちで、日本国の中心者としての自覚態度を幕府以下に示されたことだ。孝明天皇のこの「皇国危うし」の危機感の発露があったればこそ尊皇攘夷も維新の志士らの発奮も可能となったのであり、明治維新も成ったのである。

父、仁孝天皇（文化14～弘化3・1817～1846　治世）の崩御後、同年正月、16歳で大統を継がれた。時恰も外夷頻々と接近し風雲急を告げようとする時である。若い御一人者の心には、幕府の国事専断と外国の無言の強迫に対する鬱勃たる雄心が存在したに違いない。国に非常の秋があれば、鳴り出る玉の如く、天皇の統治大権は自ずと目覚めて発動する。それがこの歌である。

第121代孝明天皇（天保2～慶応2・1831～1866）の把剣攘夷歌である。御歌は、（夷船の接近で）宮の櫻は戦《そよ》いでおるぞ。宮人よしっかり守れよというものである。すめらぎとしての自負と、皇国累卵のご憂慮が、風に戦ぐ桜花に寄せてそうそうと伝わって劈頭にふさわしいと思い掲げた。歌剣の維新歌は孝明天皇のこの歌に始まる。御製の年代は明らかでないが、激動期になった歌として、それも又ふさわしい。かすかな不安、ゆらぎを示す結句「そよぐなり」が歌のポイントである。「剣太刀把りて守れよ」と詠うほど歌調は強くはない。武器が剣や太刀でなく「矛」であり、守るのが「もののふ」でなく「宮人」としたところに歌心に雅致とともに余裕が感ぜられる。御製は元明天皇（女帝在位708〜715・和銅元〜霊亀元年）の「ますらをの鞆の音すなりもののふの大臣（おほまへつぎみ）楯立つらしも」（万葉集巻1・76）と憂慮の心持ちを示された歌に通じる。「九重」は皇居、宮中。「みはし」は階段《きざはし》。安政元（1854）年、24歳のときの「あさゆふに民やすかれとおもふ身のこころにかかる異国の船」の心痛や文久2（1862）年、32歳のときの「異びとと共ども掃へ神かぜや正しからずとわが忌むものを」という歌もまた統治大権発動の国思いの御歌である。

二首目は安政2（1855）年正月、「詠寄国祝」と詞書。薩摩藩主島津齋彬に授けられた宸筆。賀歌・儀礼歌でありながら信頼感の出た一首。御歌はもののふ（武家）と公家が心を合わせて秋津島根の皇国は動かない、ともに守ろうぞと呼び掛けられたのである。「秋津す」は秋津州で蜻蛉の形に似た日本の古名。「こころあはせて」「ともに」と協力を促す言葉を重ねているように孝明天皇はあくまで公武力を合わせて日本の国を守っていこうというご決意であったが、幕府はこれに不遜にも十分応えたとは言えなかった。

そういう帝の叡慮に応えるように現れたのが明治維新における純粋行動者の第一人者、吉田松陰であった。

輔弼《ほひつ》者第一号

吉田松陰（6首）

かくすればかくなるものと知りながらやむにやまれぬ大和魂　　吉田松陰

身はたとひ武蔵の野邊に朽ちぬともとどめおかまし日本魂

安政元（1854）年正月16日、ペリーは9隻の軍艦を率いて再来航した。同月26日、江戸を射程内に羽田沖に停泊し、開港を迫った。幕府は体よく帰らせる心算だったが、ペリーあくまで聞かず、遂に3月3日、幕府は屈服して燃料補給のための下田寄港などを約した日米和親条約（神奈川条約）を結んだ。ここに250年余に及ぶ鎖国政策は事実上の終りを告げた。同月21日、ペリーは開港視察と称して下田へ入港した。

この時、長州藩士、吉田松陰は西洋文明を吸収せんとアメリカへ渡ろうとし、従者、金子重輔と共に暗夜、旗艦ポーパタン号へ決死の乗船を試みたが、失敗。しかし、紅夷の放った殷々たる砲声に日本国中が動転している只中に、遠大な志を抱いて単身アメリカ行きを企て実行した行動の果断さ、気宇の大きさ、実に日本男児の真面目《しんめんもく》を見る心地がする。松陰時に25歳。密航行を見送ったのは師の佐久間象山であった。季節が違うので此の時のものではないかも知れないが象山は「孤鶴秋旻ニ横タハル。環海何ゾ茫々」と「吉田義卿ヲ送ル」と題した五言16行からなる壮行惜別詩を賦している。

金子重輔（天保2～安政2・1831～1855）。長州藩小吏。商家（染物屋）に生まれ、江戸長州藩邸の雑役として松陰の第1号の弟子となる。松陰に随従し、捕えられ、国元（長州）へ檻送され、士分以外の入る萩岩倉獄で病死した。享年25。

吉田松陰（天保元～安政6・1830～1859）。長州藩士。名は矩方。通称、寅次郎。本姓は杉氏。二十一回猛士と号す。長門（山口県）の国、萩藩下士、杉百合之助の次男として生まれ、5歳のとき山鹿流軍学家、吉田氏（26石）の養子となる。叔父、玉木文之進の教えを受ける。弘化2（1845）年、16歳の頃、異国の情勢を耳にし世界に目を開く。嘉永3（1850）年、21歳のとき眼疾治療を兼ね長崎平戸に遊学し帰藩。同年、藩主に従い江戸へ出、佐久間象山に西洋兵学等を学び益々世界と日本の径庭を痛感。翌嘉永4（1851）年、藩に無断で肥後（熊本）藩士、宮部鼎蔵と東北地方の海防の状況を視察し、翌5（1852）年、帰国を命ぜられ出奔の咎で士籍剥奪、御家人召し放ち、処士（浪人）となる。ときに23歳。翌6（1853）年、寛典を得て諸国遊歴の途に出て、江戸で改めて佐久間象山に入門し「天下の憂いは外患にあり、西洋の兵事、知ること先決なり」と明断し、同年6月、浦賀来航の米艦を実見し、同7月、露艦の浦戸（長崎）来航を聞き、江戸を発ったが間に合わなかった。

翌安政元（1854）年正月、ペリー浦賀に再来航し、象山が見送る中、渡航を企て決行したが叶わなかったことは先に記した。下田に自首し、4月檻送され江戸の獄に下った。このときの一首が冒頭の「かくすれば」である。象山は自藩（信州松代）に幽閉された。松陰は同年9月国元蟄居《ちっきょ》となり、自藩萩の野山獄に繋がれ、獄中で同囚と「孟子」を講じ（『講孟箚記』）、「士規七則」などの思想を固める。

安政２（１８５５）年10月、26歳のとき、罪を減ぜられ、実家、杉家の一室に幽居の身となり、翌年安政３（１８５６）年７月から５（１８５８）年12月にかけて同家の家学「松下村塾」の主宰を許され近隣より慕ってくる門下生に世界の大勢や尊皇愛国、富国強兵の必要性などを教えた。

自己錬磨と子弟教育に没頭していた松陰は安政５年、29歳のとき、幕府の無勅許日米通商条約締結を知るに及びこれまでの尊皇佐幕（公武合体策）の方針を転換し、老中、間部詮勝（越前鯖江藩主）の要撃を計画。17人の血判書を作り、武器調達を藩の長老、周布政之助に内密の援助を依頼するなどラディカルな幕閣打倒・幕政批判運動を展開する。安政の大獄と重なって捕えられ、翌安政６（１８５９）年５月野山獄から再び江戸へ檻送される。獄中取調べに純粋行動者の真骨頂とも言うべき間部老中排除の必要性を堂々と主張し、同年10月27日（新暦では11月25日）小塚原で処刑された。享年30。

開校してわずか３～４年ほどに過ぎなかった松下村塾であったが久坂玄瑞、高杉晋作、桂小五郎、伊藤俊輔、入江九一、吉田稔麿、前原一誠、品川弥二郎、山形狂介といったのちに明治維新の原動力となった俊傑、逸材が輩出した。これらの青年らが師松陰から継承したものは純粋無私の祖国愛であり、熱誠であった。松陰は彼らに「天地の悠久に比せば松柏も一時蠅なり」と叱咤し、「死なぬ忠義の士は山ほどあるぞ」と激励して幾度も純粋行動の絶対性を説いた。松陰から玄瑞、晋作らへと継承された止むに止まれぬ尊皇救国の純粋行動こそが明治維新の最大の原動力となったと言ってよい。

掲上歌一首目は、渡米の事破れて下田から江戸の獄に下る檻送の途次、芝高輪泉岳寺の前を過ぎる時、彼我の殉志行動に共通する感慨を述べて赤穂義士に手向けた25歳のときの作である。一首の意は、このように行えばこのように（＝死罪などに）なるものと分かっていながら敢て行うのは赤穂義士にしても私にしてもやむにやまれぬ大和魂からだというのである。歌詞は平明率直。「大和魂」は日本人なら誰でもが持っているやまと心。「やむにやまれぬ」は止めようとて止められない、どうしてもそうせざるを得ないの意。「かくすればかくなる」「やむにやまれぬ」ともどかしさを振り切る如き「カ音」と「ヤ音」の畳みかけは巧まずして技法以前に衷心より発語された。頭韻の多用が軽佻に陥らず、歌調を一層真率なものにしている。全語主観語であるが、この場合の歌の在り方はこれ以外にないと言っていい。歌は魂の叫びの所産であることがこれほど鮮明な一首もない。声調まことに丹烈、心から湧き出でた真歌《まさうた》である。国禁敢て犯すもやむなし、これ又、国の前途を思えばやむにやまれぬ至情より生じたものである。この歌調、この歌勢、松陰作中の傑作であるのみならず、「日本存亡の危機感」を詠んだ志士歌中最高位に位置するものと評価したい。

二首目は安政6（1859）年10月27日、幕府要人襲撃計画の罪を問われ堂々、国難を説いて武蔵野の露と消えた松陰が死の2日前に書き始めた獄中手記『留魂録』の冒頭に記したもの。一首の意は、たとえ我が身は武蔵野の野辺に朽ち果てるとも遺し留めて置こうこの大和魂を、というのである。歌の中心は「とどめ置かまし大和魂」であり、留どめて置きたいなどという柔な遺言歌でなく、わが魂魄をこの世に残し留どめて置くぞという強い意志が底流していることが分かる。「置かまし」にはそうした有無を言わさぬ魄力がある。「まし」と「たましい」のシ列音が共鳴しその意思をさらに強いものにしている。この場合の「大和魂」は霊魂、或いは魂魄となった大和魂であろう。まさしく詞・想・

調、直《ひた》なる留魂歌であり、辞世歌である。「武蔵野の野辺」は江戸の刑場、小塚原（荒川区）の意を含む。

討たれたるわれをあはれと見む人は君を崇めて夷攘へよ

呼び出しの聲待つほかに今の世に待つべき事のなかりけるかな

右掲出歌二首とも『留魂録』に出。遺言歌である。大意は討たれた私を気の毒だと思う人ならば、我が志を継承して尊皇攘夷の大道を邁進してくれよというのである。歌調は淡淡とおだやかで、客観的な態度で自己の死を詠んだ一見理性の勝った歌に見えるけれども、内容は意志的で強く烈しい詞・想であるところに松陰の凄さがある。松陰の歌はどれもそうだが、表面の調べのその静けさのなかに強い意志が秘められており、それでありながら声調に云うに云われぬもののあはれを感じさせる。「討たれたる」は自己の死を既定のものとして受容した句。三句目と四句目の間にはこれを繋ぐ「左様なことより」が省略されている。ほかに同意の歌に「かけまくも君の国だに安けからば身を捨つるこそ賤が本意《ほい》なり」など。

二首目も辞世歌。歌意は（『留魂録』を書き遺した今はもう思い残すことはない）、刑執行の牢役人の呼び出しの声を待つばかりであるという意。歌詞は平明、調べは静穏、且つ安らかで、従容自若の心を反映して格調さえ感じさせる。為すべきことは成したという、「死してのち已む」の実践者、松陰の天命に安んじた味わい深い一首。明日の死の呼び出しを前にしてこの落ち着きは我がジタバタを振り返りてとても30歳の作とは思えぬ到達点だ。常々塾生らに「人間わずか五十年（中略）何か腹の癒えることを遺りて死なねば成仏は出来ぬぞ」と言い、高杉晋作の問いに「死して不朽の見込みあらばいつでも死ぬべし。生きて大業の見込みあらばいつにても生くべし」と答えている。まさに死して不朽の名を遺した松陰にふさわしい辞世である。

『留魂録』は25日に稿を起こし翌26日、刑死の1日前に擱筆した。用心のため同録を2本したため、うち1本を牢名主の沼崎吉五郎に託した。吉五郎は褌の中に隠し、三宅島に流されたのち20余年後の明治9（1876）年に松下村塾出身の県令、野村綏（入江九一の実弟）に渡し同録が世に明らかになった。故郷へ送った一通は没収された。ほかに「待ち得たる時は今とて武蔵野にいさましく鳴く轡虫かな」など。

親おもふ心にまさる親心けふのおとづれ何と聞くらむ

安藝の国昔ながらの山川にはづかしからぬますらをの旅

両首とも松陰作。前首は刑死の7日前、伝馬町の牢から郷里の親に宛てた遺書の端に記した一首。意は、（私が親を思う以上に私のことを思う親は）刑死の報せをどんな思いで聞くのであろうか。それを思うと胸がいっぱいになるというのである。声調は人を欺くことがなく親との永別を悲しむ松陰の悲しみが「けふのおとづれ何と聞くらむ」の句に直叙されて、胸が締め付けられる。親思う子の気持ちがいかに深かろうと親が子を思う心にはかなわないのだ。人間が人間である以上、親兄弟や妻子との哀別離苦は人の情愛の基本である。維新の牽引者、松陰と雖も肉親との永遠の別れに煩悶したに相違ない。人間、松陰の情愛の濃やかさを痛切に感じさせる哀感無限の歌である。刑死の報は1か月余遅れて郷里に達した。ほかに妹等に「こころあれやひとの母たる汝《いまし》らよかからむことはもののふのつね」。漢詩に「今吾為国死。死不背君親。悠悠天地事。感賞在明神」という尊皇・忠君・孝親を包含した堂々たる辞世がある。

後首は安政6（1859）年5月、萩、野山獄から江戸へ檻送される途次の作。歌は、（われはいま囚われの身として）嘗てわが毛利の地であった安藝の国の山川を通過している、檻送の旅はその山川に恥ずかしくない大丈夫の旅であるぞ、と詠んだ。一首を玩味していると、籠中、昂然と面を上げて幕府何するものぞの姿勢を崩さぬ松陰の気概が伝わってくる。我が志より発した結果として今在る籠の中の姿は山や川、そして先祖に少しも恥ずかしくないぞという純粋行動者、松陰の面目ぶりが看取される一首だ。安藝（広島県西部）は嘗て藩祖、毛利元就公が切り従えた地。関ヶ原に敗れ、徳川幕府に所領だった安藝の国ほか石見、出雲などの多くを減封された。松陰ら家臣にとって「安藝」は「昔ながらの山川」なのである。ほかに「帰らじと思ひさだめし旅なればひとしほぬるる涙松かな」（涙松集）、「獄中詠」に「あけ暮に憂きことのみを思ふ身は夢を楽しむばかりなりけり」「めづらしく浅黄櫻のあさからでそこには匂ふくれなゐの花」など。松陰門下の入江杉蔵（九一）は越境して師と行動を共にしようと尾いてきて「小瀬河や安芸と周防の国ざかひ今をかぎりと思ひ渡らむ」と詠んだ。

松陰の行動をもう一度整理すると①嘉永5（1852）年、23歳のとき、脱藩し東北の地勢を視察し、士籍剥奪②藩主に国防攘夷の建白書上奏③嘉永6（1853）年、24歳のとき、露艦乗船を試みんと長崎行④安政元（1854）年、25歳のときアメリカへの密航行を企て捕えられ、獄中生活⑤安政5（1858）年、29歳のとき、老中刺殺を計画し江戸伝馬町送り⑥翌年、獄中で幕政批判し刑死。

右のごとく、彼は東北視察から刑死までの約8年に6度の決死的行動を行っている。それも一過性の激情でない。将に「死してのち已む」の実践者である。そればかりでなく、この間獄中にあっては同囚らに『孟子』を講義し、「松下村塾」では久坂玄瑞、高杉晋作ら逡巡する教え子らに「先駆けて死にたれば（中略）起こるものあらん。（中略）夫れがなき程では何ぼう、時を待つとて時は来ぬぞ」と叱咤激励している。

殊に留意すべきは彼が幕吏の尋問に暗殺計画を正々堂々と訴えたことを単に「若気」のせいにする識者もあるが大間違いである。あれは松陰を内奥から動かしている「至誠にして動かざる者未だ之非ざるなり」の信念から発した決死の幕政改革の直訴であって軽挙ではない。彼は弟子、松浦松洞描く松陰像に自ら右の「至誠にして」の孟子の言を画讃しているが、直訴は「心＝言葉＝行動」の三位一体を実践した純粋行動者、松陰の真骨頂なのである。松陰の信念は「尊皇」であり「日本」であり「皇国存亡」の危機感であった。（東洋史学の泰斗、宮崎市定博士（1901～1995）は『幕末の攘夷論と開国論』（昭和39年『信濃教育』）の中で松陰の開国論から攘夷論への「早変わり」を「不見識」としているが定見なき幕閣の改革を先に解決すべしと方針転換をしたもので「開国」を放棄したものではないと愚考する）

松陰の存在が明治維新史のなかでいかに傑出した先駆者的存在であったか。明治維新史最大の英雄、西郷隆盛（南州）がいみじくも述べているように「命もいらず、名もいらぬ人は、始末に困るもの也。（中略）此の始末に困る人ならでは国家の大業は成し得られぬ也」と言っているが、松陰こそ維新の出発点にあって始末に困る人物であった。自己の体内に火薬庫を内蔵していた松陰は自ら維新の発火点となり、原動力となり、他の追随を許さない純粋行動者として不朽の名を残した。

松陰は①世界観が広く大きいこと②その実行、行動力が直截で果断なこと③影響力が大きいこと④行動の純度がけた外れに高いこと⑤歴史的価値が大きいこと、等々。それに30歳という若さを加味すれば維新史上、純粋行動者の第一人者にこれほどふさわしい人物はいない。古今東西の歴史上の人物の中にあっても、彼は、熱血教育者（啓蒙家）であり、思想家であり、自らその果敢なる実践者であり、加えて世界情勢や専門的学問（兵法学）に対しても第一級の学者・知識人であるという類を見ない存在者であったと言えよう。

補記の1　橋本左内

松陰はまた、己の刑死に先立つ20日ばかり前に斬首された橋本左内の死を聞き、「獄中での論、大いに我が意を得たり。彼を起こして一議せんことを思ふ。嗟々」と惜しんだ。

橋本左内（天保5～安政6・1834～1859）、越前福井藩士。景岳と号す。医家の家に生まれる。15歳で「稚心を去れ」という『啓発録』を著わし名を知られる。大阪適塾で蘭学、江戸で洋学を学ぶ。藩命で士分となり、藩校制度の刷新に尽力。安政4（1857）年24歳で藩主、松平慶永の主命で御用係となり、将軍継嗣問題では一橋派、幕閣体制改革では賢侯制度、攘夷論では積極的開国を主張し統一国家構想を唱えるなど藩主の幕政での主導的立場を補佐したが、既存の体制維持を図る井伊派勢力から疎まれ、捕えられた。西郷隆盛をして「我、同輩においては景岳に服す」と言わしめた逸材であった。左内は開国論者で、公武合体派の幕政改革論者ではあっても反幕でも攘夷論者でもなかったし、純粋行動の人というより知性、理性の人であった。一橋派の領袖、松平慶永公の懐刀として経綸を振るったことが慶福派の井伊にとっては脅威であったのであろう。26歳で刑死した。「二十六年如夢過。顧思平昔感滋多。天祥大節嘗心折。土室猶吟正気歌」ほか多くの漢詩作品を残したが和歌は未見である。

第2回　幕末以前（一）

尊皇先覚者　寛政三奇士

林子平（1首）

親も無し妻無し子無し版木無し金も無ければ死にたくもなし　　林子平

高山彦九郎（1首）

われを我としろしめすかやすべらぎの玉の御聲のかかるうれしさ　高山彦九郎

蒲生君平（1首）

比叡の山みおろすかたぞ哀れなるけふ九重の数したらねば

蒲生君平

前回で吉田松陰を通じて拙著の「純粋行動者」を紹介した。ここでは松陰の思想と行動に影響を与えた幕末動乱期以前の尊皇の純粋行動者について概観しておく。

元和元（１６１５）年、徳川家康が金地院崇伝に命じ起草させた、日本国の盟主である天皇の行為を細かく制約し皇室の存在を無力化する「禁中並公家法度」を公布した。以来約２５０年間、反天皇政策を公然化した徳川幕府政権下、就中、江戸後期（安永元〜嘉永６・１７７２〜１８５３）の幕末以前にあって、自己の皇室敬慕の思いを実践、表現し、そのために不利な立場や悲運な境遇に追い込まれた３人の純粋行動者の行動や残した著作物や遺歌を参考に見てみよう。３人は尊皇の先駆者として称揚され晴がましい印象だがその最後は己の志に殉じた先覚行動者らしく相応に悲惨であった。

掲出歌三首は所謂、寛政の三奇人と称された林子平、高山彦九郎、蒲生君平の歌である。３人とも吉田松陰の最初の在牢（安政元・１８５４）年に先立つ凡そ52年前の寛政年間（１７８９〜１８００）、海防論者、尊皇家、天皇陵志編纂者としてそれぞれ皇室尊崇を説いた先覚者である。彼らは殊更、尊攘行動や反幕府行動を取ったわけでは勿論ない。しかし、皇室尊重の先行者として行動した。天皇控制政策を取っていた幕府は彼らの尊皇行動が許容の域に止まっているうちは左程目くじらを立てなかったが、挙措表現には常に目を光らせていたのであった。

一首目は林子平（元文３〜寛政５・１７３８〜１７９３）。幕府直参の家に江戸に生れる。３歳の頃、父が士籍剥奪されたため流浪したが、妹が仙台（福島県）藩主の側室となるなど仙台藩士として過ごした。陽明学を修した。天明2（1782）年、長崎など日本各地を歴遊し防海の急務を痛感。寛政3（1791）年、54歳のとき、9年の歳月をかけた『海国兵談』を著わし海防の必要を説いたが、翌年、1年も経ず幕府に「人心を紊《みだ》るもの也」、御政道に口出しすべからずとして版木を毀され、製本30部を没収された。自らも仙台の兄宅へ永蟄居の身となった。

歌はそのときの悶々の日々を送った55歳のときの作。大意は親も妻子も無い上に版木を毀され金も無い、と言って（では死のうかと言えば）死にたくもない、という意。版木を毀損され、本を没収され、身は閉門同様の己に腹が立ってしょうがない気持ちが伝わる憂憤歌であり、自嘲歌である。歌は「シ」音を5回重ねたり「無」の字を6字も用いて六無齋と名乗るなど一種、戯作調の磊落を装っているが、内心の腹立ちや後の死に方をみると憤懣勃勃の毎日であったに違いない。子平は格別、尊皇でも反幕でもなく国を思う海防論者であったが、以後兄宅から一歩も出ず没した。一種の憤死であると見る。惜しむらくは肝腎の幕府への批判が痛烈でないのが不満だが、『海国兵談』の巻末に「傳へては我が日の本のつわものの法の花咲け五百年の後」と詠んで、この書が500年の後に真価が分るぞと自負を示した。また「千代ふりし書もしるさず海の国のまもりの道は我れひとり見き」とも詠んだ。「版木」は印刷のために字などを彫った木の板のこと。享年56。

二首目は高山彦九郎（延享4～寛政5・1747～1793）。上野国（群馬）の郷士の家に生まれる。先祖が南朝の忠臣、新田義貞の将だったことを知り、また13歳の頃読んだ『太平記』に勤皇の志を立て、

19歳のとき「遺書」を残して家を出て諸国を遊歴し林子平、藤田幽谷ら有志の士と交流し勤皇論を説いた。足利尊氏像を鞭打ったり、三条大橋で皇居に向かって跪坐したり、奇瑞の亀を上覧したり奇士の名に違わぬ逸話を遺したが、次第に幕府に監視され幕吏の圧迫で九州久留米で自裁した。戒名は松陰以白居士。吉田松陰の号、「松陰」は彦九郎の諱から採ったと言われる。多くの日記を残し、松陰ら多くの志士に影響を与えた。享年47。

歌は寛政３（１７９１）年、彦九郎晩年45歳のとき、緑毛亀を天皇（光格天皇）に献じ、天覧で召し出され聲をかけられたときの嬉しさを詠じたもの。大意はこの名も無き自分を、草莽の微臣、彦九郎と知って御声をかけ賜ったのであろうか、ありがたや、うれしやなというもの。彦九郎は漁師から文治の瑞兆ありとして緑毛亀を買い取り朝廷の側近を通して献上した。初句の「われを我と」に始まる上の句の躍るような心持ちが子どものように素直に表現された秀歌である。一誦して作者の天にも昇るばかりの感激がまっすぐに謳い上げられ、見事というほかない。天皇軽視の幕政下にあって右顧左眄することなく敬慕の思いをかくもおおらか且つ大胆率直に表現したところに一首の歴史的価値があり、彦九郎の純粋行動の先覚者としての値打ちがある。「すべらぎ」は天皇の意。

天衣無縫とも言える天皇讃仰の歌であるが、最後の不本意な死に方でも分かるように尊皇論鼓吹の彼の遊歴の旅は決して楽では無かった。思想監視が比較的緩やかな寛政期とはいえ、個人の信念の段階に止まるうちは幕府も黙認したが幕政に影響するほどの公然の皇室讃美論に対しては厳しく監視の目を光らせ圧迫した。彦九郎はそれでも尊皇論を遊説して止まず、遂には故郷を遠く離れた九州の地で追い詰められたように自決している。彼は単純素朴な皇室讃美者では無かった。確固たる尊皇の志に基づいた純粋行動者であった。一首の先にこうした厳粛な事実が横たわっていることを胸に鑑賞したい。辞世は「朽ち果てて躬は土となりはかなくも心は国を守らんものを」。ほかに「ひがし山のぼりて見れば哀れなり掌のひらほどの大宮どころ」、「薩摩人いかにやいかに刈萱の関もとざさぬ御代としらずや」など佳歌が多い。また、橘曙覧（文化9〜明治元・1812〜1868・歌人）は高山彦九郎の皇居遥拝姿を「大御門その方向きて橋の上に頂根《うなね》突きけむ真心たふと」と詠んだ。

『太平記』。小島法師（1374年歿）ら複数人の作とされ、南朝、北朝の両軍が約75年間に渡って戦った南北朝時代（文保2〜明徳4・1318〜1393）の軍記物語で、大義名分論（君臣論）と正閏論を柱として楠木正成、正行親子や新田義貞らの活躍を南朝方の視点で書かれ、後年の維新の志士らに愛読され影響を与えた。

三首目は蒲生君平（明和5〜文化10・1768〜1813）。本姓は福田。下野（栃木）宇都宮の町家に生れたが、祖母から先祖は蒲生氏であると知らされ姓を自ら蒲生氏に改め士の志を立てる。水戸の藤田幽谷らと交わり水戸学の大義名分論に傾倒し尊皇の志を固める。国学者、小澤蘆庵とも親交を結んだ。寛政7（1795）年、ロシア軍艦の出現で海辺の調査を行ううち、陵墓の衰微を実見し10年余の年月をかけて大和（奈良）、山城（京）、河内（大阪）など84箇所の天皇陵の位置、形状等の調査に心魂を傾け、『山陵志』（2巻）を著わした。寛政9（1797）年に草稿、最終稿は享和元（1801）年、出版は死の5年前の文化5（1808）年。君平畢生の著述であった。陵の調査等に幕府の圧迫がなかったのは御三家水戸藩の陰の庇護があったためと思われる。それでも文化5年、光格天皇の『山陵志』天覧やその前年に著わした北辺海防論『不恤緯《ふじゅつい》』で2度幕府の取調べを受け、閑居させられたりしている。『不恤緯』は松下村塾で採り上げられている。『山陵志』は幕末期において尊皇論の魁となった。

一首は、『山陵志』を志し荒廃した天皇陵の調査に励んでいた40歳前後の作と推定。歌意は、（京の）比叡の山の頂きから眺めれば嘗ては400年間都として「京九重に匂ふ」ばかりと詠われ栄華を誇った御所周辺の何と荒れ果てて、宮門も九重にも足りない衰微ぶりではないかと嘆いたのである。衰微した九重（宮居）を眺めそのあまりのみすぼらしさに涙が出るような哀れを催してかく詠じた。四句目の「けふ」は「京」と「今日」が掛けてある。「九重」は皇居の門が九門あったことから皇居を指す。

君平は思想的には尊皇敬幕であり、『山陵志』は徳川光圀の『大日本史』の資料としての価値も高く、彼が『山陵志』で用いた「前方後円墳」の言葉は学術語として今日でも使われている。ほかに先祖の墓に詣でて「遠つ祖の身にまとひたる緋縅の面影うかぶ木々の紅葉葉」。不遇の晩年で46歳で疫病のため亡くなった。

補記の2・小澤蘆庵（1首）

君がため木曾の山みち雲わけてまたいぬらむか木曾の山みち　　小澤蘆庵

小澤蘆庵（享保8〜享和元・1723〜1801）。江戸中期の歌人・国学者。武士の家に生まれる。35歳で婿養子となっていた尾張（名古屋）犬山藩竹腰家を致仕、洛東に居住し冷泉為村に師事し歌に励み、直言《ただごと》歌を唱導し一派を成した。熱烈な勤皇家であり、禁裏にことあらば駆け付けようと居間に長刀を常備していた。蒲生君平のほかにも本居宣長、賀茂真淵らと交流した。79歳と長命であった。

詠草は寛政元〜同4（1789〜1792）年の京岡崎村（現左京区）の蘆庵宅の茶室に山陵調査のために諸国を巡っていた君平を仮寓させていた時のもの。一首の意は、（尊皇の志を持って）山陵調査のため荒山と言われる木曾の山道を雲を分けて、（友、君平よ）来たときと同じく帰るのであるかと詠んだ惜別歌。三句目の「雲わけて」は「道分けて」では写実だが、志那風の文学的誇張表現を試み君平の山陵踏査の志をも表現した。「木曾の山みち」を二度繰り返した技法も君平の山野を踏み歩くイメージにリズム感を与えて効果的。同時に作者、蘆庵の気持ちもよく表われて別れを惜しむ佳吟となった。「君」は勿論、天皇。「ゐぬ」は去る、帰るの古語。「木曾の山みち」は中山道。ほかに「太秦の深き林をひびきくる風の音すごき秋の夕ぐれ」「あし原やこの国ぶりの言の葉に栄ゆる御代の声ぞ聞こゆる」など。

蘆庵ら少数を別にすれば国学の始祖、荷田春満（寛文9〜元文元・1669〜1736）、賀茂真淵（元禄10〜明和6・1697〜1769）、本居宣長（享保15〜享和元・1730〜1801）、平田篤胤（安永5〜天保14・1776〜1843）といった錚々たる国学者、古学者は敬皇ではあっても「公家諸法度」や天皇控制などで反天皇政策を掲げた徳川幕府を相手に堂々と尊皇を称揚することはなかった。本居宣長の『古事記傳』にしても、国学、古学を研究し究めれば究めるほど日本の大本が天皇に発することは自明のこととなるが、皇室尊崇を鮮明にすることは無かった。荷田春満の「ふみわけよ大和にはあらぬ唐鳥の跡を見るのみ人の道かは」、賀茂真淵の「大御田の水泡も泥もかきたれてとるや早苗は我が君の為」、本居宣長の「百八十の国のおや国もとつ国すめら御国はたふときろかも」、平田篤胤の「ひむがしの大和のもとの神がたり四方の草木も言やめて聞け」、と「愛国」や「尊国」は歌ってもその前にある「尊皇」については忖度して言挙げしなかった。却って三奇士のような在野の草莽の中から自己の信ずるところを主張、表現して悲運な目に遭ったり自決したりした真の思想家、純粋思想家が出た。

幕府に睨まれても、自己の思想を極め、尊皇に行き着いた結論を堂々と主張した人物は国学者の中にはいなかった、という意味で彼らはあくまで「学者」であり到達して得た結論を信念や志に高めた「思想家」ではなかった。言ってみれば学者は一、二の例外を除けば「知」の人であり、「義」を重視する人は稀であった。何時に変わらぬ彼らは「御用学者」であり、厳しく言えば曲学阿世の仁であったようだ。そうした中で小澤蘆庵は敢て蒲生君平を匿ったといわれる。純粋行動者に近い人物だった。

第3回　幕末以前（二）

明治維新の根本思想「天皇の国、日本」を宣揚した大先覚者、水戸光圀

幕末以前の所謂、寛政の三奇士は松陰ら明治維新の純粋行動者の先憂者である。彼ら三奇士は自らの信ずる尊皇憂国の思いを表現し、厳しい道を敢て歩んだ。

先に触れた「禁中並公家諸法度」は第一条に「天皇は御学問第一の事」と記されているようにあからさまに天皇の形骸化を図ったもので、「政治に口出しならぬ」という、家康の全国に示した強烈な反尊皇のお触れであった。以降、将軍より上の存在である天皇を讃美することは間接的に徳川政権をないがしろにするものとして要注意の対象となった。尊皇を強調したり、広めたりすることは危険視され、厳しく取締まられた。宝暦・明和事件（江戸中期末、1758・1767）では尊皇論者、竹内式部、山縣大貳らが捕えられ死罪や流刑となっている。（補記の3参照）

林羅山（1583〜1657・朱子学の祖）、中江藤樹（1608〜1648・日本陽明学の祖）、伊藤仁斎（1627〜1705・古義学の祖）、荻生徂徠（1666〜1728・古文辞学の祖）ら儒学者らは政治や道

徳の基本思想（孔孟学）を研究すればするほど日本の大本が天皇に帰着するところから、幕政批判に繋がらないように神経を使い、迎合の徒に成らざるを得なかった。例外的に軍学者で古学派の祖、山鹿素行（1622〜1685）が官学、朱子学を批判した『聖教要録』を著わし、間接的に政権批判を行ったとして、播州（兵庫）赤穂へ左遷されている。

また、日本の歴史書（国史）はこれまで『日本書紀』（養老4・720年）、『三代実録』（延喜元・901年）などの六国史（『古事記』を含め七史）があったが、鎌倉幕府と朝廷という二本立ての権力構造になった以後の国史編纂事業は行なわれなかった。そのため鎌倉時代（1185〜1333）以降、各時代史や政権史は著わされたけれども日本国全体の歴史（通史）は殆んど書かれなかった。極めて例外的に、慈円の『愚管抄』（鎌倉時代）、北畠親房の『神皇正統記』（南北朝時代）の2書が通史として著わされたくらいであり、尊皇思想や天皇中心の歴史観に立った歴史書に至っては右の『神皇正統記』に山鹿素行の『中朝事実』を加えた外は皆無であったと言ってよい。

そうした過酷な政治的・文化的条件下にあって、自国の歴史を神話時代から遡って編纂するというかたちで、堂々と尊皇思想、皇室崇敬を表現した人物が水戸光圀である。光圀は尊皇思想を歴史的事績の面から実証し体系化しようとした。それが『大日本史』の修史編纂事業であった。三奇士らが活躍した寛政年間（1789〜1800）を遥か遡る約100年前のことだ。彼は水戸学尊皇思想の祖であり、尊皇論の大先覚者である。

水戸光圀（寛永5〜元禄13・1628〜1700）。徳川光圀。家康の孫。水戸藩第2代藩主。家康の11

男で初代水戸藩主、徳川頼房の第3子。諡は義公。水戸黄門である。正保2（1645）年、18歳のとき、支那の歴史書、司馬遷の『史記』伯夷傳に啓発され、日本の歴史を編纂しようと一大決心を起こした。3男でありながら跡を継いだことに悩んでいた光圀は、「伯夷傳」中、伯夷、叔斉の兄弟が国王の座を譲りあう話と、兄弟で周王に「武力で主人（王）を誅することは不忠であり、大義に反する」と諫めた話を読み、日本にも伯夷叔斉のような「上下の秩序」を重んじたり、「大義名分を正す」という歴史事例があるはずだと修史事業を思い立った。

明暦3（1657）年、30歳のとき江戸駒込の別邸に史局員4人の史局を設け着手。寛文2（1662）、35歳で藩主に就任するや編纂事業を本格化させ、寛文12（1672）年45歳のとき、小石川別邸に史局を移し「彰考館」と命名し、館員約40人を置き全国から蒐集した史料の比較対照作業が進められた。元禄3（1690）年、63歳で藩主を退き、元禄13（1700）年、73歳で死去するまでに、編纂目的である①神武天皇から後小松天皇100代までの皇統の連続性②三種の神器の所持を根拠とする南朝の正統性③君臣上下の秩序遵守を基本とする日本版大義名分論（尊皇思想）という三大根本部分約112冊を完成させている。編纂事業は光圀の死後も続けられ、死後15年後の宝永6（1709）年に草稿完成。将軍（吉宗）献上は享保5（1720）年。文化6（1809）年に出版された。その後も編纂事業は続けられ最終完成は明治39（1906）という実に開始以来250年を要した。

全397巻からなり、内容は第一代神武天皇から第百代後小松天皇までの帝紀とその間凡そ1400年間の治世・事績を『史記』を手本とした人物中心の紀伝体で著わした。

編集方針は天皇伝、皇妃皇子伝、群臣列伝、更に忠臣、逆臣など名分を峻別し、歴史解釈は君臣親子兄弟など上下の秩序遵守を重視する儒教の「日本版大義名分論」の尊皇斥覇思想で貫かれている。編集方法は蒐集した史料を比較対照して考証するとともに、古墳や天皇陵を実地調査する実証主義的方法を採っている。神話時代から南北朝合一までの天皇を中心とした日本という国の姿を、史料を集め、調査を実施し、考証を行ない、出典を示した編集方針によって思想化し、大系化し、明らかにしようとしたことが『大日本史』の特長であり、光圀の手柄である。

その歴史的価値は将軍の上に天皇あり、日本の国の大本が天皇であるという歴史的事実を幕府の厳しい天皇控制下にあって明確に表現した一事にある。それが出来た理由として光圀という一個人の純粋行動者的な資質に由ることは勿論、彼が徳川家康の孫であり、徳川御三家の水戸藩主であったからである。幕府として戸惑いと腹立たしさがあったに違いない。表立って弾圧したり咎め立てできずに苦々しく思っていても黙認せざるを得なかったのである。『大日本史』編纂の尊皇思想を基本とする歴史解釈は自ずと幕府存在の正当性を疑わせ、その流れは藤田幽谷らによって尊皇斥覇思想として理論化され前期水戸学の根本主張となって結実。更に水戸斉昭らに引き継がれ、後期水戸学の尊皇攘夷思想の道に通じ、一は幕政批判に、一は攘夷に向かい、延いては明治維新の原動力となって尊皇倒幕行動へ発展する基となった。肇国の源が天皇であるという日本国の淵源を明らかにした『大日本史』編纂事業はこのように後世に決定的な影響を与えた点において日本歴史の文化史的出来事の中でも最重要のポイントであるといっていい。

このほか光圀は寛文5（1665）年、38歳のとき明末の儒学者、朱舜水を招き、また元禄元（1688）年に自ら建造した巨船快風丸で蝦夷地方を探険するなど外交や海防にも力を注いだ。元禄4（1691）年、63歳で隠居し、同年、日本初の学術調査となる那須国造の古墳、碑の修理・調査を行い、翌元禄5（1692）年、懸案の楠公墓碑の建立に取り掛かり、摂津河内（現大阪）の広厳寺、湊川神社に楠木正成を祀る墓標を建設し、自ら字を刻んだ「嗚呼忠臣楠氏之墓」の碑を建て南朝の忠臣を称えた。

このように光圀が幕府の天皇控制の方針にあえて異を唱えるように明確な意思をもって尊皇思想を鼓吹する行動をどうして示し続けたのか。彼がなぜ日本的「大義名分」を柱に据えて『大日本史』を企画構想したのか真に興味あるところである。表向きの理由は別にして水戸家は紀伊、尾張とともに徳川御三家であるが、血筋的な順序から将軍を補佐する役割りに止まったことを自らに納得させる営為と繋がるのかどうか。聡明な人物だけに疑問に思ったことが動機の一つに在ったのではないか愚考するがどうであろうか。

行く川の清き流れにおのづから心の水もかよひてぞ澄む　　水戸光圀

右一首は歌も良くした光圀の家集『常山詠草』中の作。詞書に「心将流水自清流」とある題詠で、達観した歌いぶりから壮年の終わりから晩年に入った頃の作と思われる。大意は（ほとりに立って）清らかに流れゆく川の水を見ていると自分の心もおのずから澄み浄まるという意味である。四句目の「心の水」が詠めそうで詠めない余情を誘う佳句だと思う。流れる水に自分の心の水が通い合い、清らかに澄んでゆくという、一読、何の奇もなく無理なところの無い歌であり、味読するこちらの心も清まるように感じられる。結句を「澄む」と終止形にしたのも一首を引き締めている。題詠であるからどこの川でもいいが、公の脳裏には楠木正成を重ねた清らかな「湊川」のイメージが在ったと想像したい。川、清い、流れ、通ふ、澄むと「水」の縁語を鏤《ちりば》めている。ほかに『常山詠草』に「荒磯の岩にくだけてちる月を一つになしてかへる波かな」「夕立の風にきほひて鳴る神のふみとどろかす雲のかけ橋」、「待ちつけてけふ咲き初むる櫻花なほ春風もこころして吹け」などの歌もある。

『史記』。支那（現中国）の前漢（紀元前206～後8年）、武帝（前141～87）の時代の歴史学者・文人、司馬遷によって編纂された歴史書。支那正史24史の筆頭に挙げられる。紀元前91年頃に成立し、全130篇からなり、古代の伝説の王から前漢時代までの帝王の事績、世家、臣下や個人の列伝を儒教の「大義名分論」を根本思想とし紀伝体で叙述し、列伝では太史公序で忠臣、逆臣の別を明らかにし辛辣な評価を下した名著。

司馬遷（前145～87または135～86）。前漢前の周代の記録係、司馬氏の子孫で、父の国史編纂の官職、太史公を継ぐ。利を求めず時流、権力に迎合しない性格で、友人で勇猛廉潔の武将、李陵（前135～74）を庇い、武帝の怒りを買い、宮刑（去勢）に処せられてひるまず、4年間の獄中生活にも屈せず、史記を完成させた。

「大義名分論」。孔子（前552～479）、孟子（前372～289）の教えである仁、義、礼を根本とした儒教の中心思想。日本には君臣親子兄弟など上下の秩序遵守を重視する日本版大義名分論として定着し「尊皇斥覇論」の思想的根拠となった。今日、「大義」は「正当な理由」という意味が付与されて使用されている。

朱舜水（1600〜1682）。支那の明代末期の儒学者。明の再興に失敗し長崎に亡命中に水戸光圀に招かれ日本に帰化し、「義」を基本とした大義名分論を説き、水戸学に影響を与えた。湯島の聖堂を設計した。

『愚管抄』（承久2・1220頃）。鎌倉時代（1185〜1333）の天台宗僧侶、慈円（久壽2〜嘉禄元・1155〜1225）が神武天皇より第84代順徳天皇までの歴史を自身の奉ずる「道理」史観に基づいて著わした歴史書。

『神皇正統記』（延元4・1339年）。南北朝時代（1336〜1392）の南朝方公卿、北畠親房（永仁元〜正平9・1293〜1354年）が南朝の皇位継承権の正統性を立証するため三種の神器が神代から第97代後村上天皇まで連綿と継承されてきた歴史を縷述した歴史書。

『中朝事実』（寛文9・1669年）。江戸前期（1600〜1687）の古学派の祖、山鹿素行（元和8〜貞享2・1622〜1685）が中華（儒教）思想を批判するため神代から第33代推古天皇までの万世一系の皇統の系譜・事績を尊皇思想に基づき説いた歴史書。

補記の3　竹内式部、山縣大貳、藤井右門　〜宝暦・明和の尊皇者〜

宝暦・明和事件。日本歴史上初の尊皇論者弾圧事件。宝暦8（1758）年、垂加神道家で尊皇家の竹内式部は公卿に尊皇論を講義したことを幕府に問われ京都を追放された。9年後の明和4（1767）年、竹内式部の同志、藤井右門は同事件を機に江戸の尊皇家で『柳子新論』の著者、山縣大貳の家に逃れていたが、そこで皇室称揚論を弟子らに唱導したとして幕府に捕えられ、両人とも死罪となり、式部も八丈島へ流罪となった。

竹内式部（正徳2～明和4・1712～1767）。神道家。尊皇家。医者。越後（新潟）の医家の家に生まれる。山崎闇斎門下の玉木葦齋（正英）に垂加流神学、軍学を学ぶ。享保13（1728）年頃、医をもって京の徳大寺家に仕え、堂上、堂下に大義名分論を説き、宝暦8年、所司代（京都）に召喚、追放（所払い）された。明和4年、山縣大貳、藤井右門の「明和事件」の関与を疑われ伊勢で捕えられ八丈島へ流罪の途中、三宅島で病死した。享年56。

山縣大貳（享保10～明和4・1725～1767）。思想家。儒学者。医者。祖は甲斐（山梨）武田の臣。父の養子先の甲府与力の家に生まれる。25歳頃、養子先が改易となり帰農（郷士）し、同地で崎門学派の神官に垂加神道、徂徠学派の儒学者に兵学等を学ぶ。30歳頃、江戸へ出て医・儒・兵学をもって一家を成した後、八丁堀に私塾「柳塾」を開き尊皇斥覇説を主唱した。宝暦9（1759）年、同事件に際し「天ニ二日ナシ。臣ニ二王ナシ」に始まる勤皇論『柳子新論』を著わすなど幕政批判を展開し、明和4年、幕府に謀反の嫌疑を掛けられ処刑された。享年43。

藤井右門（享保5～明和4・1720～1767）。直明。尊皇運動家。遠祖は卜部氏。藤井宗茂の長男

として越中（富山）に生まれる。15歳で、赤穂事件当時（1701年）の浅野家の江戸家老だった父、宗茂の勅使饗応の不手際を批判し生国を出奔、正親町三条家の諸太夫の養子となり家督を継ぐ。竹内式部に私淑し自ら「皇學所教授」となり公卿らに尊皇論を講じた。宝暦事件を機に京を離れ江戸の山縣大貳宅に寓居し右門と名を変え尊皇を説いた。明和4年、大貳と共に捕われ、獄門に掛けられた。享年48。

山崎闇斎（元和4～天和2・1618～1682）。垂加神道創始者。崎門《きもん》学派の祖。垂加と号す。京の浪人（鍼医）の家に生まれる。幼くして妙心寺の僧となり、19歳頃に土佐（高知）の寺へ移り、別所で朱子学海南学派の祖、谷時中に儒学を学ぶ。寛永20（1643）年、25歳で還俗し、明暦元（1655）年、京で「闇斎塾」を開く。寛文5（1665）年、江戸に出て吉川神道の祖、吉川惟足に学んだ後、朱子学（君臣上下の道）と神道（皇祖神崇敬）を一つにした神儒融合の「垂加神道」を創唱した。朱子学を重んじた保科正之（徳川家光の異母弟）に登用されるなど諸侯に教授した。同神道は水戸学、国学、尊攘思想等に大きな影響を与えた。号の「垂加《すいか》」は師の惟足から贈られた「神垂以祈禱為。冥加以正直為」に由る。

第4回　幕末前夜

水戸学中興の祖、藤田幽谷

常陸なる大津の濱にいぎりすの船をつなぐと君はきかずや　　　藤田幽谷

『大日本史』の将軍（吉宗）献上は光圀が修史の大事業を志ざしてより93年後の、光圀死後（元禄13・1700年）より更に20年を経た享保5（1720）年であった。編纂事業は以後も続けられ、献上から80余年を経た文化年間（1804〜1817）、水戸学中興の祖、藤田幽谷によって「尊皇斥覇思想」として体系化され、更に22年後の文政12（1829）年に第9代藩主、水戸斉昭に登用された相沢正志斉、藤田東湖らによって「尊皇攘夷思想」の実践哲学へと発展した。その思想は明治維新に向かって驀進する尊攘志士らの思想的拠り所となった。

藤田幽谷（安永3〜文政9年・1774〜1826）。水戸藩儒者。商家（古着屋）の次男に生れたが小野篁（802〜852・平安初期の学者、文人）の後裔と云われ、英才の誉れ高く15歳のとき「彰考館」の館員（見習い）生に登用され士分となる。18歳のとき大義名分を柱にした『正名論』を著わし、老中、松平定信に招かれ「皇朝自ずから真天子あり」と憚ることなく奏して知恵伊豆に危険思想を感じさせた。高山彦九郎や蒲生君平らと尊皇思想を共有し、肝胆相照らした。寛政6（1794）年に「彰考館」史館編輯に擢用《てきよう》される。同年、攘夷理念に基づいたロシア軍艦の接近に建議し、また寛政9（1797）年、海防に係る藩政刷新を上書、加えて『大日本史』題号問題などが藩の忌憚に触れ一旦、免職されたが3年後に復職した。文化4（1807）年に35歳で抜擢されて彰考館総裁となり、中だるみとなっていた修史事業を中興させた。その過程で編纂事業の根本理念である尊皇思想を「尊皇斥覇思想」（前期水戸学）として大成させ、更に一歩を進めて後期水戸学と言われる「尊皇攘夷思想」の基礎を築いた。それらは相沢正志斉らに継承され藩主、斉昭によって実践督励された。53歳で病歿した。

　掲上歌は文政7（1824）年、幽谷51歳のときの作。イギリスの捕鯨船が大津浜（茨城）に着岸し、乗組員が上陸する事件に際し詠んだ慷慨歌である。息子の東湖に外国人討ち取りを命じた。一首の意は香取鹿島の神坐ます神聖な常陸の国の大津浜に、あろうことかイギリスの船がずかずかと這入り込んで無礼な振舞いに及ぶとは、何ということであろうや、お聞きであろうかというのである。「何も行動なさらぬのか」と藩主以下上層部をやんわりと叱咤したのである。「大義親を滅す」というが結句の「君は聞かずや」に作者、幽谷の憤激が徴わされている。藩主への諫めの一首のためか尊攘家の第一人者、幽谷にしてはむしろ温和しい歌ぶりであるが腹の虫を抑え兼ねた作者の口吻の十分伝わった激歌である。「大津浜」は常陸（茨城）の国、北茨城市大津町現在の大津港。当時、25歳で部屋住みだった斉昭公はこの事件で海防の重要性を心に刻んだと言われる。

相沢正志斉（伯民）（天明2〜文久3・1782〜1863）。水戸藩儒者。郡奉行小吏の家に生まれる。藤田幽谷の高弟。幽谷の水戸学攘夷思想の継承者。斉昭（5歳）の養育係を勤める。寛政11（1799）年、彰考館生となり文政6（1823）年、彰考館総裁代役、天保2（1831）年総裁となる。文政7（1824）年、藩領大津浜への英国船員の上陸事件を機に著わした、天皇を中心とした国家による海防の急務を説いた『新論』が尊皇攘夷思想のバイブルとして尊攘志士らの尊崇の対象となり吉田松陰や真木和泉ら多くの志士が水戸を訪れた。晩年は『新論』の意気が影を潜めたとされる。82歳と長命だった。

尊皇攘夷思想の鼓吹者

水戸斉昭（2首）

函館の関のふせもりこころせよ浪のみよする御代にあらねば　　水戸斉昭

今さらになにをかいはむ武蔵野の蓬にまじるあさましき身は

藤田東湖（1首）

いたづらに身をば嘆かじ灯火のもゆる思ひを世にかかげばや　　藤田東湖

水戸光圀が編纂事業『大日本史』を開始してより続けられてきた修史事業は約130年を経た斉昭の時代になって後期水戸学と云われる尊皇攘夷思想を中心とする実践哲学（＝行動学）に結実することになる。時恰も外国の浸潤が先憂の人々の心魂に不気味な不協和音を響かせ、時代は風雲急を告げる幕末前夜を思わせた。

徳川斉昭（寛政12～万延元年・1800～1860）。水戸斉昭。第9代水戸35万石藩主。第7代藩主の第3子。15代将軍、徳川慶喜の実父。気性激烈、烈公と諡。幕末前期を牽引した熱烈な尊皇攘夷論者。文政12（1829）年、部屋住みから30歳で藤田東湖ら藩の中下級を主とした藩内改革派の擁立を受けて藩主襲封。東湖ら俊秀を登用し洋式操練や民政を重視するなど藩政改革を実施した。天保12（1841）年、藩校「弘道館」を設立し尊皇の理念に基づく教育を強力に推進。同年、海防の気持ちを現わさんと領内の寺院の鐘を潰し大砲を鋳造し、西洋式軍備を整えた。弘化元（1844）年、そうした行動が藩内門閥派の忌むところから時の老中ら幕閣に忌避され45歳で江戸駒込中屋敷に隠居謹慎の身となった。半年後に許されたが、嘉永2（1849）年まで藩政を執ることが出来なかった間、水戸「偕楽園」を創設し時節に備えた。

ペリー来航を機に嘉永6（1853）年、54歳で謹慎全面解除。海防参与として幕政に参加し「和戦両用」の意見を提案するなどしたが、翌安政元（1854）年、幕閣の無定見な神奈川（和親）条約締結に反対し海防参与の職を辞す。同年、軍事参与を命ぜられ、翌年、再び海防参与となる。安政4（1857）年、アメリカの駐日総領事、タウンゼント・ハリスの将軍謁見に反対し攘夷論を強く主張し再び職を辞した。この間、通商条約勅許奏請問題や将軍継嗣問題で大老井伊直弼と激しく争そい、持論の攘夷意見を主張したが容れられなかった。翌安政5（1858）年6月、井伊大老の通商条約無勅許調印に憤慨し不時登城し屹度謹慎。翌年8月、安政の大獄により60歳で水戸永蟄居となる。同年8月、水戸藩へ幕政改革の密勅が下り、井伊大老は勅諚返納を強硬に迫り幕末動乱の幕開けとなった。万延元（1860）8月15日、61歳で病歿した。この間の32年間、斉昭は烈公の名に違わず幕政に参加するたびに謹慎と蟄居を繰り返し、表舞台と裏舞台を目まぐるしく往き来したが、屈することなく自己の信ずるところに従い不退転の尊皇攘夷思想の発言と行動を貫ぬいた。藩主には珍しい、と言うより幕末藩主随一の直情径行の純粋行動者であった。

一首目はいつとは確定できないが、文政12（1829）年、藩主となって自ら大砲を鋳造し海防に備え、活動した30代後半ごろの作と思われる。露国は寛政4（1792）年、露使ラックスマンが蝦夷（現北海道）松前に来てより嘉永6（1853）年までエトロフ、クナシリを含む日本領土を度々窺っている。一首の意は錨地、箱館の関所を守る奉行所の関守役人よ、用心せよ、浪だけが打ち寄せる時勢ではないぞという意味である。関守に名を藉《か》りて、為政者らに海防の必要を強く促す幕政批判の詠法である。三句目の「こころせよ」に自ら北辺、蝦夷地の海防の任に当たることを主張した烈公、斉昭の攘夷の心持が託されている。四句目の「浪のみ寄する」は夷敵どもが頻々と出没し隙有らばと狙っておるぞという露国の窺ことを指している。「関のふせもり」は「関のせきもり」と紹介したものもあり、万葉集の「防人《さきもり》」を語源とする。「御代」は天皇の御代。「箱館」は函館。函館は明治以降の表記。

二首目は安政4（1857）年、ハリスの将軍謁見に反対し海防参与の職を辞した58歳前後の作と推定。詞書に「島津齋彬公海防の事問ひたまひければ」とあり、歌で応えたもの。大意は、今さら何を申しましょう（『海防愚存』などを上書すれど採用されず）、武蔵野（＝幕府）のねじけたよもぎ（蓬）どもに交じった情けない身となってはというのである。四句目の「蓬に交じる」が中心句。「蓬」はよもぎ草。曲りくねった茎が群生し蔓延って生える。もぐさの原料。ここでは幕閣の意。身を幕閣のねじけたよもぎ草中の直草に譬え、「かゝる心外無念の身となっては今さら何をか言わんや」と自嘲気味に慨嘆した。「武蔵野」は幕府。「浅ましき」は情けないの意。無論、謙遜で、憤懣を内に秘め、無能にして因循姑息の幕閣を武蔵野にはびこる「蓬」に譬え痛烈に批判している。歯ぎしりが聞こえてきそうな一首だ。そのほか、「くろふね」と題し「敵あらばいで物みせむ武士のやよひなかばのねむりさましに」と即詠し、大砲を作るために「鐘を鋳つぶして」と題し「今よりはこころのどかに花を見む夕ぐれつぐる鐘をきかねば」と豪快に詠じ、弘道館に用いた石を「もののふの道ひろめむと引く石を眞弓の神のいかで惜しまむ」と詠んだ。また「大塔の宮（護良親王）五百年忌」に「愚かなる身もいにしへに生れなば君がたのみとならましものを」と建武の昔を偲び、漢詩に「豹死留皮豈偶然。湊川遺跡水連天。人生有限名無尽。楠氏誠忠万古傳」と賦して忠臣、正成を讃仰した。

島津齋彬（文化6〜安政5・1809〜1858）。第28代薩摩（鹿児島）75万石藩主。英明豪毅の誉れ高

く幕末期最大の発言力と行動力、牽引力を持った大名。松平慶永（越前福井藩主）、水戸斉昭（水戸藩主）らと日本の改革に邁進した。嘉永4（1851）年、43歳で藩主となるや経綸を振るい、反射炉（溶鉱炉）をはじめ軍事科学工場「集成館」を創設し、嘉永6（1853）年に幕府に大船建造を促し、安政5（1858）年再来航したペリーに備えた。西郷隆盛を側近に登用し、ジョン万次郎に理解を示し、また将軍継嗣問題でも一門の養女を近衛忠熙の養女として将軍、家定の室とするなど政略も巧みで一橋慶喜擁立を準備したが、同年7月、禁裏守護を名目の率兵上京目前に50歳で急死した。一説に変死の説が現在もある。井伊大老は齋彬の死に安心して一橋派を斥け、安政の大獄を強行したとも言われる。「水戸前中納言に返しける」と題し前首の斉昭の「蓬に交じる」に「むさし野にしげる蓬のしら露を君ならずしてたれかはらはむ」と返歌。ほかに「かち路ゆく供人いかに寒からむ輿のうちさへ冴ゆるあらしに」と家来を気遣った歌など。

三首目は藤田東湖（文化3〜安政2・1806〜1855）。水戸藩士。名は彪。幽谷の次子。水戸学尊攘思想の中心人物。文政12（1829）年、24歳で彰考館代理を勤め、時の総裁を弾劾し館を追われたが名反駁文『弾劾文』を草して名を知られた。水戸藩継嗣問題では斉昭擁立のリーダーとして活躍し、斉昭襲封後は斉昭の側に常に在って尊皇攘夷を唱導し、水戸藩の名を轟かした。横井小楠、梅田雲浜、橋本左内、西郷隆盛、佐久間象山ら四方の志士らが東湖の指導を受けた。海防の建議で幕府から弘化元（1844）年、斉昭とともに「異志を抱き禍心を蔵する」として江戸の小石川藩邸幽囚、翌々年弘化3年に小梅の屋敷に移され謫居謹慎の身となる。この間文天祥（1236〜1283・南宋の忠臣）の「正気歌」に倣って『正気歌』（五言74行　40歳）（数字は作当時の年齢）を作り、ほかに自叙伝『回天詩史』（39歳）、『常陸帯』（40歳）、『弘道館記述義』（42歳）を著わし水戸藩の尊攘精神を明らかにし、志士らに影響を与えた。嘉永5（1852）年、斉昭とともに宅慎を許され、翌嘉永6（1853）年、斉昭の幕政参与に伴い幕府海防係に就いた。父幽谷以来の尊皇攘夷、海防論を唱え、奮励実践したが、安政2（1855）年、大地震で母堂を扶《たす》けに赴いて命を落とした。享年50。

歌は弘化元（1844）年5月6日、藩内門閥派の讒言《ざんげん》で幕府から斉昭とともに蟄居の身となったときの39歳頃のもの。大意は（咎められたからとて）我が身を嘆くものでない。尊皇の燃ゆる思いを粛々と世に掲げようぞ、というのである。謫居《たっきょ》何するものぞと自らを鼓舞し水戸学思想鼓吹者の第一人者としての揺るがぬ自恃が伝わってくる堂々たる宣言歌である。ひびきは力強くどっしりとして、静かに抑えた詠い方の中に邦家を守ろうという気迫が滲み出ている。歌の中心は「灯火《ともしび》のもゆる思ひ」であり、その火の如き「燃ゆる思ひ」を「灯火」という謙虚な詞藻で表現したところに情熱家でありながら学者であった東湖の熱血思想家らしさがうかがえる。一首は東湖の情念的資性がよく出た思想的抒情歌の好歌だと思う。信念の人らしい風貌の肖像画を見ても幕末前夜の指導者として名実共に相応しい人であっただけに惜しい人を亡くしたものだ。嘉永6（1853）年のペリー来航に際しては海防係として斉昭を補佐して「かきくらすあめりか人に天つ日のかかやぐ邦の手風見せばや」と詠い、それに先立つ文政7（1824）年には父、幽谷の命を受け常陸（茨城）大津浜に現れたイギリス人を討たんと「二十五回刀水を渡る」で知られる名漢詩『述懐』を作るなど文人としての名も高い。まさに幕末動乱前夜に現れた歌剣一如の純粋行動者であった。ほかに、幽閉中の「うきくさの罪えざりせば三とせまで角田河原に月を見ましや」、「槍」と題し「八千矛の一すぢことにここだくのえみしの首つらぬきてまし」、「鹿島潟がた怒りて立たむ浪もがな人は卯月の十六夜のそら」など佳歌が多い。

補記の４　佐久間象山（２首）

高知るや天の岩戸のとざしをもひらくばかりの手力もがも　　佐久間象山

梓弓まゆみつき弓さはにあれどこの筒弓にしく弓あらめや

佐久間象山（文化８〜元治元・１８１１〜１８６４）。幕末異色の勤皇家。信州（長野県）真田松代藩士の嫡男に生まれる。和漢洋の学に通じ幼にして高才の名を得、特に洋式兵学において薩長肥諸藩の大砲、鉄砲、戦艦を鋳造築造するなど他の追随を許さなかった。容貌四辺を圧して異彩を放ち、殊に眼に魔的光を宿した。天保12（１８４１）年、主君、真田幸貫が幕府海防係に任ぜられたのを機に西洋砲術家、江川太郎左衛門（英龍）の門に入り、自力で砲術翻訳洋書を読破し、海軍育成を主とした『海防八策』を唱えるなど幕末期の最も早い時期の開国論者として知られた。嘉永６（１８５３）年に『急務十策』を幕閣に述べ、老中、阿部正弘らに期待された。安政元（１８５４）、吉田松陰のアメリカ密航行を使嗾したとして伝馬町牢に繋がれたが臆せず堂々開国論を唱え、国元蟄居で在牢９年に及んだ。元治元（１８６４）年、蟄居を赦されて、朝廷・幕府に国権伸張のために公武合体の必要性を説き、活躍が期待されたとき倒幕派の志士、河上彦齋に暗殺された。

松陰、橋本左内、河井継之助ら弟子に逸材が多く、特に松陰は象山を「大義を弁ずるもの第一人者也」と欽慕《きんぼ》した。象山は松陰ほどの純粋行動者ではなかったが、「行動者」の前の「思想者」として第一級の気宇宏大、開明的の純粋思想者であり、松陰は象山から広い世界観に立った「開国大攘夷論」の影響を受けている。攘夷論絶対のときに独自の公武一致、開国大攘夷論を堂々と披歴し、右顧左眄するところがなかった。国を憂えること深く、識は世を抜いた。ために忌憚のない自信過剰とも思える独邁さが誤解された。暗殺もまた、止むをえざる、しかし大いなる誤解であったと言わざるを得ない。享年54。

一首目は鎖国状態を押し開くために、われもまた天の岩戸を押しひらいた手力男尊のような大きな力がほしいものだという意。「いや、持っているぞ」と言外に言っているのである。一首の声調から「国のとざし」を自己の力量で打ち破りたいという技癢《ぎよう》の昂ぶりが感じられるし、天の岩戸の神話に譬えて言ったところがやはり象山である。「高知るや」は天の枕詞。「天の岩戸」は天照大神の隠れた窟。「手力」は手力男尊。

二首目は天保13（１８４２）年、象山が砲術家、江川太郎左衛門に入門し免許指導を受けたときのもの。

「筒弓」とは大砲のこと。歌意は梓弓、まゆみ、つき弓と数はあれど自分の作った大砲に勝るものはないという意。二首とも大自信家で開明派のいかにも象山らしい発想の大きい作だ。ほかに「ペルリに代わりて詠める」と題し「武蔵の海さし出づる月は天飛ぶやかりほるにやに残る影かも」と天馬空を往く感の歌を詠み、また海防論者として「みちのくのそとなる蝦夷のそとを漕ぐ舟より遠くものをこそ思へ」と詠んだ。想を遠大にアメリカや北海道蝦夷の外（北方領土や千島樺太辺）にまで捉え余裕綽綽たるところを披瀝してみせた作。そのほか「螽斯《きりぎりす》つづれさせとはすだけども世のつづれをばいかがさすべき」と世の弥縫を慨嘆し、また安政6（1859）年に「寄吉田寅次郎」と題して「かくとしも知らでや去年のこのごろは君を空ゆく田鶴にたとへし」と獄中の松陰を思い遣った。象山は自らも国元蟄居の身として9年間己が節を曲げずに頑張った幕末第一人の「思想者」であり、松陰はその思想を行動した「行動者」であった。

河上彦齋（天保5～明治4・1834～1871）。剣客。肥後（熊本）藩士。国家老付き坊主として勤めた。佐久間象山の暗殺者、人斬り彦齋としてのみ知られるが、国学者、林桜園に学び、肥後勤皇党を結成し、尊皇運動に邁進し、文久2（1862）年に蓄髪して上京し朝廷警護に加わる。禁門の戦いや長幕戦では長州藩とともに幕軍と戦った。新政府の「攘夷放棄」の変節を心良しとせず新政府に反抗し、刑死した。如何にも肥後もっこす（頑固者）らしい最後である。象山暗殺さえ無ければもっと評価されて然るべき人物である。

辞世とも言われる歌二首。「あはれとも人なとへかしはらひあへで浮世の塵に沈むわが身を」、「君がため死ぬる骸に草むさば赤き心の花や咲くらん」。ほかに真木和泉らを偲び「大山の峰の巌根に魂すゑて動かぬ御代と守る神かも」、高杉晋作挙兵に参加して「かかるとき捨つべきものと垂乳根のかねて育てしわが身なりける」など数多く歌も詠んでいる。享年38。

第5回　幕末動乱（黒船幕開け）

幕閣老中（政権中枢）と雄藩諸侯の対立

阿部正弘（1首）

寝てはさめ覚めてはおもふ異国のことうき船のよるべいかにと　阿部正弘

読み人不知（2首）

泰平の眠りをさます正喜撰たった四はいでよるも寝られず　詠み人しらず

露をだにいとふ大和のおみなへしふるあめりかに袖はぬらさじ　遊女

幕末動乱の発端が嘉永６（１８５３）年のペリーの浦賀来航に始まったのは間違いない。幕府は翌安政元（１８５４）年、薪炭・飲料水のための寄港という日米和親条約（神奈川条約）を締結し、ここに鎖国が実質上解かれた。世界史的外圧、日本国主としての天皇（朝廷）の覚醒、その代行者の幕府の弱体化、この３者のダイナミズムが「明治維新」の幕開けだった。

話は遡るが孝明天皇は即位以前から米英露仏蘭等外国諸国の日本浸食を案じられていた。ゆえに16歳で即位された年の弘化３（１８４６）年と嘉永元（１８４８）年、幕府に海防の勅諭を厳命された。ペリーの来航に先立つ７年も前のことだ。これに対し、２５０年間１度も裁可を仰ぐことのなかった幕府が外国の開国要求に対する外交事情を奏上した。このことは①天皇が自ずから日本国の盟主としての立場を示されたこと、②幕府も国と国の交渉事を独断で出来ないと悟ったこと、③幕府の力が弱ってきたこと、④尊皇思想が各方面に浸透してきたこと、等々が相乗した結果であったと言ってよい。

嘉永６年の翌安政元年１月、再来航したペリーは、今度は開国要求を突き付け浦賀沖から動かなかった。

これに対して時の老中首座（現在の総理大臣に当たる）阿部正弘はそれ以前から将軍、家慶に「水戸（斉昭）によく相談せよ」とのお墨付きで全権一任され、これまでの譜代大名（溜間詰）で仕切っていた老中・幕閣政治を雄藩諸侯に意見を求める非常時政治体制に転換したり、ペリーの最初の浦賀来航を受けて外様大名から小名、御家人、町人に至るまで海防意見を求めるなど思い切った幕政改革を行った。その結果、下田・函館２港を燃料・食糧補給等の名目で開港するという一時凌ぎの苦肉の策（神奈川条約締結）で何とか凌いだ。しかし、阿部の弥縫的解決策は幕閣派、雄藩派双方から不人気で結局、疲労困憊した彼は安政2（1855）年、突然、堀田正睦に老中首座を譲った。（横道に逸れるが寄せられた海防意見書は700通を超えた。この時の意見書の中で一介の御家人に過ぎなかった勝麟太郎（後の海舟）の述べた「外国から軍艦を購入し海軍生を養成すべし」という意見が幕閣の眼に止まり出世の緒口となったことはよく知られた話である。又、こうした開明的政策によって身分の垣根が少し取り払われたことから低い身分ながら才能のある、所謂維新の志士らが発言権を得る機会が生じた。この阿部のやり方が幕藩体制の弱体化を招いたきっかけとなったという説があるが論理が逆であろう。内部で既に体制の崩壊が始まっていたものが表面化したというべきである）。

話を戻すと同年7月、堀田も有力諸侯に通商条約に関する外交意見を徴した。皇室尊崇を祖法とする水戸斉昭を筆頭に島津齋彬（薩摩）、松平慶永（越前）、山内容堂（土佐）、伊達宗城（宇和島）等、大廊下・大広間詰の雄藩諸侯は、朝廷の裁可・勅許を得た上でと、意見具申した。

これに対し老中井伊直弼以下、安藤信正、松平忠国ら溜間詰の幕閣諸侯は、元和元（1615）年以来、幕府と朝廷で結んだ「政道、奏聞に及ばず」の条文を盾に幕府の専権を主張して互いに対立した。殊に、海防外交顧問に復帰した水戸斉昭と反雄藩派の井伊直弼はアメリカの相模湾はじめ日本沿岸の測量の可否について鋭く対立した。

そうした中、安政3（1856）年、強引に下田に領事を置いた総領事、タウンゼント・ハリスは翌安政4年、斉昭ら攘夷派諸侯の反対を押し切って江戸城で将軍、家定に謁見し、通商条約の即時開始を要求した。

又、偶々この条約問題と並行して将軍継嗣問題を巡っても両派は激しく抗争していた。斉昭らは彼の第七子である一橋慶喜を擁立しようと図るに対し、井伊らは紀州藩主、徳川慶福（後の家茂、当時12歳）を擁した。そしてこの継嗣は形式的であれ勅許を必要とした。斉昭らの一橋派が条約調印は朝廷の裁可を受くべしと主張した裏には、朝廷は屈辱的開国の勅許はとうてい下さないであろう、それは即、継嗣問題に有利に響かぬはずはないという読みがあったに違いない。

翌安政５（１８５８）年1月、条約締結の方針を固めた堀田は通商条約と慶福継嗣の両勅許を容易に得られるものと6万両を持参金に上洛し、勅許を奏請した。しかし朝廷は昔の朝廷ならず、水戸斉昭や島津齋彬ら藩主や梅田雲浜ら尊攘志士の入説によって内大臣三条實萬、前関白鷹司政道らは奏請拒否を内定していたのであった。護国攘夷一筋の孝明天皇は勅許せず。堀田は空しく江戸へ引き上げた。

当然、溜間詰の幕閣は激怒した。事態は膠着《こうちゃく》し、打開策に苦慮した堀田は辞意を決め後釜に福井藩主、松平慶永を押したが将軍、家定は鶴の一声で彦根藩主、井伊直弼を大老に推挙した。老中、松平忠国が同年4月23日に井伊直弼の大老就任を発表した。井伊の登場である。7月に将軍、家定（35）死去。ここに愈々幕末動乱の幕が切って落とされた。

阿部正弘（文政2～安政4・１８１９～１８５７）備後（広島）福山10万石藩主。天保14（１８４３）年、24歳で老中首座に就任。幕閣政治から水戸、越前、薩摩、土佐、宇和島などの有力諸藩大名に意見を聞き、川路聖謨、永井尚志、江川英龍、勝海舟などを抜擢登用し開国和親を外交の基本政策として推し進めたが、安政２（１８５５）年の大地震の年、独断で老中首座を堀田正睦に譲ってしまった。その２年後に肝腎の日米通商条約問題と次期将軍継嗣問題という大きな宿題を残したまま39歳で病歿。早すぎる阿部の死は老中筆頭から大老となった井伊直弼の専断政治を許す一因となった。

堀田正睦（文化7～元治元・１８１０～１８６４）。下総（千葉）佐倉11万石藩主。早くからの開国論者で、阿部正弘の後を受け、安政５（１８５８）年、条約勅許を得るため上京したが失敗に終わった。帰江して３日後に安藤信正、松平忠国ら、溜間詰の反一橋慶喜派の譜代大名らが推す井伊直弼の大老就任が発表され、堀田は失脚した。

タウンゼント・ハリス（１８０４～１８７８）。初代の駐日アメリカ総領事。ニューヨーク生まれ。安政３（１８５６）年、ポーパタン号で日米通商条約（横浜開港）を締結した。「唐人お吉」で知られる伊豆下田の玉泉寺に領事館を開きそこに住んだ。

掲出歌三首は、作者は志士でも純粋行動者でもない。

一首目は老中、阿部正弘が幕府に開国要求を突き付けて浦賀湾に停泊して動かない黒船の処理に腐心する気持ちを正直に吐露したもの。歌意は（最高責任者として）寝ても覚めても心に懸るのは浮き船（＝憂き船）の寄港（＝処遇）問題のことばかりであるというのである。「ことうき船」の「ことうき」は事憂き、異浮き船（異国の浮き船）の両意。「うき」は「憂き」と「浮き」の掛詞。「よるべ」は寄る辺、拠り所。ここでは一時寄港場所、立ち寄り所の意。歌は表向きには「よるべ如何にと」と、「浮き船」の「寄る辺」を心配する風を装っているけれども内心は国書を渡さぬまでは動かぬ憂き船に手を焼いて命を縮めるほどに困り果てているおのれの寄る辺なき心情を嘆いているのである。

二首目は黒船来航に日本中が上を下への大騒動、就中、２６０年の惰眠を貪った幕府をカフェインの効いた4杯のお茶で夜も眠れずと皮肉った狂歌（落首）である。狂歌史上屈指の傑作と言っていい。現在も確たる作者は不明である。歌意は天下泰平の惰眠を醒まされた江戸幕府以下の武士はわずか4隻の蒸気船がやって来ただけで夜も眠れないというのである。歌詞を見る限り、事実をそのまま詠んだ客観の歌と言ってよく、「蒸気船」のところを音が似た「正喜撰」に変えただけである。それでいて不朽の狂歌となったのは黒船来航が当時の日本人にとって驚天動地の歴史的大事件であり、且つその慌てふためく心持ちが外圧に怯懦する日本人の心性に時代を越えて響くからではないか。お上の周章狼狽ぶりを高見《たかみ》から他人事のように笑おうという日本人の精神構造は昔も今も変わらない。「正喜撰」は宇治茶の銘柄「喜撰」の上物。もちろん「蒸気船」に掛けてある。船も茶も一杯、二杯と数えるので四杯とした。

三首目は「愛国百人一首」にも入っている一首。作者は遊女で櫻木、喜遊、亀遊、花扇など幾つも名が挙がっているが定説はない。一説に横浜の娼妓、花扇は周囲やお上の無理強いに抗議して右歌を残して死んだという。歌は露さえも嫌うという（日本の）オミナエシである、それが何ゆえに（降る）亜米利加びとに靡《なび》けというのか、靡くはずがないというのである。「だに」は、でさえもの意。「ふるあめりか」は降る雨とアメリカが掛けてある。「袖はぬらさじ」は嫌な思いはしないの意。露、ふる、あめ、ぬらさじと縁語を用いている。

以上、三首は幕府責任者らの苦労や動揺ぶり、庶民の異国人に対する気概や不安や厭悪感など時代の雰囲気や世相をよく伝えていると思い殊に後の二首はよく知られた歌であるが敢て紹介した。

第6回　幕末動乱（序幕）

井伊直弼大老就任　日米通商条約無勅許調印

孝明天皇（1首）――譲位の叡慮

あじきなや又あじきなやあし原のたのむ甲斐なき武蔵野の原　　孝明天皇

井伊直弼（1首）――井伊の暴政と密勅降下

世の中をよそに見つつも埋もれ木の埋もれておらむ心なき身は　　井伊直弼

安政5（1858）4月23日、堀田正睦が京都から江戸へ戻った3日後、将軍、家定台命の名目で彦根（滋賀）藩主で筆頭老中の井伊直弼の大老昇格。就任した井伊は5月に入って一橋派の川路聖謨（勘定奉行）、浅野長祚（京都町奉行）、江川英龍（伊豆代官）らを退けてまず足元を固め、翌月6月1日、総登城の席で次期将軍継嗣について溜間諸侯等に「血統の内より」との御内示があった旨を発表。そして就任わずか2か月後の6月19日に、井上清直、岩瀬忠震をポーパタン号に遣わし同船上で目下の大問題の日米修好通商条約を無勅許で調印した。朝廷への報告は宿継ぎ奉書（現速達）の形で届け捨ての事後承諾書を送って済ました。同月22日、再総登城で全諸侯に通商条約に調印した旨を発表。翌23日には堀田正睦、松平忠固、太田資治ら3老中を罷免し、紀伊派の幕閣で周囲を固め独裁体制を敷いた。

翌24日、これを知った水戸斉昭、松平慶永、水戸慶篤、一橋慶喜は抗議のため不時登城して井伊を詰問した。翌25日、委細構わず井伊大老は再々総登城の席で台命により次期将軍は紀伊の徳川慶福（家茂）に正式に決まったと発表（12月11日に将軍宣下、慶福は家茂となる）。7月5日、騒然たる天下の耳目を尻目に彼はさらに剛腕を振い、不時登城し無断勅許の違勅を責める斉昭を蟄居謹慎、息子の徳川慶篤（長子）、一橋慶喜を登城禁止、松平慶永、徳川慶勝を隠居謹慎に処するなど、矢継ぎ早やの武断政策を断行した。その翌日の7月6日、将軍、家定（35歳）薨去（公表は8月8日になされた）。

対する朝廷は7月に条約調印の説明を求めたが井伊大老ら幕閣は無視。朝廷内の攘夷派公家および梅田雲浜ら尊攘志士活動家は朝廷側近らに幕府の専断を責める水戸藩以下へ内勅を出すよう猛烈な勅諚降下運動を展開した。薩摩の島津齋彬は皇居守護を名目に藩兵を率いて上京計画を進めたが、歴史の偶然か飲み水に当って7月急逝した。

8月8日、朝廷から水戸藩へ違勅糾弾、幕政改革、諸侯協力を促す勅諚、所謂安政戊午の密勅が降下された。同月16日深夜、京の水戸藩邸から下向した京留守居役助役，鵜飼幸吉が江戸水戸藩邸の藩主徳川慶篤に勅書を呈上。慶篤は翌19日、勅諚の写しを尾張、紀伊、田安、一橋の各家に伝達。写しは、薩州、長州、肥後、備前、越前、宇和島、筑前等々13藩へも伝達された。19日には幕府にも勅書が届いた。井伊大老をはじめ幕閣はこの勅諚降下を開府以来の幕政容喙の容易ならざる大事件と捉えた。

掲出歌一首目は孝明天皇御製。孝明天皇が弘化3（1846）年、250年間の蒙を開いて幕府に海防の勅諭を示されて12年後の安政5（1858）年、あろうことか井伊は無勅許で日米通商条約を結んだ。朝廷を蔑ろにした井伊の暴挙に孝明帝は震怒され、二度に渡り譲位を表明された。御歌は（幕府のやり方は）道に背いている、乱暴である、武蔵野の柳営（幕府）頼むに足らず、嗚呼、情けないとの御意である。「あじきなし（味気無し）」は、道に背いている、乱暴だ、情けないの意。現代では面白味がないの意が一般的。御歌は「あじきなや」という直接的な主観句を二度続けられ、落胆、腹立ちの宸衷を吐露された砂を噛むが如き苦しいお歌だ。一本に「しげりあい繁りあいたる萩すすきあるに甲斐なき武蔵野の原」とあるが掲出歌のほうが感情の表白が直接的なだけ維新歌にふさわしい。制作年月未詳とあるが安政5年の28歳の大いなる憤懣の御詠草と拝察したい。「あしはら」の「あし」は葦と悪しの掛け言葉。「悪し（葦）原の武蔵野」つまり江戸幕府の意である。36歳で崩御されるまで在位21年の間に嘉永・安政・万延・文久・元治・慶応と6度も改元され我慢、屈辱、忍耐、憂憤の連続だったに違いない。臣下の道に外れ、信義を尊ぶ士道に悖る井伊の暴挙は罪浅からずと言えよう。

二首目は井伊直弼（文化12～万延元・1815～1860）の作。大老。掃部頭。嘉永3（1850）年、

兄、直亮の死によって第13代彦根（滋賀県）25万石藩主となる。14男であった井伊は32歳まで部屋住みで歌はその頃の作。自ら住む部屋を「埋木舎」と名付けたというがやや自嘲的な命名のなかに雄心勃々の気も感じられる。「埋もれ木」は「世間から見捨てられ顧みられない境遇」、不遇、日陰者の意もある。大意は（自分ならこうしようなどと）世の中の動きを見ながら壮図はあっても埋もれ木（＝余計者）の身であれば黙って何も言わず埋もれているしかない、思慮分別もない身としてはというのである。「こころなき」は思慮分別が無いの意で勿論、反語である。「埋木舎」と殊更言うほどだから自分を恃めば恃むほど強烈な不遇意識があったはずである。それが思いがけず藩主となり大老となって一挙に反動として独断専制化したのではないか。長い間の部屋住みで人間不信があったのかも知れぬ。ほかに大老就任前後の歌として「春浅み野中の清水氷りゐて底の心を汲む人ぞなき」がある。

時世の変遷で悪人視されたものが英雄視され、井伊直弼も小説「花の生涯」（舟橋聖一・昭和27～28・1952～53年毎日新聞）などで悲劇の主人公として取り上げられたが、彼が腹心長野主膳を用いて志士らに行った大弾圧は歴とした事実で美化するには無理がある。井蛙大海を知らず、井伊の行った安政の大獄は所詮、世界の大勢に目を瞑ったお家大事の近視眼的武断政策と言われても仕方あるまい。殊にさしたる罪もなき吉田松陰、橋本左内、鵜飼幸吉など前途有為の青年らを多数殺した罪は計り知れない。加えて天皇側近、公卿らへの遠慮なき実力行使、就中、無勅許条約締結から一方通行の届け捨ての事後通告書を送り付けるなど人も無げな傲慢さは天皇への間接的拷問と言って過言でない。「己惚れと瘡気のない奴はいない」と俗に言うけれど、自身を本心から「余計者」「役立たず」と思っている人間はいない。人の事は言えぬが自ら恃むこと強き仁ほど心の底に「本当の俺はこんなものではない」という並外れた自己肥大、高慢天狗、故なき自信過剰を蔵しているものが多い。独裁に奔《はし》った井伊大老もその一人であったに違いない。

長野主膳（文化12〜文久2・1815〜1862）。出自等詳細不明。天保13（1842）年、井伊直弼が部屋住みの頃、埋木舎を訪れ肝胆相照らしたとされ、大獄の陰の中心人物として「京都大老」と呼ばれ権勢を振るった。井伊横死後は位牌を懐中にして形勢を窺っていたが文久2（1862）年、彦根藩によって斬首された。

第7回　安政の大獄（一）　幕政批判勢力大弾圧

在京四天王ら尊攘志士の一斉逮捕

君が代を思ふ心のひとすぢに吾が身ありとはおもはざりけり　梅田雲浜

吾が罪は君が代おもふまごころの深からざりししるしなりけり　頼三樹三郎

老いはてて終る命はをしからじ世にいさをしのなきぞ悲しき　梁川星巌

かかりきと知らぬ身にしも白雪の積もれるうきはいつか消えなむ　飯泉喜内

「葦（悪し）原の柳営頼むに足らず」。朝廷は8月8日、大老の不信任、公武合体、幕政改革を柱とする勅書を秘かに水戸藩に届けた。250年の慣例を破って幕府を通さずに下された勅書であった。

19日には幕府にも勅書が届いたが井伊はこれを容易ならざる大事件と捉えた。自らの勅許を蔑ろにした不遜は棚にあげ、朝廷が幕府を無視し水戸一藩に諸藩取りまとめを指示したことを「幕藩体制を破壊する前代未聞の朝廷の政治関与なり」として関係者を糾弾した。元々、彼は各所情報から朝廷を含む京の形勢が幕府に不利な要因は、斉昭一派と気脈を通じ京洛を徘徊する攘夷家志士に禍源ありと考えていた。事実、彼の無勅許調印以後、京師では開国派に対する排撃運動が激化していた。そこで腹心長野主膳、間部詮勝、九条家家臣の島田左近らを使って、勅諚降下を幕政改革に言寄せて幕府転覆を企てる大逆だとして水戸・一橋派の諸侯をはじめ、堂上公卿、諸太夫、尊攘活動家の志士・浪士ら幕政批判勢力の一掃を図る大弾圧を開始した。安政の大獄の始まりである。井伊の一存によって幕末動乱の幕が切って落とされたと言って過言でない。

勅諚降下に直接関わったとして安政５（１８５８）９月、梅田雲浜がまず逮捕されたのを手始めに攘夷派、反幕派の一斉逮捕が続々と行なわれた。逮捕者、処分者は京都、江戸、水戸を中心に追々全国に及んだ。尊攘志士、藩主諸侯、水戸藩、公家、学者、町人、子どもにまで累の及んだもの総計２００人を超えた。翌安政６年８月から10月にかけて刑の執行が行なわれた。死罪７人、遠島７人、追放12人、押し込め33人、所払い・叱度叱り・手鎖など10人、獄死６人など処せられたもの１００余名を数えた。藩主や公家らは隠居、謹慎、蟄居、辞官落飾、左遷、引籠りとなった。

掲上歌一首目は安政の大獄の逮捕者第一号となった梅田雲浜（文化12～安政６・１８１５～１８５９）。尊攘志士。通称源二郎。若狭（福井県）小浜藩（10万石）元藩士。矢部家小普請組の次男に生れ、梅田姓を継ぐ。崎門学（儒学）に通じた。動乱初期を代表する国事行動者。若くから京・江戸に遊学し、藤田東湖、大橋訥庵、佐久間象山らと交わり、世界情勢に関心を向けた。嘉永5（1852）年、藩主（酒井忠義）に海防を直言したことが幕・藩批判となり士籍を剥奪された。浪人となり、京、江戸、水戸を往来し長州藩遊説や大和十津川郷士の京都守護斡旋を図るなど国事に奔走。頼三樹三郎、梁川星巖、池内大学らとともに常に京都の尊攘運動の中心に居り、在京志士の首領株として活躍した。安政元（1854）年、ペリー再来航時には水戸に入説し藤田東湖、大橋訥庵と遇い、同4（1857）年、日米通商条約調印反対、一橋慶喜擁立、井伊排斥などを唱えた。昇殿を許されるなど中川宮（青蓮院宮）に遇され参謀となる。安政5（1858）年、「密勅」の指揮を執ったとして捕えられた。京六角の吟味ののち、江戸へ送られ、小倉藩邸に預けられ寺社奉行、町奉行、勘定奉行、大目付の五手掛りという苛烈な取調べに丁々発止の論陣を張って屈しなかった。翌6年9月14日、同邸内で病死した。雲浜の号は小浜海岸を雲の浜と呼んだことによる。享年45。

掲出歌は勤皇の心を一息に詠んだもので余計な解釈の必要はない。大獄で捕らえられ、翌年9月、幽閉中の江戸小倉藩邸で重篤（脚気）になり心境を問われた際に応えて詠んだもので一種の辞世歌といってよい。一首の意は天皇の治世を願う心一筋に無我夢中でやって来たので自分の身のことなどはじめから有るとは思っていないというのである。「君が代を思う心」とは皇室を恋う恋闕《れんけつ》の情の意。新潮国語辞典（昭和40年版）にはこの「恋闕」の項目はない。「君が代を」「思ふ心の」「ひとすじに」「吾が身ありとはおもはざりけり」と、初句から結句まで幕末志士の勤皇歌の類想類句の羅列であり、一見没個性的であり誰の歌としてもよいと言えようが、文学的脚色を取り去れば尊皇愛国者の衷心はまったくこの三十一文字に尽きるのであって、雲浜のほかの歌を見ると佳歌もあり、右歌は一瞥、典型的な観念的勤皇志士歌のごとくだが、そうではない。また前以て用意して置いた辞世歌ではなく、死期を悟った雲浜が「吾が身ありとはおもはざりけり」と咄嗟に自分の胸中を少しの逡巡もなくそのまま吐露した直言《ただごと》歌であることは何度か口誦玩味してみるとよく分かる。辞世とされる「あだし野の醜の草原わけかねて露と消え行く身を如何にせん」の比ではない。

安政元（1854）年、大阪天保山沖の露艦を見て「妻臥病床児叫餓。挺身直欲当戎夷。今朝死別与生別。唯有皇天皇土」の『訣別』の一詩を賦し置き妻子を置いて出掛けたことはよく知られているが、雲浜の吾が身を顧みない国事奔走の一生は本人の一身に止どまらず影響は妻子にまで及んだ。同人妻女の「冬枯れし軒のつま木もたきはてて庭に木の葉の積もるひまなき」など併せ読むと『訣別』起句に描かれた一家の赤貧洗うが如き貧窮辛苦はほとんど実写であったと思われる。雲浜は松陰に「油断ならぬ人物」と評されたが、安政3（1856）年、長州・大和十津川間の物駅交換の仲介をして財をなすなど実業家の一面もあり独身者、松陰には分からない生活者の一面もあったのではなかろうか。浪人となり幽閉中死ぬまでの約8年間、貧苦の中、ひと時も休まず国事に東奔西走した姿は見事な純粋行動者であったと言えよう。ほかに「かへり来て草のみ我を知りがほにこぼれかかれる露の故里」、獄中作「葦田鶴のあし間がくれに身を隠し空に思ひの音をのみぞ鳴く」など家族や故郷を思い遣った哀切歌がある。「述懐」と詞書した「天の戸をおし明けがたの雲間よりいづる日影の曇らずもがな」

は藤原良經（新古今集）の「天の戸をおし明けがたの雲間より神代の月の影ぞ残れる」の本歌取りである。

二首目は頼三樹三郎（文政8〜安政6・1825〜1859）の獄中作。漢詩人。勤皇志士。頼山陽（1780〜1832）の第3子。京都で生まれる。鴨崖、古狂生と号す。8歳の時、父、山陽死。若きより昌平黌に入学したが性、矯激疎狂のため放校されるが詩才に富み、弘化3（1846）年、単身蝦夷（北海道）に渡り、嘉永2（1849）年、京に戻ると家塾を開き、梁川星巌、梅田雲浜、池内大学（陶所）、海防僧月性らと在京四天王と称し近衛忠熙らに親近し有力諸藩と朝廷の間を往来し井伊派打倒、尊皇攘夷、一橋派慶喜候擁立に情熱を傾けた。通商条約以後、安政5（1858）年、密勅問題で雲浜とともに捕えられ、京六角獄から江戸に檻送され峻烈な取調べに屈せずなお獄中で幕政批判に徹した。翌年10月7日、江戸小塚原で死罪。遺体は山陽の弟子らは幕府に遠慮して引き取らず、大橋訥庵（後述）が引き取った。享年35。

歌は10月5日、刑死の直前に同囚の同志とともに合唱したものと「詞書」にある。一首の意は今ここにこうして囚えられている「吾が罪は」幕政批判の罪ではない、君を思うまごころ（＝尊皇の赤心）が浅いがためのしるし（＝罪）であるというのである。あくまで冷静豪胆、己の思想に殉じて身じろぎもしなかった。下の句の「深からざりししるしなりけり」がうたごころの肝句。「しるし」は徴で、心の表への顕れ。志士歌には珍しく自省的な詠みぶりで、これはこれで良いが、彼はやはり漢詩人で、よく知られる「排雲欲手掃妖雲。失脚堕来江戸城。井底痴蛙過憂慮。天邊大月缺高明。（以下略）」の妖雲を掃わんとし力足らず誤って蛙どものいる江戸城に落ちてしまったという辞世の七律が、幕吏奴何するものぞと最後まで純粋行動者の気概を見せて痛烈で痛快である。ほかに獄中作、「月さやけしと聞きて」と詞書して「男山むかしながらに照る月を太刀のひかりのさむきとぞ見る」、また若い頃単身、蝦夷旅行を試みた際の「海辺述懐」に「海の底やぶるばかりに笛ふきてうまいの龍に声聞かせてむ」など歌心剣魂の詩人志士らしい佳歌佳吟が多数ある。「うまい」は熟寝。

三首目は在京四天王の中心格で最年長の梁川星巌（寛政元〜安政５・１７８９〜１８５８）の作。江戸後期の漢詩人、志士。美濃（岐阜県）大垣の豪農（郷士）の家の長子に生まれる。「梁川」は郷里の揖斐川上流の漁簗から、「星巌」は同じく故園の星ヶ丘から採った。若くから詩才に天稟を徴わし、「文は山陽、詩は星巌」と称され、天保・嘉永年間（１８３０〜１８５３）、『玉池吟社』を主宰し江戸の漢詩壇を支配した。天保12（１８４１）年、41歳頃、佐久間象山の勧めで藤田東湖、横井小楠、宮部鼎蔵らと親交を結び、以後国事に奔走し、表面は京丸太町の別荘「鴨沂小隠」に風流の文人を装い吉田松陰、海防僧月性、頼三樹三郎らと運動を展開した。安政の大獄で捕えられる直前にコレラで病死し、「死に（詩に）上手」と評された。享年70。

歌は『七十自弔』と題した辞世。歌意は年老いて死ぬ命は惜しくないが（男子たるもの）世に語りつぐべきいさおし（＝勲功）がないのが悲しく悔しいというのである。「いさおし（勇男し）」は、勲功、武功。文名、天下に響いた星巌が、武勲を立てずに死ぬのは情けないと悲しむのである。志士として名も上げずこのまま死ぬのは残念だという思いは山上憶良の「士《をのこ》やも空しかるべきよろず代に語りつぐべき名は立てずして」（万葉集　巻6　978）と同断。名を残すべく生まれてきた男子として何事も果たせず朽ち果てて死んでゆくのはまことに辛い。古今を問わず草莽の身につまされる慨嘆歌で、まったく同感である。ほかに「たをやめも国の為をば思ふなれなど益荒男のあだに過ごせる」。漢詩「芳野懐古」に「今来古往事茫茫。石馬無声抔土荒。春入櫻花満山白。南朝天子御魂香」がある。

星巌の妻で漢詩人の梁川紅蘭（文化元～明治12・1804～1879）は夫、星巌の代りに半年間投獄された。その間、「獄中感懐」と題し、「誰カ孤鶯ヲ把リテ網塵ヲ付ス。飛ヲ囚シ舞ヲ禁ジ太ダ艱屯。栄衰寵辱固ヨリ常時。誰カ害セン乾坤不測ノ神」と一詩を賦し閨秀勤皇歌人の気概を示した。

四首目は飯泉喜内（文化2～安政6・1805～1859）。本名渡辺六蔵。もと土浦（茨城）藩士。脱藩して江戸商家の手代の後、旗本の侍医を娘婿に迎え飯泉氏を称する。嘉永5（1852）年、攘夷を志し上京し三条家（實萬）家士となり一橋派に属し日下部伊三次らと幕府の内情を探るなど活躍した。伊豆下田真福寺のロシア人宿舎を探索した容疑で捕縛され、江戸の自宅からのちに『飯泉喜内初筆一件』と云われる志士らとの情報交換の手紙が多数発見され、志士らの大量逮捕の引き金となった。江戸で最初の逮捕者となり、斬刑に処された。享年55。

歌は安政5（1857）年、露人との接触中に捕えられ伝馬町の獄屋での尋問を受けているときの獄中詠。一首の意は、（露人宅探索の一連の結果が）何ゆえ斯く（＝逮捕）なったのかその間の事情はよく知らぬ身であるのに、（今こうして）獄窓に降り積もる白雪のように我が身に降り掛かる尋問の辛さ、苦しさは耐え難い。取調べはそのうち雪と同じように止むだろうけれども早く了って欲しいというのなぞらえている。一首の中心は三・四句目の「白雪の積もれるうき（憂き）」で冤罪による憂苦をふり積る雪にである。「白雪」には「知らぬ」が掛けてあり、縁語の白、積もる、消えるを織り込み、「知らぬ」「身にしも」「白雪の」と強調を示す「シ」音を連続的に重ねて、無実を訴える気持ちを強く滲ませた歌となっている。二句目の「しも」は接続助詞的に用いて「なのに」、「にも拘らず」と反意を表わす場合と弱い否定を表わす「必ずしも～ではない」の二様の意があるが、ここでは「知らぬ身なのに」の方を優先した。「かかりき」は斯く有りで「逮捕」を指す。「うき」（憂き）は作者にとって「無辜」の辛い取調べ。結句の「なむ」は胸中で相手に注文する間接的希望を示す終助詞で「～してほしい」の意。

この四首目の歌は前３人の歌とは趣が全く違う。作者の経歴もそうであるが、中々、含みの多い歌である。維新実現に奔走した人の中にもこういう歌を詠んだ人もいるのである。この歌では死罪になるとは思っていなかったようだ。作者にはペリー来航に際し幕政を批判した著書『祈りの一言』（未見）があるが、格別の定見、覚悟のないままいつの間にか窮地に追い込まれている自分に気が付きあれこれ弁解しているようで自戒を含めやや「士道不覚悟」を感じるが如何であろうか。

池内大学（文化11～文久３・１８１４～１８６３）陶所。儒者。京都の商家に生まれる。尊攘派の活動家として朝廷周辺に出入りし幕府から梅田雲浜らと共に京の「悪逆四天王」と呼ばれた。大獄直前に自首して重刑を免れた。３年後に人斬り以蔵こと土佐藩志士、岡田以蔵に暗殺された。「天誅」の捨て文とともに斬られた耳が三条實愛、中山忠能邸に投げ込まれ、両公辞官の因となった。

補記の5　頼山陽

頼山陽（安永9〜天保3・1780〜1832）。文人、詩人、史論家。『日本外史』の著者。頼三樹三郎の父。名は襄。安芸藩（広島）儒者で朱子学の大家、頼春水の長子として生まれる。鋭い感性、癇性（神経症）のため鬱病に悩んだが若くして詩人としての名声は群を抜いた。主著『日本外史』（全22巻）は源平二氏の勃興から12代将軍徳川家慶までの武家13代の治乱興亡を『史紀』に倣って叙した畢生の大著で享和元（1801）年頃から起草し凡そ26有余年かけて脱稿。文政10（1827）年、時の老中、松平定信へ上書した際には徳川家の記述は改行して1字下げ、皇室の記述は改行して2字下げるなど暗黙裡に南朝の正統性や尊皇思想を底流に一貫させた。山陽独特の詩人の感性から生まれた彫琢の文章は簡潔、かつ情熱的で、訓点を施した分かり易い漢文詠み下し文は幕末の尊攘志士らの必読書として明治維新実現に大きな影響を与えた。天皇家の事績を中心とした『日本政記』の稿成った日に労咳（結核）のため死去した。漢詩人としても卓抜で、「鞭聲粛々夜渡川」など川中島の合戦を活写した「不識庵機山ヲ撃ツノ図ニ題ス」の名詩をはじめ文永弘安の役を詠んだ「蒙古来」、光秀、信長の「本能寺」など詠史『日本楽府』ほか数々の名著を残した。享年53。

第8回　安政の大獄（二）　水戸藩尊攘派弾圧

勅諚降下関係者の一斉処分

強ひて吹く嵐の風のはげしさになにたまるべき草の上の露　安島帯刀

あゆち潟友よびつぎの濱かけて千鳥もこころありげにぞ鳴く　鵜飼吉左衛門

世にありて数ならぬ身も国のためつくすこころは人にかわらじ　鵜飼幸吉

ふり捨てて出でにしあとの撫子はいかなる色に露やおくらむ　茅根伊與之介

五月雨の限りありとは知りながら照る日を祈る心せはしき　日下部伊三次

「御三家とて容赦せず」。大獄において最も量的・質的弾圧を蒙ったのは水戸藩であった。井伊は勅諚の返納を武器に勅諚に関わった水戸藩へ大弾圧を加えた。大獄の直接の発端は、安政5（1858）年8月、朝廷が幕政刷新、諸侯連携を促す勅諚（戊午の密勅）を水戸藩へ下したことに幕権低下の危機を感じた井伊の専断激怒から始まる。もっとも水戸藩への密勅降下は朝廷が幕府を通さずに一藩へ直接、指示した江戸開府以来の大事件ではあったが。

井伊はこうした幕府軽視の元凶は水戸藩、就中水戸斉昭公であると判断。井伊は将軍継嗣問題、日米通商条約勅許問題で幕府の方針に反対し、いわゆる尊皇攘夷運動を煽動し、既存の秩序を混乱させ、幕藩体制を危機に陥れようとしている烈公を中心とした水戸藩尊攘派の一掃を計った。国学の素養もある井伊にとって斉昭は徳川御三家に有りながら幕府政治の存立を否定するかのような将軍の上に天皇ありとする尊皇論を主張する獅子身中の虫であり、一種の近親憎悪も加わっていたのかも知れない。斉昭公は永蟄居、子息の徳川慶篤、一橋慶喜謹慎。同藩家老安島帯刀切腹、京都留守居役鵜飼吉左衛門・幸吉親子は斬首獄門、藩重職鮎沢伊太夫は遠島、薩摩藩士日下部伊三治らは拷問などと特に勅諚降下関係者を厳しく処罰した。井伊は更に勅書返納を迫り、返納を渋る水戸藩に「改易（お家取り潰し）もある」と徹底的に攻め立てた。藩主慶篤も返納やむなしとし、水戸領内では朝廷に勅書を返上すべきという反幕朝廷派（激派）と幕府に渡すべきという親幕門閥派（柳派）との間に内訌が起こった。

掲上歌一首目は安島帯刀（文化9〜安政6・1812〜1859）。水戸藩家老（800石）。斉昭の股肱の臣戸田忠太夫（安政地震で圧死）の実弟。小普請組安島家（150石）を継ぐ。水戸藩尊攘派の中心的役割。安政3（1856）年、わが国初の軍艦旭日丸建造などで斉昭を補佐し藩内門閥派と対立し、安政5（1858）年、日米通商条約問題、将軍継嗣問題で井伊と対立する藩主斉昭の譴責解除を朝廷に願うなど東湖、兄忠太夫なきあと執政となって終始斉昭を助けた。安政6（1859）年4月、勅諚回達問題の責任者として江戸に収監され幕府評定所で詮議され、同年8月、水戸家で最初に切腹となった。享年48。

歌は辞世。改易を匂わしての勅書返納を迫られ詰め腹を切らされたときのもの。歌意は暴風のような（＝無理強いの尋問）の激しさにどうして堪えられようか草の葉の上の露に等しい私がというのである。幕府の峻烈な糾問を「嵐の風」に、藩重役としての己が身を「草の上の露」に譬えた寓喩歌である。「強ひて」は無理押し、容赦なく。「なに」は反語句を導く副詞で、どうして、いかで。「たまるべき」は支え切れない、こらえ切れないの意。歌の中心は結句の「草の上の露」で、幕権の強大さを強調するために己の立場を果敢ない存在であるひとしずくの露と言ったのだが、草には茎や根が繋がっており、茎や根は藩であり、主君である。内容的には圧倒的な力の前には一たまりもないという平凡な歌が中々の実感を持って迫るのは、なぜか。これは、「嵐の、風の、はげしさに、なに、たまるべき」という頭韻を踏むに似た「ア列音」の連続的表現が取調べの苛烈さと、それによって生じた作者の鬱憤や諦めや抵抗の入り混じった迸るような痛歎を活写しているからではないか。「嵐の風の」という重語的表現も歌調に切迫感を齎している。加えて一首全体の重みを結句の最後の「露」の一文字に置いた構文も効果的である。辞世は比喩歌であるが、家老という立場上これ以上の表現は出来なかったのであろう。「草の上の露」とはいえ言いたいことは山ほどあった無念の切腹であったに違いない。

二首目は鵜飼吉左衛門（寛政10～安政6・1798～1859）。京都水戸藩邸留守居役。尾張（愛知）の寺の次男に生れ、水戸藩士の叔父の養子となる。斉昭に仕え『大日本史』編纂に従事。嘉永6（1853）年に留守居役となり京の水戸藩尊攘派の中心的役割を担った。安政5（1858）年8月、朝廷方、万里小路博房から直接、攘夷の勅諚（密勅）を受け取り、長子、幸吉に江戸小石川水戸藩邸へ赴かせたが、軽輩の手に勅諚を持たせ疎《おろそ》かにしたと難癖をつけて捕えられ、安政6（1859）8月、伝馬町の獄で斬首された。次男喜三郎、3男貞五郎、4男伝四郎らは遠島。享年62。

歌は安政6（1859）年、京藩邸から江戸へ檻送される途次の阿由知潟（愛知県）の辺りで詠んだ述懐歌で一種の羇旅歌でもある。一首はあゆち潟の呼続の浜で千鳥の群れが友を求めてしきりに鳴いている、その千鳥の声を聞いていると護送されている自分の赤心を思うて鳴いてくれているようだという意である。万葉の昔から歌に詠まれたあゆち潟の濱辺に鳴く千鳥に己が勤皇の心境を投影して「千鳥もこころありげにぞ鳴く」と詠んだのである。作者は「寂しい」とも「悲しい」とも言っていないけれども寂寥のひびきが一首の底に流れている歌である。「あゆち潟」は三河（愛知県）南部にあった入り海で、特に「よびつぎ（呼続）の濱」（現名古屋市南区呼続）は平安時代から知られた松林の続く干潟地で東国へ向かう旅立ちの場所でもあった。歌は、その干潟地の波打際に建立された円福寺（時宗）中興の祖で歌づくりに優れた權阿上人（1370年歿）の「鳴海潟夕波千鳥たちかへり友よびつぎの濱に啼くなり」（勅撰集の新後拾遺和歌集）などを参考に檻送のわが身に感慨を催してかく詠ったのであろう。「あゆち」は湧き出る意で「あゆち」が愛知になった。「かけて」は繋辞的連語で「渡って」の意。ほかに「雪山野に満つ」と題して「野や越えむ山路や越えむ道わけも埋もれはててゆきぞわづらふ」。

三首目は鵜飼幸吉（文政11～安政6・1828～1859）。水戸藩士。吉左衛門の長子。安政4（1857）年、京都留守居役助役となり、父を助け朝廷と藩との連絡役を務める。安政5（1858）年、勅諚を持って秘かに東海道を下り、江戸小石川藩邸に運び込んだ。同年9月、父、吉左衛門とともに捕えられた。幕府の頭越しになされた勅諚降下に直接拘わったとして大獄中最も重い獄門（晒し首）刑に処された。

歌は辞世で説明の要なしの率直歌で、（数ならぬ身であっても）君公や国に尽す心は身分のある人と変わらない、立派に死んで行くぞという、文字通り「死して君親に背かず」の健気で潔い覚悟の一首。享年32。

四首目は茅根《ちのね》伊與之介（文政7～安政6・1824～1859）。水戸藩士。茅根家の嫡男として生まれる。幼年より藤田東湖、会沢正志斉に嘱望され、20歳で弘道館舎長となる。常に斉昭に近侍し、奥祐筆から藩主慶篤の侍読と主に文官として両君によく仕えた。攘夷の勅書の請書を作成した責任を問われ安政6（1859）4月、幕府に召還され、8月斬刑に処せられた。息子、茅根熊太郎も遠島に処せられた。享年36。

歌は辞世。一首の意は（捕われた袖にすがるのを）振り切るようにして出たものの（間もなく死ぬ身のわれ亡きあと）稚いわが娘（＝撫子）はどのような姿かたち（＝花の色）に成ってこれから先の身の上（＝露）を送るのであろうかというのである。結句は直訳すれば「露を置くのだろうか」だが、何を「露」に譬えたのかが本歌のポイントであろう。語脈からして「娘の将来、身の上」を「露」に譬えたと見たがどうか。「露」は露の身、草の露など消えやすく、儚いものの代表である。その露と同じ儚げなものを作者は直感的に娘のこれからに感じたに違いない。

本歌の詠み解きだが、一首の中心はわが子の身の行く末を心配する親心である。愛し子を「撫子の花」に、その成長を「花の色」に、身の行く末を「花上の露」にそれぞれ譬え文官らしい巧みな婉曲技法を駆使しているけれども、内容は死を前にした作者のわが娘への愛情を「撫子」の一語に籠めた声調まことに哀切なる愛別離苦歌である。志士歌にしては一風変わった辞世とも見えるがこうした心情は本作者のみならず人一倍多感な志士らに共通する大義と人の情愛との煩悶葛藤の末の苦悩歌、或いは無明歌である。君国のために邁進するあまり父母や妻子など家庭を顧みない薄情者のように一部に評されるがさにあらず、木石ならぬ彼らの裏面には皆こうした万世不変の人間的悩み、つまり大なる自己犠牲が払われているのを見過ごしてはならないと愚考する。「振り捨てて」は置き去りにして。「撫子」は草花の名で、和歌では撫でかしづく子、可愛がる子として用いられる。本歌ではわが娘のこと。「色」は多義あるが姿かたちと語釈した。「いかなる色に」は移り行きを示す格助詞「に」によって、下に続く「成りて」（＝成長して）が省略されている。「や～らむ」は係り結び。初句の「ふり捨てて」は『源氏物語』（賢木　十帖）に「ふりすてて今日は行くとも鈴鹿川八十瀬の浪に袖は濡らさじ」がある。

五首目は日下部伊三次（文化11～安政５・１８１４～１８５８）。薩摩（鹿児島）浪人海江田（日下部）伊左次の子として水戸に生れる。父の跡を継ぎ水戸領太田学校の教師を務め、水薩二藩の橋渡し役として活躍。水戸斉昭から島津齋彬への取成しで薩摩藩へ復帰。無勅許通商条約で幕政批判の運動を展開し朝廷へ水戸藩への勅諚引き出しに奔走した。勅諚降下では安政5（1858）年9月、写しを持って木曾路を江戸へ下る途中で捕縛された。尋・拷問に抗して絶食し12月、江戸伝馬町牢で獄死した。

歌は東奔西走に寧日なき頃の作か、或いは死を覚悟した絶食中の獄中詠と思われる。歌意は梅雨の長雨の、いずれ止むとは分かってはいても「照る日」（=君の世が来る日）の早からんことを祈り願う気持ちは（国事に奔走する身とともに）せわせわ（忙忙）と落ち着かないというのである。君が代の一日も早い到来を望む気持ちを五月雨が終わり夏の日を待つ心持ちに譬え、結句の「心せはしき」の主観句で表現した。「せわしき」（忙しき）は事繁くいとま（暇）がない、またその心の意。ほかに『殉難前草』に「思ひきやくもゐの君ともろともに八重の汐路を船出せんとは」、「松陰」と題して「夏の日やしばしやすらふ蔭をだになほ忘れじな松のしたかぜ」。享年45。

一子、日下部裕之進（天保6～安政6・1835～1859）は父、伊三次と共に江戸で捕えられ、遠島処分になったが、送られる前に伝馬町の牢内で獄死した。辞世に「君がため沈むひとやはもろともに玉のうてなの心地こそすれ」。享年25。日下部家は有村俊斎（のちの海江田信義）が養子に入って日下部の前姓の海江田に改姓して継いだ。

鮎沢伊太夫（文政7～明治元・1824～1868）。水戸藩士。勘定奉行。高橋多一郎の実弟。勅諚を広く列藩に周知する旨を主張したとして、問詰され豊後（大分）に3年間の遠島刑を受ける。のち復藩し元治元（1864）年、天狗党の挙兵に参加し、幕府軍、水戸門閥派市川軍と闘う。慶応4・明治元（１８６８）年、戊辰戦争にも参加し、奥羽等転戦帰国後、再び市川軍との戦闘中、弾丸に中り戦死した。吉田松陰へ送った状中に「世のために捨つる命の惜しからぬ君のまごころしる人ぞ知る」の歌がある。長男、鮎沢力之進、２男、大蔵も追放刑となった。

第9回　安政の大獄（三）　朝廷圧迫

「堂上、藩主とて容赦せず」

都をばおもひ離れていでしこそなかなか君をおもふなりけり　三条實萬

匂ふとも咲くとも知らで絲櫻くるしき春をすぐす年かな　近衛忠熈

はれゆきて又めぐりくる秋もあらばふたたび愛でむ武蔵野の月　水戸斉昭

大君の詔にしあらば武士よとくはせまゐり承るべし　松平春嶽

「堂上、藩主とて容赦せず」。大獄は天皇の身辺の側近、公家にまで及んだ。朝廷内一橋派の公卿ら十人ほどが辞官落飾等を命ぜられ、諸太夫や家臣ら十数人が押し込めや追放させられた。孝明天皇は手足をもがれたも同然で、譲位の態度を何度も示された。井伊大老の天皇に対する最大の侮辱行為と言わねばならぬ。

一首目は三条實萬（享和２〜安政６・１８０２〜１８５９）。攘夷派の公卿。實美公の父。青蓮院宮、近衛忠凞とともに尊皇攘夷の立場から開国に積極的に反対し、朝廷一橋派の中心人物として活動した。弘化３（１８４６）年孝明天皇の股肱、議奏首座として摂政鷹司政通と共に朝政の中核に位置し、嘉永元（１８４８）年武家伝奏となり、ペリー来航後は勅使として江戸下向し幕府に孝明天皇の攘夷の決意を伝えるなど朝威の回復に努めた。安政５（１８５８）年、通商条約を巡り関白、九条尚忠と対立し参内停止となったが、孝明天皇が出仕を命じたほど帝の信任は厚かった。大獄では水戸藩への勅書降下に関わったとして洛南上津屋村に隠退させられ、次いで落飾謹慎の身となり安政６（１８５９）年、幽居、傷心のまま病死した。享年58。

歌は辞官落飾を余儀なくされ、洛中（御所）北方の郊外の一乗寺村に幽居中、嗣子三条實美少将に帝の在はす都を離れた謫落の感懐を送った哀れを誘う一首。晩年57歳ころの作。大意は（謹慎の身となり）帝《みかど》の在わします都を思いつつ離れ出でてからというもの益々帝のことが思われてならないというのである。名を匿してどこぞの集の「恋の歌」に入れても通用するほどの思慕歌である。歌は思いが伝わることが最も大切だがこれほど帝への敬慕の情が直接的に伝わる歌も少ない。益々の意である「なかなか」の一語が利いている。作者にとって落飾謹慎の都離れは「思ひ」「離れ」「出で」と続けて表現せねばならなかったほど辛く離れ難かったのである。吾人にとっては御所と洛北一乗寺はわずかな距離（6〜7キロ）であっても作者には何十里と遠く離れた都落ちの距離であった。「こそ」は強調整語の係り助詞で、より、からの意であるが、ここは「こそ」でなければならぬ。直接的な「より」「から」ではこの歌の古体な歌品が死んでしまう。「をば」は格助詞「を」に整調の係り助詞「は（＝ば）」。ほかに「まつりごと道直かれとすべらぎの納めます世はいや栄ゆべき」、「ぬれつつやいそ葉摘むらんあまの子の袂に裾に波かかる見ゆ」。三条家家臣の丹羽豊前守、森寺若狭守は追放、若松木工権頭は所構い、森寺稲葉守、富田織部は押込めに処せられた。

二首目は近衛忠熈（文化5〜明治31・1808〜1898）。関白。のち公爵。天保11（1840）年、孝明天皇（当時10歳）の加冠役を務める。安政5（1858）年の条約勅許、将軍継嗣問題で親幕に傾く関白九条尚忠を牽制し右大臣鷹司輔熙、前内大臣三条實萬と共に幕府の勅許要請を拒絶し攘夷を実行することを幕府に伝えるなど朝威の回復を図った。鎌倉時代以来からの姻戚関係にある薩摩島津家（齋彬）に禁裏守護を名目にした率兵上京を要請するなど時局を見る目も確かだった。大獄では安政6（1859）年春、子、近衛忠房（天保9〜明治6・1838〜1873）と共に自ら辞官落飾し御所乾門北側の自邸に籠った。3年後の文久2（1862）に復権し、関白に就任し、孝明天皇を穏健な漸進派として補弼した。維新後は風雅の道を楽しみ、91歳まで生きた。歌集『絲櫻』がある。同家の老女津崎村岡は江戸で取調べののち（押込め）となった（後述）。

歌は幽栖中の作。53歳ころの作。孝明天皇はかって幾度か近衛邸に行幸され庭の名木の絲櫻を賞された。大意は（幽居中の身である私は）帝と共有したその絲桜を愛でる気さえ起こらず花が咲いたのさへ知らずに過してしまいそうな苦しい今年の春であるというのである。うたごころは四句目の「苦しき春」で、この四文字によって、過去の行幸を踏まえての現在の落胆憂苦の心境が実感そのままに表現されている。それを直叙せずに絲桜に寄せて憂悶を詠んだ堂上人らしい婉曲技法の上作である。一句、二句の「匂ふとも咲くとも知らで」は結句の「過ぐす年」に掛かる。「苦しき」は「繰る」との懸詞。「匂ふ」「咲く」「繰る」は絲櫻の縁語。「絲櫻」は枝垂桜の別称。私家集『絲櫻』には僧月照の死を知り「特に交わり深ければ」と詞書し「また更に我こそ忍べさつま潟なみに入りにし月のひかりを」と偲んだ。また同家の局「老女村岡が囚われ江戸に送られける」と詞書し「うちひさす都を出でていかばかりつらき旅路に日を送るらむ」と思い遣った。またのちに村岡の贈位を喜び「霜かれし嵯峨野の原のをみなへし苔のしたにて花さきにけり」と喜んだ。

ほかに公家で罪せられたものは前関白鷹司政通（寛政元～明治元・1789～1868）、政通の子で右大臣、のちの関白、鷹司輔熙（文化4～明治11・1807～1878）。親子とも辞官落飾。政通はペリーの来航を機に開港論を唱え、親幕派となったり、関白九条尚忠と対立し親子で水戸への勅諚降下に尽力し攘夷論になったり少し定見が無かった。同家諸太夫小林民部権大輔（遠島）、三国大学（追放）、高橋兵部（押込め）。

皇族では中川宮朝彦親王（文政7～明治24・1824～1891）が退隠永蟄居（のち文久2・1862年赦免）。同宮はのち、親幕派に転じた（第19回参照）。ほかに同院家臣伊丹蔵人（追放）、山田勘解由（押込め）。大覚寺門跡家臣、六物空満（遠島）。前内大臣一条忠香以下の諸卿（引籠り）。公家西園寺家家臣藤井但馬守（獄死）。

三首目は水戸斉昭公59歳のときの江戸払い、水戸下りの際の歌。安政6（1859）年8月、井伊派によって水戸へ永蟄居。子の藩主、慶篤は差し控えを命ぜられた。歌は烈公が江戸を発つときに捲土重来を期して詠んだ一首。一首の意は（斯かる次第となったのであるが）閉ざしの雲霧が霽れてまた（自分の出番となって）巡り来る季節も有るだろう、その時は心行くまで武蔵野の月を愛でよう、柳営で活躍をいたそうというのである。「又」「ふたたび」「めぐりくる」と繰り返し再登場の心持ちを表現したが、歌調は烈公にしては珍しく烈しさを押さえた、というより寧ろ「温公」と称したい達観した詠みぶりだ。かって大砲鋳造のために鐘を鋳潰して反対派を「今よりは心のどかに花を見む夕ぐれつぐる鐘をきかねば」と詠み退けた覇気が感じられぬのがいささか淋しい。1年後の万延元（1860）年8月に水戸城内で病没しているので死を予感していたのかも知れぬ。もっとも漢詩では「己未九月発江戸」と題し「白髪蒼顔萬死餘。平生豪気未全除。寳刀難染洋夷血。却懐常陽舊草廬」と猶、豪気衰えずの心境が窺える。己未は安政6年。ほかに「雖身在辺地　心奉皇室」と題して「大君につかへささぐる我がこころ都のそらに行かぬ日ぞなき」「敵あらばいで物みせむ武士のやよひなかばのねむりさましに」など。

四首目は松平慶永（文政11～明治23・1828～1890）。春嶽。親藩越前32万石（福井）第16代藩主。徳川御三家田安家の出自。江戸生まれ。天保14（1843）年15歳で越前藩主。資質英邁で謙虚、名君の誉れ高く、藩重臣中根雪江（文化4～明治10・1807～1877）、藩士橋本左内（既出）、政治ブレーン横井小楠（文化6～明治2・1809～1869・肥後藩出身の思想家）を順次重用して藩政改革、幕政改革を提言・実行。将軍継嗣問題では率先して一橋派に属し、将軍親政体制の下で天下の有識者諸侯の国政参与による大胆な新政治体制（合議政体）を図った。大獄で井伊に隠居謹慎を命ぜられ、以後5年間謹慎ののち、文久2（1862）年政治総裁として復帰し公武一和路線を唱導した。元治元（1864）年、京都守護職。慶応3（1867）年、四賢候会議に列し公武合体の実現に努め、小御所会議では倒幕派と公武合体派との融和に努めた。維新新政権下で大蔵卿などを務めたが、明治3（1870）年に中央政局を退いた。

歌は天皇の臣たる武士は詔《みことのり》であれば「すはこそ」と（四の五の言わず）疾く急ぎ駆け付けて御用を承るべし、と臣下の道を三十一文字にした教導歌を明快に詠んだ。猶、「述懐」と題し「昨日放晴今日雨。人情反覆亦相同。宵旰吐握盡分耳。號泣旻天訴寸衷」という七絶があるが、いつの作とは知れぬけれども此のほうが大獄で謹慎になったときの心境を詠じたものに相応しい気がする。「吐握」は「吐哺握髪」の略で心を砕くさま、「旻天」は秋空で謹慎の下命は秋であった。ほかに「朝に日に高き卑しきおしなべて国のためにと身をつくしてよ」。

ほかに藩主では一橋慶喜、尾張藩主松平慶勝、土佐藩主山内容堂、宇和島藩主伊達宗城、佐倉藩主堀田正睦、松山藩主板倉勝静、掛川藩主太田資治ら計10人が隠居謹慎に処せられた。山内容堂には「大君の御楯とならむ時待つと吾が撫でて飼ふ甲斐のくろ駒」、伊達宗城に「大君のめぐみのみきを酌みかさね赤きこころを語るけふかな」がある。

女性、僧をも容赦なし

呵責なき追求は水戸藩・薩摩藩への勅諚降下に携わった公家内の近習者や仲介者、情報提供者へも執拗かつ容赦なく逮捕の手が伸びた。

鷲たかのたけき心をむらすずめ群がりしとて知らるべしやは　小林民部大輔

嬉しさをなにに譬えむするがなる富士の高嶺を近く見つれば　老女　村岡

くもりなき心の月の薩摩潟沖の波間にやがて入りぬる　釈　月照

一首目は小林民部大輔（文化5～安政6・1808～1859）。良典。鷹司家の諸太夫。従五位下。嘉永6（1853）年の黒船来航以来、攘夷を主張し、勅書の水戸藩降下、将軍継嗣でも一橋慶喜擁立を鷹司父子に強く働き掛けた。中川宮、近衛忠煕、三条實萬ら攘夷派公卿と親しく、日下部伊三治と親交した。主人鷹司政通を攘夷派の重鎮に転向させるなど幕府は宮廷の黒幕的存在と目した。安政5（1858）年捕えられ、京六角獄に在っても常に己を持し卑屈弁疎の態度を毫も見せなかった。江戸送りとなり翌6年8月、八丈島への配流が決まったが配流直前の同年11月に獄死した。謀殺されたともいう。享年52。

歌は「松陰の死を聞きて」と題して詠んだ獄中詠。松陰の死は10月27日、民部の死はそれから20日余の11月19日であるから松陰への鎮魂歌であると同時に民部自身の辞世でもある。鳥の大小に譬えて松陰の死を悼み、そして己の大志が小人らに所詮理解されぬ不遇を嘆いた慷慨歌である。大意は鷲や鷹の丈高き高邁な精神をむら雀がいくら群がったとて知ることが出来ようか、できようはずもない。哀れな小雀どもよという意である。「燕雀安クンゾ鴻鵠ノ志ヲ知ランヤ」（史記）の意で鴻鵠を日本風に鷲鷹としたもの。結語の「やは」は疑問の助詞「や」に感動の助詞「は」の連語で反語的に用い「どうして〜か」。ほかに「獄中の日下部伊三次に贈る」と詞書して道友に「つげの櫛さして行方はしら波のよそに聞きても嬉しかりける」と贈った。「撫子」と題して「敷島のやまとなでし子いかなれば唐くれないの色に咲くらむ」。「うれしさは悲しきことの始めなり思ひなされぬ世のさまぞ憂き」などもある。

二首目は老女村岡（天明6〜明治6・1786〜1873）。近衛家の老女。大覚寺門跡諸太夫津崎筑前守元矩の妹。京北嵯峨に生れ、利発を見込まれて13歳で近衛家の侍女となる。諸藩の尊攘志士と公家との仲介を務め、水戸藩への勅諚奏請などで忠熙を動かしたことで知られる。梅田雲浜に「今清少納言」の称を奉られた。大獄では72歳の高齢の身で江戸へ送られ、厳しい尋問に屈せず近衛家を守り抜き、押込め30日の軽罪で放免された。88歳まで生きた。

歌は「東に下りける途にて」と題し護送の途次の安政5（1858）年の詠草。一種のアイロニー（反語）

歌、抵抗歌である。歌意はこの喜びを何に譬えようか、このように間近で富士の山を見ることができて（ましてや駕籠送りという貴重な旅も体験できて）、というのである。囚われの身でありながら名に聞く富士の霊峰を望み檻送何するものぞの志を堂々と詠んだその心意気。弱さ、卑屈さなど微塵も感じさせぬばかりか諧謔の歌振りさえも滲み出て微笑ましい。心のままに詠じ、歌詞それに伴って過不足ない。男にも辛い檻送に女性となれば筆に盡せぬ苦労があったと思われるのに露ほどの気振りも見せない精神の強靭さに唸らされる。元々女性は男性に較べイザとなったら度胸があるし、現在を受容する能力は男などより断然優れているそうだから、この歌にはそうした女性の特性と尊皇心で鍛えられた肚の坐った芯の強さが遺憾なく発揮されている。88歳まで長命だったというから心身とも健康な女性であったということだ。ほかに厳しく白洲で詮議され「五十三次関路の旅のつらさより白洲の上のころやすけれ」と女丈夫らしい気概を最後までみせた歌もある。帰洛後、随意勤めとなり上嵯峨の直指庵に「花鳥は都にましておもしろき嵯峨をうき世とたれか云ひけむ」「おぼろ夜とおもひの外に雲はれて月に一こゑ鳴くほとゝぎす」と詠み非命に斃れた志士らの冥福を弔いながら余生を過ごした。

三首目は僧月照（文化10～安政5・1813～1858）。元京都清水寺成就院住職。大阪商人（町医）の子として讃岐（香川県）で生まれた。若くして出家し23歳で同院住職となった。嘉永5（1852）年39歳頃、外国船来航に痛憤し同院を離れ歌の師の近衛忠熙を通して青蓮院宮（のちの中川宮・久邇宮朝彦親王）、中山忠光、西郷隆盛、鵜飼吉左衛門らに交わり勤皇運動に邁進した。安政5（1858）年、幕府の無勅許通商条約締結に端を発した三条實萬ら公卿による幕政改革の勅諚（密勅）の水戸や薩摩への仲介者となったとして捕吏に徹底的に追迫された。清水寺と縁のある薩摩の島津齋彬の庇護で薩摩へ下った。月照は齋彬の命を受けた西郷隆盛に守られ奈良、大阪、博多、鹿児島と下ったが、井伊の弾圧政策は日増しにエスカレートするばかり、さらに思いもかけぬ齋彬の急死も加わり、藩政を一変させた薩摩藩は西郷に月照を国境で斬れという「日向《ひゅうが》送り」を命じた。安政5年11月15日夜、月照、西郷、それに途中から加わった筑後の志士平野國臣の3人はついに覚悟を決め、望月の皎々たる薩摩の海に小舟を浮かべ、國臣が笛を吹き、月照と西郷は月を賞したあと相約して入水した。西郷は蘇生したが月照は不帰の人となったのはご承知のとおりである。46歳を一期とした（西郷は奇跡的に蘇生し、薩摩藩は幕吏の追求を逃れるため彼を死んだこととして沖永良部島に潜ませた）。

歌は辞世歌。幕府の執拗な追捕に進退窮まり覚悟を決めたときの歌。大意は清らかな月が目の前の薩摩潟の波間に沈もうとしている。私もこの月のように一点の曇りもなき澄み切った心でいま薩摩の海に入るという意である。「くもりなき」は「心」と「月」に掛かっている。歌調はものしづかで、月照の天命に安んじた心境と満月に照らされた薩摩潟の実景がぴたりと重なり、悟りに似た諦念の美が滲み出ている。心残りはあったろうけれどもさすがに仏道修行者、辞世歌には微塵の残滓も感じられぬ清韻が漂う。静かな夜の海、明澄の月、黒く濡れた波、そして軽舟と横笛と三人の純粋行動者、まさにこれ殺伐陰惨な印象の大獄中、一幅の絵画的に傑出した場面であろう。ほかに大阪から薩摩へ脱出したときの「追い風に箭を射るごとく行く舟のはやくもことを果たしてしがな」、「海士小舟人にはゆめなかたりそよ薩摩の追門にわれ渡りきと」「弓矢とる身にはあらねど一筋に立てしこころの末はかはらじ」の歌もある。

信海（文政4〜安政6・1821〜1859）。月照の実弟、月照の跡を継ぎ、京清水寺成就院住職となり、青蓮院宮親王のために攘夷祈願を行って捕えられ、江戸へ送られ、獄死した。辞世に「真心をつくさむ時と思ふには憂きに遇ふ身ぞうれしかりけり」。享年39。

◎

水戸家は斉昭公蟄居。藩主慶篤、慶喜謹慎、家老切腹、家士斬罪獄門。お家は改易の危機に晒され、水戸藩尊攘派は「井伊、斬るべし」と憤激の極に達した。

第10回　桜田一挙（一）　水戸藩激派、大老排除を決断

まそかがみ清き心は玉の緒のたへてしのちぞ世にしらるべき　金子孫二郎

鳥が鳴く吾妻建男のまごころは鹿島の国のあるじこそ知れ　高橋多一郎

国のため積もる思ひも天津日にとけてうれしき今朝の淡雪　齋藤監物

雄藩へ蹶起呼び掛け

強大な幕府権力を背景にした井伊大老は全国の尊皇攘夷派に一大打撃を与え、特に尊攘運動の東の震源地である水戸藩へ大弾圧を加えた。勅諚返納を迫りお家取り潰しを口にしていた井伊は、遂に安政7（1860）年1月25日を期限に返納しなければ改易すると言明した。

これに対し水戸藩は勅諚返納反対派（尊攘激派）と藩存続のためには返納止む無しとする門閥派（守

旧親幕派・柳派）の2派の間で激しく内訌していたが、藩主慶篤も苦渋の返納を決意し、奉戴を主張し返納を阻止しようと長岡（旧水戸街道長岡宿）へ屯集した水戸藩激派の鎮圧・解散に踏み切った。

ここに至って激派の中心人物、金子孫二郎、高橋多一郎は斉昭公の尊皇攘夷の君命を守り、奉勅を完遂するには大老井伊の排除以外に方途無しと決意するに至った。鹿島神官齋藤監物も別ルートで京の西南雄藩に決起を図っていた。統率者、金子は高橋多一郎、住谷寅之介らを西下させ西南雄藩との連携を計ったが齋彬公の急死などで上手く行かず単独で可能な井伊襲撃を具体的に計画した。決行の日と場所を大名総登城の日の3月3日、江戸城桜田門前と決めた。

掲出歌は三首とも桜田一挙の領袖3人の辞世歌である。

一首目は襲撃の総帥、金子孫二郎（享和3～文久元・1803～1861）。郡奉行。水戸藩士川瀬家の次男に生れ金子家を継ぐ。文政12（1829）年、斉昭の藩主擁立に力を尽す。弘化元（1844）年、斉昭隠居のとき、赦免を嘆願し蟄居を命ぜられた。4年後赦され、斉昭の反射炉建造を成功させたが、安政5（1858）年勅諚問題で水戸藩重職らの刑死、藩改易の危機が起こるや水戸尊攘派（急進派）の中心となり勅旨護持を主導し高橋多一郎とともに井伊斬奸の計を立て桜田要撃の総指揮を執った。当日は別所（一説に薩摩藩邸）で首尾を待った後、上洛。京伏見の薩摩藩邸に入り蹶起を呼び掛けたが不首尾。帰路の途中、四日市で捕えられ文久元（1861）年7月、江戸伝馬町で刑死した。享年59。

歌は「庚申二月十八日障子に」と詞書。庚申は万延元年。襲撃時の3月3日、家を出るとき襖に書き付けたともされる。一首の意は澄んだ鏡のようなわが真ごころはわが命が絶えたのちの世に知られる、分かってもらえるというもの。「まそ鏡」は真澄鏡《ますみ》で「清き」に係る枕詞。「玉の緒」は命《いのち》で「消ゆ」に係る枕詞。一首に「心」に関係した2つの枕詞があるために歌の内容が極く単純になっているがそれが却って「たへてしのちぞ世にしらるべき」という本歌の主題を鮮明にしている。歌は尊皇の志と藩公への忠義を踏まえた類型的辞世歌であるけれども中味は決して本懐を遂げて晴ればれと刑に臨んだという単純な歌ではない。寧ろ死に臨んで自分らに向けられた一切の批判への反問歌、或いは一種の雪冤歌と言っていい。上洛の途次の作「君がためひそみ行く身の旅衣ぬるるもうれし春の淡雪」、3月9日、四日市で捕えられた折りの「潜み来し濡るるが上のぬれ衣たへしのびにもいなんとぞ思ふ」の歌でもそれは感じられよう。勅諚返上すれば光圀公以来の尊皇精神の終焉に繋がり返納しなければ藩は改易である。茲に至って勅書奉戴派は元凶、大老井伊の除去を決意したのであるが、指導者金子にとって大老要撃が成否の如何に拘らず斉昭公への累及や本家改易の決定的な要因になるのではないかという危惧が心内に絶えず在ったのではあるまいか。詠草にはその内心の不安が詠み取れる。そう感じたのは愚生だけではあるまい。吾人は今日的視点で水戸藩が無事だったことを当然のことの様に思っているけれども当時の人々にとって事件後の水戸藩の処遇が天下の最大関心事だったはずである。況してや一挙の最高責任者として余人の2倍も3倍も憂慮したに相違ない。

二首目は高橋多一郎（文化11～万延元・1814～1860）の辞世歌。水戸藩士。高橋家の長子に生れ、剣術（居合）に長じた。天保11（1840）年、徒士の家督を継ぐ。藤田東湖に学び、斉昭に見出され奥祐筆に抜擢され、終生斉昭に尽した。弘化元（1844）年、斉昭の隠居の際は雪冤に奔走し同職を解かれたが猶屈せず、嘆願書を幕閣に提訴するなど精力的に運動し禁固刑に処せられた。嘉永2（1849）年、赦されたが、安政5（1859）年、密勅問題で斉昭の再蟄居となるや勅諚遵奉を主唱し金子孫二郎と並び返納反対派の主導者と目され、金子共々謹慎を申し渡される。翌万延元（1860）年、幕府の大弾圧に際し脱藩し、金子の総指揮のもと井伊要撃を計画。同年2月、桜田勢に呼応する西南雄藩の尊皇義挙を図り商人に変装し一子、庄左衛門とともに西下。大阪の憂士、島男也宅に潜伏活動中に幕吏に探知され、一旦囲みを破ったが、万延元年3月22日、捕吏に囲まれ襖に辞世を血書し切腹して果てた。享年47。

歌はそのときのもの。最早これまでと親子で所謂「陰腹」を切っておいて四天王寺の宮侍宅の一室を借り、その礼に先祖が武田信玄公より賜った秘蔵の腰の一刀を渡したのち、辞世の歌を朗吟し従容として息子、庄左衛門とともに自害した。一首は関東武士の赤心は常陸鹿島の国父であるわが斉昭公こそは知っておられるの意。高らかに吟じて死に臨んだというにふさわしく開口音を多用した高い調子の歌勢からは戦場での名乗りを連想させる。殊に「吾妻建男」の措辞には京のみやこの地で潔く腹を切るのだという関東武士の誇りが強く籠められているようである。また茲にも自分らの行動がお家の一大事に繋がるのではないかという懸念が間接的ながら窺がえる。「鳥が鳴く」は「あ」にかかる枕詞。「吾妻建男」は関東武士。「鹿島の国のあるじ」は斉昭公のこと。ほかに西下するに際し「出でていなば誰かはつげむわが宿のにほふさくらの朝のけしきを」。また「愛国百人一首」に「鹿島なるふつのみ霊の御剣をこころに磨ぎて行くはこの旅」など。息子、庄左衛門の辞世は「國の為おもひかけたる高橋のわたしはてざることぞくやしき」。

ここで蛇足を述べる。総帥金子の「まごころは死んだ後、分る」と言い、副領袖、多一郎の「斉昭公は分かっておられる」と言い、また現場責任者、関鉄之介の遺詠（次回紹介）でもそうだが、彼ら上に立つ者の決断に至る心事が詠まれている詠草を見る限り、桜田の一挙が何の憂いも躊躇もなく一筋に突っ走った勇ましいだけの行動のように後世の我らは漠然と思っているが、決してそうではなかったことに気付かされる。義を貫く勅書奉戴のためには非常手段としての大老誅殺以外に道はないという信念は断々固として変わらなかったけれども、しかしそれによって斉昭公へ累が及ぶことや藩断絶を招く大不忠になるのではないかという危惧が絶えずあって、天誅是か非か、最後の最期まで迷ったのではなかろうか。そして結局、周りが何と言おうと斉昭公への大忠を信じ、己の志に殉じ、誠忠を尽すしかないのだという決断に至ったと愚考するがいかがであろうか。

三首目は齋藤監物（文政5～万延元・1822～1860）の辞世歌。常陸（茨城）静神社神官の長子に生れ跡を継ぐ。藤田東湖に師事。斉昭公に見出され、藩校弘道館の鹿島神宮神官に抜擢される。書をよくし、剣は神道無念流を極め文武両道に秀でた。金子、高橋と同じく弘化元年の斉昭隠居の際は幕府に処罰解除を求めて越訴し4年の禁固刑に処せられたり、密勅問題では勅諚遵奉を唱え神職134人の代表となって尊皇運動を展開した。要撃では金子、高橋に次ぐ関鉄之介と同じ副首領格で斬奸状自訴の役だったが、感奮抑えきれず、途中から斬り込み隊に加わり奮闘し頭部に深手を負い脇坂中務大輔邸に自訴し肥後藩細川邸に移され5日後に死亡した。屍は小塚原に棄てられた。享年39。

歌は「雪いたう降りぬ。こや天の賜りなり」と詞書にあるように決行の朝に詠んだ。大意は藩国のため、日本国のためと思ってのこの日の（井伊斬奸の）積もる念願が果たせてこんなに嬉しいことはないという意。下の句の四句、五句の七七が流れるように自然に詠まれ作者の嬉しさが伝わってくる一首。歌は初句の「国のため」に始まる類想句の多い幕末志士歌の中で佳歌に属する。「国」が水戸藩のことか、日本国のことかについては監物ほどの見識からして両方のことであったと思う。当時の志士らは処士横議の結果、自藩と日本国の両方に目を向けるようになっていた。「積もる」、「溶ける」と雪の縁語を詠み込んだ。「天津日」は太陽の美称。ほかに「いやたけき神に誓ひしもののふの思ひいる矢は透らざらめや」「ことあらば告げよ隅田の都鳥おなじうきねの友とおもえば」。漢詩にも巧みで「踏破千山万岳煙。鸞輿《らんよ》今日到何辺」で知られる『児島高徳桜樹の図に題す』は監物作である。

島男也（文化6～文久元・1809～1861）。元常陸（茨城）笠間藩士。鹿島流の剣技に長じ、浪人して難波（大阪）へ出、公家中山家から扶持を受け生玉神社地内に道場を開き名を知られた。高橋親子を佐久良東雄（後述）と協力して匿い捕われ、江戸伝馬町で獄死した。「大丈夫がもの思ひつつ眺めけむ詠むその有明の志賀の浦浪」。享年53。

住谷寅之介（文政元～慶応3・1818～1867）。水戸藩士。中級家格の家に生まれる。馬廻り役や目付として斉昭の幕政改革、海防強化に従事し、密勅返上問題では西国諸藩の尊攘派同志の決起を入説して回った。文久元（1861）年、長州藩との成破の盟約や諸藩有志会議での水戸藩代表、文久3（1863）年の禁裏御守衛同心など常に藩内尊攘派として各藩や朝廷との連携に当たり藩の尊攘運動を推進した。慶応3（1867）年、暗殺された。享年50。

監物以下十八士が夫々懐中した「斬奸趣意書」の内容（大要）は井伊大老が①無勅許条約を独断で結んだこと②反対派の親藩、大名、公卿、志士を弾圧し処刑したこと③暴政をこのまま看過すれば内外の政道大いに乱れるのは明らかなこと④よって幕政を正道に戻すために天誅を加えたこと⑤幕府に敵対するものではないことなどが書かれているが、これらは謂わば大義名分であって彼らの本心は勅書護持であり要撃の直接的動機は老公への忠義であり藩改易の阻止であり、そのため一命を擲って井伊の首を狙ったのであって、この一挙が徳川幕藩体制の屋台骨を揺るがす大きな歴史的素因となろうとはこの時点では十八士でさえ思っていなかったのである。

第11回　桜田一挙（二）

十八士、井伊大老の首級挙ぐ

濁らじの名のみ残らば蓮の葉の玉は消ゆともうらみなからむ　関鉄之介

岩ヶ根も砕かざらめや益荒男が国のためとて思ひきる太刀　有村次左衛門

桜田の花とかばねを晒すともなに撓むべきやまとだましひ　佐野竹之介

君がため思ひをはりしあづさ弓ひきてゆるまじ大和魂　鯉淵要人

降り積もるおもひの雪の晴れていま仰ぐもうれし春の夜の月　蓮田市五郎

要撃の士は水戸藩士17人、薩摩藩士1人の18士。布陣は、関鉄之介（38）指揮、齋藤監物（39）老中へ斬奸状提訴、見届役に岡部三十郎（43）、先き手に森五六郎（22）、後詰めに鯉淵要人（51）、蓮田市五郎（29）、広木松之介（23）、右陣（堀側）に稲田重蔵（47）、海後磋磯之介（35）、森山繁之介（25）、大関和七郎（25）、佐野竹之介（22）、広岡子之次郎（19）、左陣（大名屋敷側）に黒沢忠三郎（33）、有村次左衛門（23）、益子金八（39）、杉山弥一郎（37）、山口辰之介（29）と決まった。全員脱藩届を出した（括弧内は斬り込み当時の年齢）。

万延元（安政7・1860）年3月3日、折しも雪いたく降りしきる上巳の節句、五つ時（午前8時）、大名総登城の大太鼓が鳴り響くなか、彦根藩上屋敷（三宅坂・現憲政会館辺り）より出た前後60人ばかりの井伊の行列が左折して4〜5丁（500メートル）ばかり先にある桜田門に向かおうとした時、森五六郎が駕籠訴え（直訴）を装って行列に走り寄り、制止しようとする供頭を斬った。と同時に短銃を取り出して合図の銃声を放った。それを合図に大名武鑑を手にして見物を装っていた決死の面々は抜刀して真一文字に大老の駕籠に殺到した。

文禄・慶長の関ヶ原の役の頃は井伊の赤備えと恐れられた彦根藩士も不意をうたれ算を乱し刀に柄袋、身に油合羽の重装に鞘のまま応戦するなど狼狽えるばかりで駕籠回りはがら空きに近かった。稲田重蔵が二尺六寸の長刀を振るって真先に駕籠元へ切り込んだ。後れじと黒沢忠三郎、蓮田市五郎、広岡子之次郎らも雪を蹴り白刃を翳して駕籠脇に迫れば指揮者の一人の齋藤監物も後見役を振り捨てて斬り込んで行く。稲田重蔵が体当たりで駕籠の外から一太刀突き入れ、続いて広岡子之次郎、海後磋磯之介も左右から突き入れた。佐野竹之介が銃創を負い身動きできぬ大老を駕籠から引き摺りだした。

二刀を振るって駕籠脇を護っていた供廻りの河西忠左衛門（30）の防御ももののかは唯一人の薩摩藩士、有村次左衛門が関の孫六の業物で示現流の気合いもろとも引き切るように井伊の首級を挙げた。のちに見届役の岡部三十郎はこの間「煙草二、三服の間に候」と述べているほどの電撃強襲であった。

次左衛門は切っ先に首をさし大音声に「よか、よか」と叫んで凱旋するところを彦根藩士、小河原秀之丞（30）に日比谷門のところで後頭部を斬られ、遠藤但馬守（近江藩主）神田橋門前に自刃した。そのほか初太刀をつけた稲田重蔵は斬り死にし、鯉淵要人、山口辰之介は深手を負い八代州河岸（現八重洲）まで来て腹を切った。当日の志士の闘死、自刃はこの4名である。残った夫々は手筈通り肥後細川藩邸や脇坂中務大輔屋敷へ自訴（自首）したり、江戸脱出を図ったりしたのち捕えられた。翌文久元（1861）年7月26日、要撃の総指揮者金子孫二郎以下、立ち去りの関、広木、海後、益子の4人を除いて、全員処刑された。彦根藩の当日の闘死は8人、重傷8人。軽傷5人、無傷5人はのち全員切腹・斬首された（後述）。

掲出歌一首目は関鉄之介（文政6～文久2・1823～1862）。水戸藩士関家の長子に生まれる。10石3人扶持。斉昭の弘道館に学ぶ。茅根伊與之介、鮎沢伊太夫と共に俊秀の名が高かった。安政の初めに家督を継ぎ徒士を経て郡奉行高橋多一郎に郡方奉行付与力（50石）に抜擢される。弘化元（1844）年、斉昭隠居では雪冤のため無断出藩し罰されたり、嘉永6（1853）年、黒船来航に動静視察に赴いたり尊皇攘夷運動に務めた。安政5（1858）年、高橋の命を受け西南諸藩に挙兵の実行連携を計り遊説。翌年勅諚問題が起こるや水戸藩挙兵を唱えるとともに薩摩藩有志や長州藩の松陰門下に東西同時決起を促すなどした。襲撃には総帥金子に当日の現場の責任者を命ぜられ指揮を執った。一挙成って、予定どおり挙兵を図り上阪し雄藩連携を説き薩摩国境まで辿り着いたが薩摩藩は藩境を閉ざして入国できず、その後は一旦、帰国し袋田村（茨城大子）に潜んだのち文久元（1861）10月、越後（新潟）の湯沢温泉（一説に雲母温泉）で水戸藩捕吏に捕えられた。一挙後の約2年を経た文久2（1862）年5月、伝馬町で斬に処せられた。享年40。実弟、平澤秀武も同囚として過ごした。

歌は「寄蓮述懐」と詞書した刑死直前の一首。辞世歌である。歌意は家名を汚さぬ濁ることのない名さへ残るならば死んでも憾みに思わない、思い残すことはないというのである。「蓮の葉の玉」は命の意。「玉」は「魂」に通ず。蓮は仏教思想で極楽浄土の蓮華とされる。「うらみ」は怨、恨でなく「憾」で残念に思う、心残りの意。初句の「濁り」が、大老斬除が仇となっての大不忠の汚名を指すのか、幕府権力に屈しての勅諚返納を指すのか判然しないが、掲上歌は、一挙の現場指揮者として智勇兼備のもののふの辞世にしては高揚感なく平凡で些かすっきりしない。濡れ衣感の揺曳する辞世は後世が思うほど達成感に満ちたものではなかったようである。勤王文庫第五編詩歌集（大正8年初版）所載の多数の和歌漢詩ともに一挙前後の作は見当たらなかった。自藩の捕吏に捕えられたこと、同志ら尽く快死してなお西南雄藩への決起呼び掛けのためとはいえ2年余を生き延びたことなど苦節に耐えた不本意な逃亡、在獄であったのではないか。歌には純粋行動者たり得なかった「インテリゲンチャ」の悲哀が感じられる。ほかに「辛酉晩冬断頭場傍の獄舎に書きつく」と詞書した「三とせまでかかるつづれの旅衣ぬぎもやられぬ身の行へかな」、「壬戌の三月三日」と詞書して「花とちり雪と消えにしあととえばはやみかへりの春たちにけり」をはじめ、「孤臣在獄の図」と題した「身は斯くて沈みはつとも君が代のうきには洩れぬ臣とこそ知れ」、「枯れのこる薄に風のおと立てて一むらすぐる小夜しぐれかな」「あずさゆみはるとも知らで白雪のふるの獄屋にいるぞかなしき」など獄中詠の佳歌多数がある。漢詩では「庚申二月十八日、貽児誠一郎」と題し「単身笑付一毛軽。誰使明君困棘荊。嗟汝他年成立日。推知汝父報恩誠」と胸中を述べている。

二首目は有村次左衛門（天保9〜万延元・1838〜1860）。有村家の3男に生まれる。有村俊斎（のちの海江田信義）、有村雄助3兄弟の末弟。要撃に参加した唯一の薩摩藩士。示現流に長じた。江戸藩邸の中小姓。使用した佩刀は薩摩藩の剣客、奈良原喜八郎から借用した孫六青木兼元。金色に家紋を打った竹具足を着込んで一挙に臨んだ。

歌は「桜田のとき詠める」と詞書。実行の数日前、書画会と称して総帥、金子孫二郎邸に一同集まり各自素懐を披歴しあったときの作とされる。一首の意は固い岩石といえども粉々に打ち砕かずにはおかぬ、（薩摩男児が）国の為にと決断し必殺の信念で打ち下ろすこの一太刀、というのである。「岩ヶ根も砕かざらめや」の一句に万夫不当の太刀風が聞こえてきそうな一首だ。剣技に長じた若者らしく一気に詠み下し、結句の「おもひきる太刀」の体言止めも利いて一撃必殺の気迫が一首の声調によく伝わっている。「岩ヶ根」は大岩の固い根っこの意。「砕かざらめや」は打ち砕かずには置かない、必ず打ち砕くの意。結句の「おもひきる」は「決心する」と斬撃の「斬る」の両意がある。

この一首は「愛国百人一首」にも採られ歌の出来も若武者らしくよろしいが、特筆すべきは、井伊要撃の十八士中、曲折の末薩摩からただ一人加わった若干22歳の作者が「魁けせずんば已まず」の大勇猛心で大老の首級を挙げた事実によって歴史的に価値ある一首となったことであろう。当時、だれも予想だにしなかった日本の絶対的権力組織（徳川幕府）の最高権力者（大老）の首を武力政権の象徴である江戸城の玄関先で挙げたという未曽有の大事件は結果論的ではあるけれど遠い先のことと思われていた幕府崩壊の端緒（＝初太刀）となり、明治維新の到来を告げる象徴的な第一歩となったことは大方の認めるところだ。それは逆に言えば徳川幕府の屋台骨が朽ちる一歩手前であり、箍がすでに緩み切っていたということでもあるが、幕藩体制解体の先鞭者が次左衛門を含む十八士であることは誰が何と言おうと疑い得ようのない事実だ。そういう意味で純粋行動の成功した稀有な例として彼等十八士のそれぞれの最期は純粋行動者たらんとするものにとって真底羨ましい生き死にようではなかろうか。享年23。

三首目は佐野竹之介（天保10～万延元・１８３９～１８６０）の歌。小普請組佐野家の長子に生まれ、嘉永５（１８５２）年、13歳で２００石の家督を継ぎ大番組頭、小姓を勤めた。安政５（１８５８）年、斉昭処分の幕府使者の水戸城内入門を阻止するなどした。居合抜きに長じ短軀ながら怪力、井伊大老を駕籠から引き摺りだした。重創を負いながら脇坂中務大輔邸に自訴し同日死亡した。享年22。

歌は同じく金子邸で素志を述べ合ったときの作。襦袢の袖に誠、忠、背に朱文字で「出陣前の夕べに」と記した四首中の一首。一首は（間もなく念願の井伊斬奸の義挙を行う、そのために）桜田門外にわが屍を晒すことになるが、大和魂は最後まで少しも撓み弱ることはないという意である。四句目の「なに撓むべき」に死してのち止むの猛勇心が籠められて、少壮らしく率直に大和魂を詠んだ壮行歌である。各句の頭を開口母音「ア列音」で始めるなど高い調子の中に不退転の覚悟を詠み込んでいる。「なに」は間投詞。襦袢に記した四首中の「敷島のにしきの御旗もちささげすめら軍のさきがけやせむ」の尊皇歌でも分かるように彼にとって一挙は尊皇義挙の戦いでもあった。ほかに「国を立ち出でしときに」と題し「我が恋は人にはいはぬしのぶぐさ露のいのちをたれに語らむ」、また「鎌の如き月を見て」と題して「夜やふかく堀の篠原むら立ちて矢ごろに見ゆる弓張の月」という実景歌の秀歌を詠んでいる。若いが長歌もあり詩才に秀で「出郷作」と題した七絶「決然去国向天涯。生別又兼死別時。弟妹不知阿兄志。慇懃牽袖問帰期」は世評が高い好詩。

四首目は鯉淵要人（文化7〜万延元・1810〜1860）の歌。常陸諏訪神社の神官の家の長子に生まれる。弘化元（1844）年、斉昭処分の幕命に齋藤監物とともに老中阿部正弘に上訴し捕えられるなど熱血漢であった。剣技に優れ、氏子らを組織し、藩内神官の指導者役。斬り込み陣の最年長であった。襲撃後、重傷のため八代州河岸で自刃した。享年51。

大意は、君の為に渾身の思いを（籠めて）張った弓の（ごとく）（唯、一筋に）引き絞り（寸分も）緩むことのない（わが）大和魂は、というのである。歌はほとんど縁語と常套句だけで構成されたやや珍しい構造であり、内容は決行前の覚悟を詠んだ典型的な志士歌である。年長で歌にも堪能であった作者の歌振りは「集中」の技法を効果的に用い、大老打倒の闘志を満月のように張った弓に譬えて強く引き緊っている。初句「君がため」で始まり結句「大和魂」で終る、ともすれば月並な類想・類型歌を二〜四句に「張りし」「引きて」「緩るまじ」と「弓」の縁語を集中させ、気魄ある言挙げ歌に昇華させている。無駄のない力強い、満々たる闘志の譬え歌である。

五首目は蓮田市五郎（天保3〜文久元・1832〜1861）。水戸藩町方属吏（3両2人扶持）の家の長子に生まれる。家が貧しく近くの商家の灯火で勉強した。齋藤監物の薫陶を受ける。寺社方役人（手代）を勤める。襲撃で負傷し脇坂邸へ自訴。のち肥後藩邸、税所藩邸、三日市藩邸と移され、取調べに対し「天下のため大老を斃した」とのみ答え、斉昭と事件を結び付けようとする幕吏の執拗な追求に屈しなかった。文久元（1861）年7月刑死した。享年30。

歌は要撃の2日後の3月5日、「細川侯の邸にて詠める」と詞書にあるように移された細川邸で詠んだときの歌。歌意は積もった思いが（井伊斬撃で）雪とともに溶けて霽れ今はうれしい気持ちで春の夜の月を仰いでいるというのである。作者は留め置かれた細川侯の屋敷から大願成就して眺めた月を「仰ぐもうれし」と実景に即して詠んだ。実景と実感が一致して晴れ晴れとした心持が下の句の響きに素直に表れている好首である。ほかに辞世「色香をばよし野の奥にとめおきて惜しまずに散るやまま櫻かな」、また「隅田川の花見に人多きと聞きて」と題し「もろ人の花見るさまにひきかへて嵐まつまの身ぞあはれなる」など真率の歌がある。

駕籠訴の大役を果たした森五六郎（天保10〜文久元・1839〜1861）。水戸藩の使い番（3百石）

の家の五男に生まれる。若きから学問を好まず、時事を談じた。安政5（1858）年勅諚返納では長岡宿に集まり返上反対の中心となり、「貴殿方が騒ぎ立つのが御国難」と揶揄した守旧派側用人を斬ろうとした血気壮んな尊攘派。当日は駕籠訴を装って一人を斬って先駆けし襲撃の合図の短銃を放った。奮闘して負傷し肥後（細川）藩邸に自訴。幕府の尋問にひるまず「天下のため大老を討ち取った」と堂々尊攘思想の持論を述べた。文久元（1861）年7月伝馬町牢で刑死した。享年23。

素志を述べた歌は「いたづらに散る桜とやいひなまし花のこころを人はしらずに」「かしこくも皇の御為と益荒雄がおもひつめては言の葉もなし」。

黒沢忠三郎（文政11〜万延元・1828〜1860）。水戸藩小普請組（百石）の家の長子に生まれる。安政2（1855）年、家督を継ぎ馬廻り組、大番組と進んだ。背が高く、武技に秀で特に剣技に長じた。一挙前に江戸薩摩藩邸に潜み、大老出仕の時刻や警護の様子などを調べた。当日は至近距離で短銃を駕籠内に打ち込んで井伊を最初に負傷させた。重傷を負ったが脇坂邸（播州龍野藩主）へ自訴。同年7月、移された摂津三田藩主九鬼隆義邸で死亡。臨刑死でなく病没説もある。大関和七郎は実弟。享年33。決行前の歌は「君が為身をつくしつつますらをが名をあげ通す時をこそ待て」。決行後の「絶命詩」と題した漢詩「呼狂呼賊任他評。幾歳妖雲一旦晴。正是桜花好時節。桜田門外血如桜」は桜花三月、雪降りしきる江戸城桜田門外で繰り広げられた乱撃の実景が「血如桜」という生々しい結句によって活写された辞世詩としてよく知られている。

稲田重蔵（文化11〜万延元・1814〜1860）。水戸藩士。常陸の農家の長子に生まれる。幼にして書院番頭田丸稲之衛門の従者となり、町方同心に推挙されたのち郡奉行金子孫二郎の下で郡吏となり、引き立てられて士分（7石2人扶持）となる。要撃では真っ先に井伊の駕籠に体当たりして初太刀を突き刺した。二刀を抜いた供目付、河西忠左衛門と斬り合い現場での唯一の闘死者となった。引き立てられた主恩に報いようと駕籠に先陣した重蔵の心根がいたく偲ばれる。享年47。

重蔵の遺詠は見つからなかった。漢詩に「逸題」として「慷慨殉難誓乾坤。欲振義気報國恩。一任小金晩秋月。照破精誠百錬魂」がある。

山口辰之介（天保3～万延元・1832～1860）。水戸藩士。公子守役の4男に生まれる。郡奉行目付（2百石）。安政5（1858）年の長岡屯集では吉成恒次郎、大津彦五郎、林忠左衛門と並んで長岡四天王と呼ばれ、幕府への勅書返納阻止を指導した。襲撃では脇坂邸へ自訴の途中で出血甚だしく八代洲河岸まで来て自刃した。享年29。

歌は「吹く風にこのむら雲をはらわせて曇りなき世の月をながめむ」。「題不知」とあるが金子邸で覚悟を述べ合ったときのものであろう。忠君と尊皇の「曇りなき世」の大義に殉ぜんとする若き純粋行動者の高揚感溢れた一首である。

森山繁之介（天保7～文久元・1836～1861）。水戸藩町方属吏（3両3人扶持）の家の次男に生まれる。矢倉奉行の手代を勤めた。密勅返上の幕命阻止のため激派に加わり、長岡宿に屯集した。一挙では本懐を遂げた後、肥後（細川）藩邸に斬奸状を持って自訴。翌年、伝馬町牢で刑死した。辞世は「君がため思いのこさじもののふのなき人かずにいるぞうれしき」。享年26。

広木松之介（天保9～文久2・1838～1862）。水戸藩士。町方属吏（士分）の家の長子に生まれる。寺社方役人（3両2人扶持）を勤める。井伊襲撃後は盟約に従い剃髪して上阪を再三企てたが果たせず、同志悉く死没したのを知り、三回忌の日、鎌倉上行寺で辞世を残して自刃した。辞世に「苔のした露ときゆともあめつちにたまをとどめて君をまもらむ」。享年25。

大関和七郎（天保7～文久元・1836～1861）。水戸藩士。黒沢家の3男に生れ150石の大番組、大関家の跡を継ぐ。黒沢忠三郎の実弟。勅諚返納阻止では森五六郎、山口辰之介らと同志の長岡屯集を陰で支えた。一挙では兄や佐野竹之助と血盟し、人参を食べて気力を養った。襲撃後、自訴し、翌年伝馬町牢で刑死した。享年26。

杉山弥一郎（文政7～文久元・1824～1861）。鉄砲師の家の長子に生まれる。技術抜群をもって士籍（7石2人扶持）を得た。安政5（1858）年、不時登城による斉昭閉居に際し江戸駒込邸の警護を願ったが身分不相応と赦されず、単身出府して「勝手」と称し警護役を勤めた。一挙前に江戸に入り大老の動静などを同志と浅草観音で連絡を取り合った。襲撃では負傷し肥後藩細川邸に自訴。のち伝馬町牢で刑死した。「名にしおふ手筒の山のてづつもて知らぬえみしを打ち払はばや」の遺詠がある。享年38。

広岡子之次郎（天保13～万延元・1842～1860）。水戸藩士林家の次男に生まれる。広岡家百石の婿養子となり跡を継ぐ。黒沢忠三郎、大関和七郎は叔父にあたる。大老の駕籠を突き破る活躍を見せた。重傷を負い脇坂邸へ向かう途中和田倉門前で自刃した。斬り込み隊中最も若かった。「ともすれば月の影のみこひしくて心は雲にありまさるなり」。享年19。

岡部三十郎（文政元〜文久元・1818〜1861）。見届け役。百石取りの水戸藩士。首級を挙げたのを見届け、品川鮫洲宿の川崎屋に待つ金子孫二郎に報告した後、関鉄之助と上阪。雄藩との挙兵不可を知り、江戸へ戻り、吉原などに潜伏し、のち捕えられ刑死した。享年44。

海後磋磯之介（文政9〜明治36・1826〜1903）。常陸那珂郡村社の祠神官の家の次男に生まれる。一挙後は上阪を目指したが果たせず故郷と奥州、越後を転々としたのち文久3（1863）年秘かに帰国。元治元（1864）年、藩に復帰し名を変えて水戸天狗党で活躍し、維新後は茨城県庁、警視庁役人などを勤めた。桜田で明治まで生き延びたのは彼と益子金八の2人だけだった。78歳まで生きた。

益子金八（文政5〜明治14・1822〜1881）。水戸藩士。15石5人扶持。居合術に長じた。要撃後上京を目指したが果たせず、水戸の実家や会津地方、常陸石塚村に潜み、そこで死没した。小説『新納鶴千代』のモデルとされたこともある。享年60。

斬り込み18士のうち、闘死＝稲田重蔵1人、同日自刃＝有村次左衛門、鯉淵要人、広岡子之次郎、山口辰之介ら4人、同日自訴＝佐野竹之介（同日死亡）、黒沢忠三郎、齋藤監物、蓮田市五郎ら重傷4人、杉山弥一郎、森山繁之介、森五六郎、大関和七郎ら手傷4人、立ち去り＝関鉄之助、岡部三十郎、広木松之介、海後磋磯之介、益子金八ら5人であった。

要撃余香

玉くしげふたに隠るるまそ鏡あけてや見せむ清きひかりを　木村權之右衛門

雄々しくも君に仕ふる武士の母てふものはあはれなりけり　有村蓮壽尼

木村權之右衛門（文政7〜文久3・1824〜1863）。水戸藩士。10石3人扶持。決行には直接加わらなかった。江戸の薩摩藩邸との連絡役を勤め、要撃前夜、短銃5丁を配った。また一挙成功後の上阪を見越して西国巡歴手形を用意するなど細かく手配した。襲撃後は帰藩し、3年後に病死した。短銃は総指揮者、金子孫二郎から依頼された水戸藩士加藤木賞三が、生家が火薬製造の横浜の交易商中居屋重兵衛から入手したもの。重兵衛の自家製とされる。配った短銃の内の1丁の弾丸が井伊の大腿部を貫通した。

歌は覚悟の一首。大意は筥に収め蓋に隠れているまそ鏡（＝まごころ）を開けて見せようぞ（わが心の）清き光をという意。玉櫛笥《たまくしげ》は「箱」に掛かる枕詞。ほかに「おもふこと那須野の原の若草はふまれながらに萌えいづるかな」がある。享年40。

有村蓮壽尼（文化7〜明治28・1832〜1895）。薩摩藩士、有村兼吉の妻。有村俊斎、雄助、次左衛門3兄弟の母。歌人税所敦子に歌を学び、太田垣蓮月尼と親交があった。桜田事件で蓮壽尼は一度に2子を失った。

歌はこれも一種の覚悟の歌である。天下の為、主君のためにいつ何時でも命を投げ出すものが天晴れ、雄々しき士である、その母というものはあはれであるという意。もちろん、四句目と五句目の間には「しかし」の一語が省略されている。自宅で腹を切ったわが子を前にかく詠んで耐えた痛哭無限の一首である。

有村雄助（天保6～万延元・1835～1860）。有村3兄弟で次左衛門の兄。金子孫二郎とともに井伊襲撃を京へ報告の途次、自藩薩摩藩の捕吏に捕えられ、鹿児島へ檻送され自宅で切腹。享年26。辞世に「沼水の底に沈める蓮葉の清き心を誰かしるらむ」。

第12回　桜田一挙が齎したもの

その歴史的意味

彦根藩側の死傷者及び処分。井伊大老即死。闘死4人（同日中死3人）、深手（重傷者）1人、手傷（中傷者）9人、浅手（軽傷者）4人。無傷帰邸（逃亡）4人。処分では手傷、浅手は切腹。無傷帰邸は斬首、家名断絶。そのほか数十人が入獄などの厳しい処断を受けた。当日の行列の内訳は徒士侍26人、足軽、小物、人足合わせて計60人ほどと言われている。

大変事はたちまち幕閣に伝えられた。将軍のお膝元である江戸城門前で白昼、幕府の時の最高権力者の大老が「勅諚返納問題」で追い詰められた元水戸藩士を中心としたわずか20名足らずの小集団に首を取られた。安藤対馬守信正（陸奥磐城平7万石藩主・福島県）ら老中4人の緊急協議の結果、井伊大老の死を極秘にすること、最悪の結果である両藩お取り潰しから起こる江戸動乱、天下大乱だけは絶対避けることが決められた。

幕府は井伊大老の強権政策から一転、温和策に転じた。勅諚返納問題は棚上げ、親藩水戸藩へは松平容保（会津藩主）の仲裁などもあり直接のお咎めなし。諸侯の謹慎、蟄居も取り下げた。又、幕府は変後の後始末として彦根藩の安泰を図った。当時の武家の相続法は跡継ぎを決めずに藩主（主人）が死ねば家名断絶である。安藤老中はそのため首のない井伊直弼に見舞の言葉を掛けたとされる。幕府が大老の死を公にしたのは跡継ぎを発表した5月であった。彦根藩もやむなく幕命に従った。薩摩藩、長州藩は沈黙を通した。要撃に呼応して計画された西南雄藩による西国蜂起計画は齋彬の急死による薩摩藩の方針転換、長州藩の逡巡などで不発に終わった。

桜田の一挙が勅諚奉戴・護持を大義とする尊（勤）皇行動であることに間違いはないが、水戸藩への直接の攻撃者、井伊大老を倒すことによって密勅の返納問題で窮地に立った藩主や先君、斉昭を助けんとする忠君・報恩的行動であったことも当然の事実である。尊皇、勤皇とはいえ当時の武士にとって忠君思想はそれ以上に先祖代々の恩顧を蒙った藩主、藩祖への報恩的行動の原動力であった。脱藩した水戸藩士にとって尊皇も大切だがお家（水戸藩）に仇なす井伊を倒すことが目的であった。これがまさか徳川幕府崩壊の素因になるとは彼等の何人が予想したであろうか。

維新史における「桜田門の変」の歴史的価値、評価ということで言えば、尊皇が真に尊皇であるためにはその裏に攘夷があり、討幕・反幕的行動の実行が伴うものでなければ実効的意味がない。しかしそれは、屋台骨がぐら付き出したとはいえ、他に比べるなき絶大の武力と権力を保持し全国300藩の上に盤石の重みをもって君臨している徳川幕府（幕藩体制）との対決を意味する。桜田以前の尊攘論や討幕論がどれほど過激であっても、個人や外様大名では畢竟、思想の段階、空想の域を超えることはなかった。絵に描いた餅、痛くも痒くもないただの言挙げに過ぎなかった。そうした空想的尊皇論を現実的な幕府への敵対行動として具体化したのが桜田の一挙であり、これを行なったのが徳川御三家の水戸藩の元藩士らであったことは決して偶然でも皮肉でもない。否、寧ろ必然だったと言ってよい。御三家の水戸藩だから徳川幕府と対決できたと言って過言ではない。

元々、水戸家には光圀公以来、尊皇主義の気風が強く在った。こんなエピソードがある。一橋慶喜（のちの将軍）が20歳のとき父、斉昭に「もし徳川家と朝廷が争うようなことがあれば、水戸家は朝廷に味方する。これは光圀公以来の家訓である」と言われたという思い出話を維新後の後年、語っている。また、水戸家には御三家として譜代大名で構成する幕閣政治に対する対抗意識が常々在ったのかもしれない。

朝廷は、水戸藩に勅諚を下し幕政改革を促した。これを知った井伊大老は改易を武器に勅諚返納を水戸藩に迫った。勅諚護持か、改易か、水戸藩尊攘激派は二つに一つの選択に進退窮まった挙句、事態打開の究極の方法として強迫の元凶、井伊大老暗殺を実行した。自藩の難局を解決しようとして徳川権力の象徴的人物を江戸城の眼の前で襲った未曽有の大事件が桜田要撃の核心的事実であり、これが結果として尊皇思想が幕府に対する敵対行動として一挙に具体化し、現実的な倒幕行動の第一歩となった。ここに桜田一挙の歴史的価値があると言ってよい。

その後の水戸藩は同年8月の斉昭の死以来、坂下門事件や水戸天狗党など尊攘派の一部活動を除いて、藩として維新の表舞台に再び立つことは無かった。結果的に水戸藩はこの桜田の一挙で明治維新の表舞台から姿を消すのであるが、武力政権のトップが将軍の居城する江戸城の目と鼻の先で首を取られたというのは幕府の権威が地に堕ちたことを示す象徴的な事件であった。神戸大学教授で、文芸評論家の野口武彦（1937〜）が「白昼、大老の首を失うていたらくだったから『幕末』になったのだ」という警句を吐いた。事実、幕府は桜田からわずか8年で崩壊したことを考えると、水戸は持って瞑すべきあろうと思う。巷には「駕籠のうらゆ打ち出でず見ればうろたえの武士のかばねに雪は降りつつ」という落首が囁かれた。

弘道館中千樹梅。清香馥郁十分開。
好文豈是無威武。雪裏占春天下魁。

という斉昭（烈公）の『弘道館梅花ヲ賞ス』の詩にある通り、天下に魁けて維新の一番乗りをやったのであるから、薩長土肥に比べて決してひけはとってはいない。

この要撃が具体的な反幕行動の端緒となって、坂下門の変、英公使館焼き打ち、天誅組、大和・生野蜂起、禁門の変へと激湍のごとく明治維新へ向かって奔流して行くのである。

補記の6

かかる時せむすべなしと黙にをる人は活きたる人とは言はじ　佐久良東雄

君がため朝霜ふみて行く道はたふとくうれしく悲しくありけり

朝日影とよさかのぼる日の本のやまとの國の春のあけぼの

歌は熱血的尊皇歌人、佐久良東雄（文化8～万延元・1811～1860）の作。「あづまを」と訓ず。常陸国新治の郷士の家に生まれる。9歳で良哉と名乗り仏門に入り24歳で住職となったが、勤皇の志止み難く天保14（1843）年、33歳のとき7日間の断食後、還俗し、名を佐久良（櫻）東雄と改める。藤田東湖に藩出仕を促されたが「天皇の臣也」と固辞した逸話は有名。万延元（1860）年、桜田の変で高橋多一郎・庄左衛門親子を島男也らと大阪の自宅に匿まい捕えられ京都六角の獄舎で「天朝に仇なすものの粟《ぞく》は食まず」と枇杷の実ばかりを食べて絶食死した。伴林光平（天誅組）とともに幕末勤皇歌人の双璧といってよい。志に殉じた純粋行動者である。享年50。

一首目は弘化元（1844）年、34歳の頃の作。長崎でオランダの特使が幕府要人にアヘン戦争のことを述べ用心するよう忠告した。貿易開国を迫る夷船にだんまりを決め込む幕府要路に悲憤慷慨した東雄が事なかれ主義に沈黙する為政者を痛烈に批判した弾劾歌。一首の意は斯かる国難予兆のときに対策なしと黙っているような人間は活きた人間とは言わないというのである。「活きたる人とは言はじ」、すなわち「死人同然だ」の慨然たる口吻に作者の痛憤の気持ちがよく表れている。「かかる時」は斯く有るときで、国難前兆のときの意。「黙《もだ》にをる」は言うべきことを言わず黙っていること。「思はじ」でなく「言はじ」と強く具体的に表現したことに留意したい。この歌は「ことなかれ主義」への痛烈無比の告発歌であるとともに、憂国の歌人、東雄を内部から突き動かし、彼の一生を貫いてきた「義を見てせざるは勇無きなり」の感性から発した正義を犯すものへの義憤精神の真歌《まさうた》である。高橋多一郎父子を匿い、獄中死した義勇精神に直結している。東雄の辞世は未見だが、逮捕を予見して遺書を書き、その5日後に捕えられ下獄した。「明日知らぬ露の命のつかのまもこころならずて過ごすべしやは」など普段からの覚悟の歌である。

余談だが、天下の国難を人の逆境に遭っているときと置き換えてもいい。人は順調のときは無論、逆境、苦境のときに助けてくれるものこそ真の友である。困難、危険を物ともせずにともに行動し渦中に身を投じてくれるかどうかでその人の真価が分るのである。後述する慶応元（1865）年の功山寺挙兵で高杉晋作が都々逸で「実があるなら今月今宵明けりゃ正月だれも来る」と困ったときの人の心の軽重を歌ったのも同じことを言ったものだ。このことは他を批判するばかりで自らは責任を取らぬ口舌の徒が幅を利かす一億総評論家時代と言われる現代においても通用するようである。以て他山の石とすべき「戒語」である。

二首目はその翌年の35歳の時の作と推定され、江戸から皇典研究や勤皇同志らとの語らいを目的に東海道を京へ向かう上洛途次の羈旅歌とするのが定説である。大意はこうして京へ上る旅の道は私にとってまことに尊く、嬉しく、そして悲しい道であるというのである。結句の「悲しくありけり」が要語である。恋闕の旅であり、救国の旅であり、憂国の旅であり、それらをひっくるめた大きな悲しみ（＝大悲）の旅であるというのだ。愚生は迂闊にも同歌を辞世だと思い込んでいた。（上御一人のため）刑場へ行く道は「たふとくうれしく悲しい」道だと解釈し、尋常ならざる名歌だと思っていた。「朝霜ふみて」の語句が刑場を連想させたのであろうか。同じ上洛のときの「ひと歩みあゆめば歩むたびごとに京《みやこ》へ近くなるがうれしさ」も同じときの羈旅歌で素直な喜びが高山彦九郎の「われを我としろしめすかや」の喜びの歌に通じる佳歌である。

三首目は25歳〜33歳頃の作と推定。国祝ぎの歌である。雅号、東雄を用いて歌集『はるのうた』を刊行したのが天保11（1840）年、30歳のとき。僧名、良哉と訣別し佐久良東雄を名乗ったのが天保14（1843）年、33歳のときである。一首は、（いままさに）大きな朝日が美しく耀やき昇ってゆく景色は日の出づる大本のわが大和の国のほのぼのと明けゆく春の曙であるよ、という意。「朝日影」は月影が月を指すように朝日のこと。「とよさかのぼる（豊栄昇る）」は「朝日などが美しく輝いて昇る」様子を表わす上昇の美称。「とよ（豊）」は豊かで大きい意で、本歌の大柄な声調の基調をなす重要な古代日本語。「豊栄昇る」が一首中、唯一の動詞（文語ラ変）であることに留意したい。「日の本の」は日出づる本、つまり大和の国、日本国。「曙」は夜の明け始め、明け仄。

歌は、朝日がゆっくりと、しかし、力強く昇って行く荘厳とも言える日の出の時間的景色を「日の、本の、やまとの、國の、春の、あけぼの」と「の」の字で区切りながら繋いでゆく技法によって視覚化して見事である。特に二句目の「とよ　さか　のぼる」の7文字は言葉の意味とクレッシェンド（漸層的）な律動感によって中心主題である雄渾に明けゆく日本の春の曙のさまを万葉ぶりに表現する基調的役割を遺憾なく果たしている。開口音を主とした歌柄は大きく、調べはリズミカルで停滞はなく首尾に弛みもない。旭日を満身に浴びる喜びを体いっぱいに感じて腹の底から湧き上がる感動をそのまま真一文字に言葉にした只ごと歌の傑作と言ってもいい。日の出の実景を詠んだといってもよいが、本居宣長の「しきしまの大和ごころを人問はば朝日に匂ふ山ざくら花」と軌を一にした日本国を称える頌歌である。いわゆる歌心剣魂の直接的な維新歌ではないけれども、日の出に寄せて日本の国の夜明けを詠んだ紛れなき幕末期に生れた愛国讃仰歌である。ほかに「よき人とほめられむより今の世はもの狂ひぞと人の言はなむ」「うつし身の人なるわれやとりけもの草木とともに朽ちはつべしや」「すめろぎに仕えまつれと我を生みし我がたらちねぞたふとかりける」など万葉調のすぐれた歌が多数ある。明治大正の歌人の佐々木信綱は「勤皇歌中、幕末第一の歌人」と評価している。

第13回　皇妹和宮降嫁

江戸下り

旅衣ぬれまさりけりわたりゆく心もほそき木曾のかけはし　　和宮

惜しからじ君と民との為ならば身はむさし野の露と消ゆとも

空蟬の唐織ころもなにかせん綾も錦も君ありてこそ

◎

かしこしな雲井をよそに立ち出でて木曾の荒山越えまさむとは　　大橋巻子

桜田の一挙によって浮上したのが公武合体論である。井伊の武断政治のあとを襲った老中首座、安藤対馬守信正は内外の難局を皇妹和宮（15）と将軍家茂（17）との政略結婚による公武合体策で打開しようと腐心した。時論として攘夷の一方に、朝幕双方に常に幕政改革派にも幕権維持派にも尊皇派にも公武一体化による外国との圧迫に対抗しようとする考えがあった。真の公武一如は幕府が朝旨を尊重して国の政治を代行するものであるけれども、安藤は有力諸侯による幕政改革や尊攘派の主張する公武一和論を逆手にとって和宮降嫁という難題を押し付け、宮廷以下の尊攘論者らを沈黙させ、ホコ先を避けようとの狙いもあった。人の考えることなど似たり寄ったりで揉め事の解決方法として敵対者同士が仲良くするには古今東西用いられてきた姻戚関係を結び親戚同士になることが一番手っ取り早い効果的な方法である。

孝明天皇はじめ朝廷側は皇妹には近く結婚を控えた歴とした許婚（有栖川熾仁親王）がいるとの理由で断固反対であった。幕府の老中酒井忠義などは関白久我建通らを通じ猶執拗に降嫁を迫った。この時、孝明天皇の内侍、堀川紀子の兄で下級公卿であった侍従の岩倉具視が「公武一和と引き換えに攘夷を実行させる好機会。御降嫁の存否は皇威の消長にかかわる大事也」と奏上した。孝明帝もそれで公武一如がなって「外夷掃攘ができるのなら」ということで攘夷を条件にお許しになり、和宮も「国と兄君の為になるなら」と一身を犠牲に承諾されたのである。その限りでは皇妹も吾が身を擲たれ、純粋行動を行なったのであったけれども結果的には所詮実らぬ公武合体策の犠牲となったというのがざっくばらんな実情であった。

和宮（弘化3～明治10・1846～1877）。和宮親子内親王。仁孝天皇の第八皇女で孝明天皇の異母妹。文久元（1861）年10月、中山道を約1カ月かけて延人数2万人を超えて江戸へ下向し翌年2月、江戸城に輿入れ。降嫁後は前将軍家定夫人、天璋院（篤姫）とは万事控え目に接し、夫家茂との仲は睦まじかった。その後わずか5年後の慶応2（1866）年、家茂が長州再征の大阪陣中で急逝。21歳で剃髪し静寛院宮となる。明治元（1868）年、大政奉還の際は幕府の側に立って江戸総攻撃の停止や慶喜の助命などを嘆願されるなど尽力された。明治10（1877）年、持病の脚気の治療で湯治先の箱根で薄幸悲運の生涯を閉じた。享年32。

掲出歌一首目は御年16歳。皇妹和宮のいわゆる江戸下り、御降嫁の際の御歌。詠草は住みなれた都を離れ遠い見も知らぬ武蔵野へ向かう私の（幾枚も重ねた）旅衣は夜露と涙で濡れ増さり、そうした心細い心持ちで渡り行く木曾の掛け橋よという意である。16歳のか弱き乙女のこれからひとりになる心細さが三十一音に滲んでいて歌調は哀憐で味わうに辛い羈旅歌である。掛詞、縁語、暗喩がある。「旅衣ぬれまさりたり」は「旅の夜露に濡れ」と「涙に濡れ」の掛詞的用法。「ほそき」は心と架け橋に掛り、「渡る」「細き」は架け橋の縁語である。「かけはし」は実景であるとともに兄、孝明帝と江戸幕府の架け橋となる自らの覚悟を示され、人身御供（＝人質）の暗喩でもある。「すみなれし都路いでて今日いく日いそぐもつらき東路の旅」「落ちてゆく身としりながらもみぢ葉の人なつかしきこがれこそすれ」の御歌と併せ詠むと御降嫁の経緯が経緯だけに、また16歳という年齢を思えば健気にも朝幕融和の架け橋たらんと覚悟されたいたわしい詠草ではある。

二首目はその輿入れから2年後の文久3（1863）年の作。歌意は君と国たみのためならば一身はどうなろうと惜しくはないというのである。君は兄君、孝明天皇でなければならない。一書に夫、家茂とするのもあるが、それでは「武蔵野の露と消ゆとも」という否定的な下の句との辻褄が合わない。

三首目は結婚5年後、慶応2（1866）年、和宮は家茂上洛の際、土産に西陣織を頼んだ。土産の西陣織は届いたが夫の家茂は同年7月20日、大阪城で急逝した。そのときの家茂を偲ぶ落胆の気持ちが初句の「空蝉の」の一語によく表現されている哀歌である。と同時に後年の家茂との琴瑟相和ぶりも伝わり、数少ない明るい話題であったのは救いであり女心のいじらしさの伝わる歌である。ほかに「世の中のうきてふうきを身一つに取り集めたる心地こそすれ」など降嫁後わずかの間に夫家茂、母観行院、兄孝明帝を失いまさに憂いを一身に負われた心地がしたにちがいない。時代の犠牲者ではあっても気丈に生涯を送られたのがせめてもの救いである。

四首目は大橋巻子（文政7～明治14・1824～1881）。江戸の豪商、佐野家幸兵衛（大橋菊池淡雅）の娘。坂下門一挙の指導者、大橋訥庵の妻。夫、訥庵の「思誠塾」の運営を扶け、事件後は夫らの救難に奔走した勤皇女性で後年の野村望東尼や志士らに影響を与えた。

歌は和宮の降嫁を嘆いた長歌「姫君の東大城に下らせ給ふをいたみ奉る」の反歌。一首の意は畏れ多くも皇妹には（露をだに当てじと育てられた）宮中を出られ（天ざかる吾妻をさして）難所といわれる木曾の荒山をお越えなさろうとはというのである。作者は女性の直感で男どもによる身勝手な降嫁の本質をなじる様に抉っている。ために長歌および反歌の歌調は詰問調で歌ごころは悲憤とその犠牲者たるヒロインに対するいたわしさをよく伝えている。と同時に降嫁を無理強いした男性に対する女性のやり場のない痛烈な憤懣、批判が声調の底に読み取れる。「かしこしな」は畏くも、畏れおおいの意。「雲井」は禁裏、宮中。「木曽路」（木曾街道）は京から江戸へ向かう江戸時代の中山道のことで狭義には美濃と信濃の間を言い、特に山中の木曽川の断崖に掛かった桟橋など難所が多かった。反歌二首中のもう一首「かしこしなけふ九重のみかど出をなげかざらめや萬たみくさ」も同断。

ほかに文久2（1862）正月、夫、大橋訥庵の坂下門一挙に際しての歌に「武蔵野の露と消えゆく人よりもおくるる袖のやる方ぞなき」「国のため生野の道にますらをが霜と消えぬと聞くはまことか」「天翔けるたまのゆくへは九重の御階《みはし》段のもとをなほや守らむ」など。『夢路の日記』を著わした。享年58。

文久2（1862）2月11日、婚礼は行われたが結論を言えば幕府の公武合体策は幕権維持の時局収拾策以外のなにものでもなかった。皇女の降嫁という哀話を挟んだものの、その場凌ぎの弥縫策などで滔々たる歴史の潮流を押し止めることは出来なかった。安藤ら幕閣の思惑は朝威を借りて尊攘派志士らの勢いを封じ込め幕威を張らんとする一方、攘夷の約束をしながら五カ国（米英仏蘭露）のほかプロシャ（独）、ベルギー（白耳義）などとも開国条約締結を図っていた。甚だ雑な表現だが孝明帝は妹という掌中の珠を騙し取られたようなものである。京都では皇女人質説、幕府陰謀説、朝廷内親幕派画策説など臆説が渦を巻き風説が乱れ飛んだ。この欺瞞的施策に憤激した尊攘志士らが全国各地から京洛の地へ蝟集した。4年後（慶應2・1866年）には条約が勅許されるなど結果として和宮の降嫁の意義は全く無かったと言って過言でなく、わずか16歳の女性を時代の犠牲者とした安藤信正や岩倉具視ら策謀人士の罪は軽くない。後に和宮降嫁を唆した側近として岩倉具視、千種有文、久我建通、富小路敬直、具視の実妹堀川紀子、千種の義妹今井重子は四奸二嬪として弾劾された。

安藤信正（文政2〜明治4・1819〜1871）。陸奥（福島）磐城平7万石藩主。井伊に罷免されていた久世広周（下総関宿5万石藩主）を老中に再任させ2人で重大局面の幕政を運営した。井伊の強圧路線を転換し穏健政策で乗り切ろうとし、予てより底流していた和宮降嫁を実現させたが、上手くいかず尊攘派集団に坂下門に襲撃され、久世とともに老中を罷免され謹慎した。維新戦争では奥羽列藩同盟として政府軍と戦った。

補記の7　ジョン万次郎

一方、幕府は万延元（1860）年、日米通商条約調印批准のため日本人として初めてアメリカを公式訪問している。日本人は軍艦ポーパタン号に乗った正使新見正興（豊前守・外国奉行）、小栗忠順（上野介・目付）ら幕府役人77人、護衛として護衛艦「咸臨丸」には総督木村喜毅（摂津守・長崎海軍伝習所取締）、艦長勝海舟、総督従者福沢諭吉、通詞中浜万次郎（ジョン万次郎）ら96人の総勢173人であった。同船したブルックら米海軍将兵（11人）らは勝艦長はじめ日本人の多くが馴れない外洋の長旅にダウンした中にあって実際に操船の指揮をした中浜万次郎の操船技術の高さに舌を巻いたという。外国人のほうが日本人より万次郎の実力優秀さを素直に認めている。

中浜万次郎（文政10〜明治31・1827〜1898）。ジョン万次郎。幕臣。土佐（高知）の貧乏漁師の次男に生まれる。天保12（1841）年15歳のとき飯炊きとして出漁中、遭難して無人島（現鳥島）に漂着後、アメリカの捕鯨船に救助され、ジョン・マンと呼ばれ捕鯨船の見張り役などで働く。ウイリアム・ホイットフイールド船長に見込まれアメリカで3年間、航海術、測量術などの高等教育を受けた後、3年半、捕鯨船に乗り副船長を務めるなど世界各地を寄港して回った。カリフォルニアの金鉱で帰国の旅費を整え、嘉永4（1851）年、琉球（沖縄）に上陸。琉球で7ヶ月、薩摩で約50日、長崎奉行所で10ヶ月と計1年半の取調べに耐えて、11年振りに25歳で故郷の土佐に戻った。土佐藩から下級の士分（徒士格）に取り立てられ、藩校で後藤象二郎ら年少を指導した。翌嘉永6（1853）年、ペリー来航に伴い通弁（通訳）の最適任者として幕府に普請役格（旗本）として召し出され江川太郎左衛門（伊豆韮山世襲代官）の手附（下役人）となって期待されたが、翌年の日米和親条約交渉では単なる裏方の書簡翻訳係を勤めるなど事務方属吏に止どまった。万延元（1860）年、34歳のとき遣米使節団の一行に通弁主務として随従し、船酔いで動けなくなった日本人船員に代わって「咸臨丸」操船の指揮を取ったのは既に述べた。明治元（1868）年、42歳のとき土佐藩に戻り家禄100石を禄し、容堂公より江戸深川の下屋敷を拝領したり、明治新政府になって開成学校（現東大）二等教授として英語、航海術などを教えた。明治4（1871）年、45歳のとき滞在先のロンドンで体調を崩し帰国し以後、自適の半生を送った。

小説家・評論家の百田尚樹（1956〜）は『日本国紀』（平成30・2018年　幻冬社）で「勝も龍馬

も万次郎の世界観に影響を受けた一人。（中略）その意味で万次郎は幕末の日本に大きな影響を与えた」と評価した。愚生は常々、海舟が『氷川清話』で万次郎について一言も語っていないのは不思議で大いに残念であると思っていたが、勝に限らず、同郷の龍馬（嘉永5年当時18歳）も後藤（同15歳）もまた咸臨丸に同船した福沢（同船当時27歳）も万次郎の世界見聞談や新知識に多大な感化を受けたと思われるのにひと言も触れていない。門地門閥を毛嫌いし最も実力主義者であった海舟や福沢にしてから身分社会（身分意識）のくびき（軛）から逃れるのは難しかったということか。海舟や龍馬ら大先見を持って幕末維新を牽引した彼等の先生が実は往年の貧乏漁師の飯炊き小僧の万次郎であったとの想像を逞しくしたいのであるがいかがか。明治維新という激動混迷の荒波に心ならずも翻弄された人も多かったなかで万次郎は舞台の脇役であったとは言え時代の激浪に果敢に立ち向かい頑張った一人であったことに些かも誇張はない。そういう意味で彼は幕末日本をリードした人々の目から鱗を落した貴重な人物としてもっと語られていいのではないかと愚考する。

第14回　坂下門一挙　草莽者の反幕行動

六十、斬り込み

散る時はしばしがほどは早けれどおなじ枝に咲く山桜かな　　平山兵介

見よや見よ臣がこころは花ざかり神代のままの春にぞありける　　小田彦二郎

しこ草のしげる枯野の根をたやし春のあけぼの待つぞ久しき　　河野顕三

父母のそだてし身をも君のため世の為にともいま捨つるかな　　河本壮太郎

起こるべくして起きたのが文久2（1862）年正月15日の坂下門の安藤老中襲撃の一挙である。安藤信正の藩邸からすぐ近くの坂下門（桜田門の北方）に差し掛かったところで水戸藩浪士平山兵介、同小田彦二郎、同黒沢五郎、同高畑総次郎と、尊攘思想家、大橋訥庵門下の下野医師河野顕三、越後医師河本壮太郎の6人が斬り込んだ。桜田以降、老中側の警護は厳しく、供廻り50人ほどに囲まれ血闘数分全員斬り死にした。一刀流の使い手平山兵介が駕籠に刀を突き立てて逃げる安藤老中の背にわずかに一刀を浴びせた。安藤はこの傷がもとで武士にあるまじき見苦しい振る舞いと指弾され3か月後に辞任した。

一挙は計画者で首領の在野の思想家、大橋訥庵の『政権恢復秘策』の一環として実行されたものだった。要撃は単発で終わり計画していた水戸藩、長州藩等との連携がうまくいかず、東西呼応の蹶起計画は半ばにして頓挫した。両藩の連携とは万延元（1860）年夏、品川沖で長州軍艦丙辰丸上で長州と水戸の両志士らが水戸は破壊、長州は建設という所謂「成破の盟約」を結び、両者が持ち役を分担して幕政改革に挺身するというものだった。

大橋訥庵（文化13〜文久2・1816〜1862）。本名清水順蔵。上野（栃木）砲術兵学者の家の3男に生まれる。佐藤一斎に学ぶ。天保12（1841）年、江戸日本橋の豪商、佐野屋長四郎（大橋淡雅）に見込まれ娘、巻子（既述）と結婚。『思誠塾』を開き尊皇論を講じた。嘉永6（1853）年、黒船来航に際し幕府や水戸斉昭に夷船打ち払いを建言し尊皇攘夷論を展開した。和宮降嫁問題が起こるや、安藤信正の公武合体策に真っ向から反対し『政権恢復秘策』を掲げ、自らその実現を図り①門下の児島強介（草臣）を外国人襲撃要請のため水戸藩尊攘派へ派遣し、②輪王寺宮（当時16歳）を奉戴、旗挙げし、③安藤老中暗殺後、④一橋慶喜を擁立し宇都宮藩志士らで蹶起する、という挙兵計画を立てた。

しかし大橋自身が不用意に慶喜の家臣に謀議を洩らしたことから訥庵らは捕えられ、獄中で病み、のち釈放されたが間もなく亡くなった。毒殺であるとされる。「病中作」と題し「刑屍累々鬼火青。枕頭時覚北風腥。婆心憂世夜難眠。起自窓見大星」「尊皇攘夷豈無時。何計危言却被疑。今至蓋棺吾已事矣。秋津州裏一男児」など漢詩を能くした。享年47。

掲出歌一首目は平山兵介（天保12〜文久2・1841〜1862）。水戸藩士。中級家格の家の長子に生まれる。一刀流の剣客。密勅返上に反対し藩上司、住谷寅之介の指示で上阪し長州の桂小五郎、水戸藩の野村彝之介とともに丙辰丸船上で成破の盟約を結ぶなど奔走。剃髪し僧形に変装し江戸に戻り、下野の児島強介（草臣）より大橋訥庵の安藤襲撃計画を聞き同志に加わった。実行直前、密告で大橋ら首領株が捕えられたが成否は論ずるに足らずと断行し逃げる安藤の背中に一刀を浴びせた。直情径行の行動者であった。享年22。

歌は「尊皇攘夷を本とし皇国の元気を鼓舞する草莽の有志へ贈る」と詞書した坂下門斬り込みのときの詠。一首の意は（われわれが）散るのは少し早いようだけれど（遅かれ早かれやがてみな散ってゆくものならば魁て見事散ろうではないか）、同じ枝に咲く山桜ではないか、というのである。魁となって潔く散る姿を山桜の散るさまに譬えた説明の要なしの辞世歌である。下の句「同じ枝」は尊皇の旗の下に集まった草莽の有志を指す。愚生はこの「同じ枝《え》に咲く」の四句目を見て軍歌「同期の桜」の元はこれだなと思った。「同期の桜」は国のため日本男児らしく共に散ろうという心意気を歌った所謂「戦時歌謡」で、「貴様と俺とは同期の桜・同じ兵学校の庭に咲く・咲いた花なら散るのは覚悟・見事散りましょ国のため」という歌詞内容は平山の辞世歌とほとんど同じと言ってよい。

話はやや逸れるが「同期の桜」は平山の辞世歌から77年後の昭和14（1939）年、作詞家西条八十によって作られた大東亜戦争初期の軍歌である（元歌は「二輪のさくら」。昭和13・1938年『少女倶楽部』1月号掲載・同じく西条八十作詞）。同歌は人間魚雷『回天』の第1期訓練生、帖佐裕海軍大尉（平成7・1995年歿）が替え歌として歌って海軍部内で知られ、以後盛んに歌われ全国に広まった。また戦後80年経った今日でも人気のある懐メロとして同窓会や送別会などで替え歌風に歌われている。これらの事象について小難しい理屈を言えばぱっと咲いてぱっと散る桜の花の潔さが日本人の琴線に触れ、それを良しとする国民性が今なおわれわれの心中に息づいているということになると思う。またこれも余談になるけれども良寛禅師の辞世句（伝）とされる「散る桜残る桜も散る桜」も「神風」や「回天」の特攻隊員となって出撃した若者が好んで愛誦したと言われる。彼等にとって禅師の辞世句もまさに平山の辞世歌や「同期の桜」の歌と同じく「咲いた花なら散るのは覚悟」と思い定め、安んじて死地へ赴く安心立命を得るための拠り所なのであった。そういう意味で平山の辞世歌は日本精神の象徴ともいうべき桜の花の散り際の美しさを幕末日本の青年志士らしく端的、且つ恬淡と詠んだ実感歌であったと言えよう。彼の歌はこのほかに「別れては又あふことのかたければますらをのこの袖ぞつゆけき」など日本男児らしい清々《すがすが》しさを感じさせる好歌がある。

二首目は小田彦二郎（文政11～文久2・1828～1862）。水戸藩士。書院番（中級家格）の家の次男に生まれる。文久元（1861）年5月、英国公使館の第一次東禅寺襲撃事件に参加。桜田一挙に加わる予定だったが母の看病で果たせなかった。安藤襲撃の計画を聞き江戸に大橋訥庵を訪ね斬奸趣意書を作成した。当日は先頭切って斬り込んで見事な最後を遂げた。享年35。

歌は坂下門斬り込みのときのもの。桜田で遅れを取り忸怩としていた作者にとって坂下要撃は待望の自己実現だった。一首は、皆、見てくれ。見てほしい、（天皇の）臣である私の心は（君国のため命を擲つ時を得て）今満開の花盛りであるよ、それはまさに神代の昔そのままの春のような心持であるというのである。この歌の独自性は第二句、第三句の喜びに溢れた「臣がこころは花ざかり」の天真爛漫な表現に尽きよう。「臣《おみ》」の一語が本歌の核である。「臣」を外すと極く平凡な歌になる。初句の「見よや見よ」も手放しの喜びようで、一首は心内から湧き上がって来る喜びを専門歌人とはひと味違うダイレクトな言葉遣いで思ったままを表現している佳歌である。一種の自讃歌であるが殉志、或いは義死の感激を誰憚ることなくこれほど素直に顕わした歌もそう澤山はない。全体の声調は高揚した気分の開口音の「ア列」音と「オ列」音が自然に多用され躍動感にあふれている。作者は桜田に加われず我慢を重ねていてこの日がよほど嬉しかったに違いない。何度か誦するとこちらまで心が開放されるような爽快な気分になってくる。ほかに「あづまぢの武蔵の春はたちにしと雲井にあげよあしたづの聲」。

三首目は河野顕三（天保9〜文久2・1838〜1862）の歌。下野（栃木）の儒者・村医師の家に生まれる。外祖父で国学者の河野守弘に学ぶ。家督を継ぐが江戸で尊攘志士と交流し、輪王寺宮の擁立を図ったりした。一説に顕三の切っ先が安藤老中の鼻の頭をかすめたとされる。享年25。

歌意は、醜草（＝幕閣ら）の蔓延る枯野（＝幕府）の根を絶やす春の曙（＝国の夜明け）の到来を久しく待っていた、（そのために義挙を行う）というのである。軽くない内容でありながら歌の流れは、各句の頭に韻を踏むに似た音を連用してリズミカル（律動的）である。歌の内容の一貫性より韻律的な要素を重視したなぞらえ歌である。「醜草《しこ》」は作者にとって悪政の限りを尽くす幕府上層部を指す。「枯野」は幕府を指しその実態はすでに枯野同然である意。「春の曙」は国の夜明けの意。「待つぞ久しき」の目的語はその「春の曙」で倒置技法である。

四首目は河本壮太郎（天保12～文久2・1841～1862）。名は一。越後（新潟）十日町の医師の家の長子に生まれる。医者を嫌い、伊庭軍兵衛に剣を習い、祖先が新田氏に属したことを誇りとし尊皇の志厚く、久坂玄瑞らと親交。鮫鞘の長刀に九寸五分の脇差を揮って斬り込んだ。

歌は辞世歌。歌意はこれまで父母に育てられてきたわが身を君国のためいま（喜んで）擲つという、松陰の辞世詩「吾今国ノ為ニ死ス。死シテ君親ニ背カズ」と同じである。享年22。

黒沢五郎（天保14～文久2・1843～1862）。水戸藩士。水戸藩医の家の長子に生まれる。勅諚返上反対の長岡屯集組。小田、高畑と共にオールコックの英国公使館を襲った第一次東禅寺事件にも加わった。坂下当日は短刀を振るって斬り込んだ。「すめらぎの為に醜臣きりすてて身はくもみづのもとにかへらむ」の辞世がある。ほかに「あづま路をいでて日数をふる雪のいつか思いのとけずやはある」。享年20。

高畑房次郎（文政11～文久2・1828～1862）。水戸草莽志士。常陸（茨城）の村組頭の家に生まれ跡を継ぐ。安政6（1859）年の長岡屯集組。文久元（1861）年、小田、黒沢ら15人で東禅寺の英国公使館襲撃にも参加した。桜田に参加出来なかったことを悔やんでいたが、坂下では真っ先に打ち込んで闘死した。享年35。

坂下余花

たふれ等がたはわざなすを国のため斬るも一つの勲なりけり　　児島草臣

くなたぶれえみしと共にすべらぎの御国汚せし末ぞ見るべき

おもひきや心しづかにすみだ川わたるもけふを限りなりとは　　川邉佐治衛門

掲出歌二首は児島強介（天保9〜文久3・1838〜1863）の歌。草臣と号す。下野（栃木）宇都宮の商家（秤商）の次男に生まれる。若くして江戸に出て藤田東湖に教えを受け、また宇都宮藩にいたことのある大橋訥庵に学ぶ。和宮降嫁に憤慨し訥庵の『政権恢復秘策』の実行を図り直接水戸藩有志と折衝。安藤襲撃では師、訥庵の慎重論を抑えて計画を進めた。襲撃には病で参加できず、文久3（1863）年1月、病臥中に捕えられ同年6月に江戸伝馬町で獄死した。号は草莽の微臣の意。享年

26。

歌は二首とも文久2（1862）年、坂下の一挙頃の作。一首目は（井伊大老も安藤信正も共に）たわけたことを行う大たわけ者である、このような彼等を斬って捨てるのも国の為の勲功《いさおし》であるというのである。時の為政者らを、国を誤る大馬鹿者と一言の下に切り捨てた語調の烈しさが作者のうたごころの激憤を物語っている。初句、二句目の頭の「た」音を重ねて調子を高く謳いあげ三句目で一旦、受けて下の句の「斬って捨てるのも勲功である」と一気に断を下した技法である。「たふれらが」「たわわざなす」の上の句に作者の唾棄《だき》の心持ちがよく顕われている。「たふれ」は古辞「狂《たふ》る」で、たわ言を言う者、たわけ者の意。「囈《たわ》言」は愚かで馬鹿げた言葉。「たわけ」はそれを行う人。「たわわざ」は囈言を言い行うこと。

二首目は病臥して一挙には参加出来なかった作者の詠んだ長歌「義士七人の事を聞きて」の反歌である。歌の意は心が捻じ曲がった為政者らよ、外夷と共に皇国を汚した末路はこうなるぞと詠んだ。前歌と同じく古語を用いて厭悪《えんお》の気持ちを強調して激越である。「くなたぶれ」は「くな」（頑な）と「たぶれ」（狂う）の複合語で頑狂、頑迷。ここでは頑なで愚かな幕閣を指す。辞世歌は「天地にはぢぬ心のいかなればわが身にはづるいましめの縄」（「義烈回天百首」）。ほかに「ひた守り今はまもらぬ事しあらば塵にあくたにならむ此の身は」「大丈夫のををしきいさを後の世にかたりつぐべき人ぞ多かる」など佳歌多し。一家を挙げて勤皇の道に邁進し、歌を良くした。草臣の母親、益に「女にこそあれ我も行くべき道をゆきて大和心は劣らぬものを」、妻、操に「我もまた誓ひくもらぬこころもてそのよき人をかがみとやせむ」がある。

三首目は川邉佐治衛門（天保3～文久2・1832～1862）。水戸藩士川邉家の3男に生まれ家督を継いだ。当日予定通り、坂下門に赴いたものの既に事畢っていた。襲撃に遅刻したが、「成破の盟約」（既述）に従って隅田河畔の長州藩邸に桂小五郎を訪ね、斬奸趣意書状を渡した後、小五郎の制止を振り切って切腹した。享年31。

歌は辞世歌。歌意は（時間に遅れ斬奸に参加できず）今こうして覚悟を定め心静かに隅田川の橋を渡るけれども今日を限りになろうとは思わなかったというのである。「隅田川」には心が「澄む」が掛けてある。

菊池教中（文政11～文久2・1828～1862）。豪商、佐野屋長四郎（大橋淡雅）の長子。巻子の兄。父、淡雅自ら医師、菊池介介の養子になり息子に菊池姓を名乗らせた。淡雅、教中ともに勤皇の志厚く尊攘志士らのパトロンであった。安藤襲撃事件では事件の3日前に訥庵が捕われ、2月4日に教中も捕えられた。7月24日に出獄した直後、死亡した。毒殺されたとの説がある。享年35。

坂下の一挙は以上のように終結した。総括すれば、最高責任者が迂闊にも事前に計画を洩らしたり、主要メンバーが病気になったり、遅刻したり、計画も準備も心構えも結束もお粗末だと言わざるを得ないが、剣客、平山兵介の逃げる安藤老中への背中への一刀がモノを言って、対馬守は罷免。桜田で開いた花が次のステップへの貴重な歴史的散華となったのはせめてもの手向けであり幸いであった。形而下的な結果は失敗に終わったけれども遅刻を恥じて切腹したものも含めて全員、成否を問わず、己の志に殉じたのであるから立派な最後というべきであろう。

　またここで見逃してならないことはこれまで武士（中・下級）が中心であった幕府への直接行動が当時の知識人と言われる地方小都市の学者、医師、豪商といった所謂、草莽者らによって実行されたということ、すなわち尊皇幕批思想の裾野が武士から在野の行動者へ広がり下りてきたという点は明確にしておかねばならぬことであり、この事件の歴史的価値、意義はここにあると思う。

　坂下の一挙は実効的には失敗したが、幕権はさらに失墜した。桜田により開けられた維新への扉がまた少し開き、徒手なお為すべしの信念を志士らに叩き込んだ。さらに幕府が朝廷と約束した外国との条約破棄や攘夷の実行が出来る筈もないことが時間の経過とともに次第に明瞭になり、朝幕それぞれの思惑で急造された和宮降嫁という一時しのぎの公武合体策がいかに欺瞞と甘さに満ちた鵺《ぬえ》的空論であったかが白日の下に曝け出された。薩摩の有馬新七、久留米の真木和泉、土佐の吉村寅太郎、長州の久坂玄瑞といった尊攘派の旗頭や大物はとうに幕府や藩に見切りをつけて朝廷を後ろ盾にした攘夷反幕の運動を展開していたが、公武合体策の当然の不首尾や坂下事件によって彼等を軸に京都を中心にした反幕運動は益々激しさを増す結果となった。

　一方、薩摩や長州など所謂、西南雄藩はそれぞれ新田開発や密貿易などで蓄えた強大な財政力を背景に公武周旋と称して関ヶ原以来の敵意も底流させつつ、幕府に影響力を駆使せんと虎視眈々と形勢を観望していた。長州藩では藩主、毛利慶親以下の藩上層部は公武一和して外国に当たるべしと説いた藩重職の長井雅楽の『航海遠略策』による尊皇佐幕論を藩論とし朝幕への影響力を強めようとしていたが、和宮降嫁など一連の合体策が幕権延命でしかないことが露呈してくるに及んで長州の公武一和熱は急速に冷めた。

折しも、薩摩藩は藩主の後見人の島津久光が前藩主で兄の齋彬の遺志を継ぐ形で京都進発のタイミングを窺っていた。

第15回　薩摩国父、島津久光登場

寺田屋騒動

朝廷邊に死すべきいのちながらへて帰る旅路の憤ろしも　有馬新七

うき雲をはらひ清めて秋津洲の大和しま根にすめるつき見む　森山新五左衛門

薩摩山けふをかぎりと越えつれば雪のしらたま袖にこぼるる　是枝柳右衛門

ながらへて変わらぬ月を見るよりも死して掃はむ世々のうき雲　田中河内之介

骨を粉にくだきてのみか命さへかねてぞ君にゆだねつる身は

幕権の急落を早め、幕威が急速に地に堕ちたのを象徴的に物語るのが寺田屋騒動である。その中心人物とも云うべき薩摩の島津久光の表舞台への登場であると言えよう。降嫁問題の不満などで京都には尊攘派志士らが続々集結していた。文久2（1862）年、久光は朝廷に市中の警備を依頼されたとして一千の藩兵を率いて上京して来た。このこと自体、少し前まで外様の一大名が兵を動かすなど考えられなかったことであった。

4月23日深夜に起きた京都伏見の寺田屋騒動ほど残酷で、馬鹿馬鹿しい事件も少ない。胸に一物、満を持して入京して来た久光を、有馬新七、是枝柳右衛門はじめ薩藩誠忠組ら50余名は討幕の出師と勘違いした。京都長藩邸の久坂玄瑞ら20余人とも示し合わせ、所司代酒井忠義を討って義兵の端を開かんと、4艘の舟に兵器を積んで続々伏見の薩藩定船宿寺田屋に集合した。久留米の真木和泉、肥後の宮部鼎蔵、筑前の平野國臣、土佐の吉村寅太郎、出羽の清河八郎、それに京中山大納言家の元諸太夫、田中河内之介ら錚々たる連中も計画に加わっていた。

一方、朝幕雄三者連合の大図を胸中に野心満々の久光はこれを知って驚愕激怒し、新七の親友、奈良原喜八郎や大山格之助（綱良）ら9人の剣客を選んで「臨機の処置」を含む鎮撫に当らせた。寺田屋階下で双方談判数刻に及んだが決裂。同じ誠忠組で鎮撫使の道島五郎兵衛が「上意」と叫んで田中謙助の眉間を割って乱闘の口火を切り忽ち同藩士相撃つの修羅場と化した。2階から死闘の様を目撃した真木和泉は「乱刃相撃ッテ火ヲ発シ、光電ノ如シ」と日記に記した。

新七は闘死したが、その最期は凄絶だ。梁に当って折れた刀を捨てた新七は、素手で道島を戸板に押さえ付け、橋口吉之丞（20）に「オイごと刺せ」と命じ、背中から刺し貫かせて絶命した。薩摩誠忠組の闘死等は森山新五左衛門（20）、田中謙助（35）、橋口伝蔵（33）、橋口壮介（22）、柴山愛次郎（27）、西田直五郎（24）、弟子丸龍介（25）ら8人、討手側死者は道島五郎兵衛のみ。大山綱良（のちの県令）の刀を投げ出す説得によって篠原国幹、西郷従道、大山巌、三島通庸ら大半の薩藩士21人は説得され国元で謹慎させられた。是枝柳右衛門は遠島、田中河内之介、一子瑳磨介は海賀宮門（筑前秋月藩士）らと共に船上で殺された。志士らの薩摩待望熱は一気に冷めた。

掲出歌一首目は有馬新七（文政8～文久2・1825～1862）。薩摩藩の下級郷士の家に生まれた。父が有馬家の養子になり、藩士となった。剣は新陰流、学は崎門学《きもんがく》と文武両道に優れた。早くから尊皇論を説き「今（高山）彦九郎」と呼ばれた。叔父が近衛家の付け人にいた関係から藩主を擁した京都挙兵を構想し、終始、薩摩尊攘派（誠忠組）の中心人物として活躍したが寺田屋騒動で久光の逆鱗に触れ残念な最後を遂げた。

歌は、騒動の4年前の安政5（1858）年、34歳のときの作。水戸藩同志と老中、間部詮勝（越前鯖江藩主）や所司代酒井忠義（若狭小浜藩主）要撃を企てたが自藩の同意を得られず、そのうち藩主、島津忠義に帰国を命ぜられ、水戸藩を裏切るかたちで帰国した。そのときの帰薩の旅の慙愧に耐えぬ、暗澹とした気持ちを詠んだ「伏見にてよめる」と題した長歌に添えた反歌である。一首の意は帝の側近くで（王事のために）立派に死にたいと思っていたのに忌々しくも生き永らえて帰らなくてはならぬとは何と憤どほろしい旅であることよ、というのである。「憤ろしも」とずばりと詠んだ結句に作者の憤懣やるかたない腹立ちと面貌が目に見えるようである。しかしながら彼は前述の如く薩人同士の斬り合いの末、事志とは違え朝廷邊《みかどべ》に死んだので本望であったろう。ほかに「間部下総守の上京を聞き木曾の桟道を渡る」と題し「乗る駒のつめに紅葉は踏み分けて木曾のかけ橋渡り行くかも」「鳴る神のもてる斧我れ得てしがも醜のしこ臣うちてし止まむ」「沼水のそこにしづめる蓮葉のきよきこころを誰か知るらむ」など歌も良くした紛うかたない歌心剣魂の純粋行動者であった。享年38。

二首目は森山新五左衛門（天保14～文久2・1843～1862）。薩摩藩士。富商、森山家の長男に生まれる。同家は元々、商家で父の代に士分となる。示現流の使い手。桜田では水戸勢と井伊暗殺計画に加わり、一挙後の薩摩勢の決起を図った。寺田屋では新七を助けようと道島と切り結び負傷し、翌日藩邸で切腹した。享年20。

歌は日本の国を覆う浮雲（＝憂き雲）すなわち、悪政を一刻も早く掃い清めて日本国の元々の本来を照らす澄んだ月を見たいものだと寓諭した。

三首目の前に闘死者を書いておこう。

田中謙助（文政11～文久2・1828～1862）。薩摩藩士。田中家に養子に入る。示現流のほか砲術に通じた。江戸および大阪藩邸に勤めた。乱闘の発端となり鎮撫使道島五郎兵衛と口論になり「これ以上問答無用」と断じ、道島に頭部を割られた。田中は目玉が飛び出し昏倒したがのち息を吹き返し翌日、藩邸で切腹した。享年35。

橋口伝蔵（天保元～文久2・1830～1862）。薩摩藩士橋口与三次の次男に生まれる。江戸で安井息軒（儒者。『海防私儀』の著者）に学んだこともあり、薩摩藩の旧記に精しかった。樺山資紀（海軍大将、旧名橋口覚之進）は実弟。エッセイスト、白洲正子の大叔父に当たる。「あづま路の花と散るとも大御代の春のひかりを見るよしもがな」の一首を遺した。享年33。

橋口壮介（天保12〜文久2・1841〜1862）薩摩藩士橋口彦次の子。大山綱良に示現流を学び、造士館教導を務めた。勤王文庫第五編に「すめろぎの御代を昔にかへさむとおもふこころは神も助けよ」。享年22。

柴山愛次郎（天保7〜文久2・1836〜1862）。薩摩藩医の家の次男に生まれる。記録所書記、造士館訓導を務めた。西郷隆盛は彼の死を悲しんだ。常に橋口壮介と行動を共にしていた。享年27。

西田直五郎（天保10〜文久2・1839〜1862）。薩摩藩士。江戸藩邸で中小姓を務めた。志願して鎮撫使に加わった上床源助の手槍を顔に受けて絶命した。勤王文庫に「大君の御代かはるべき時を得てやがて雲井に名をやとどめむ」。享年24。

弟子丸龍介（天保9〜文久2・1838〜1862）。薩摩藩士高城家の次男に生まれ、弟子丸家を継ぐ。主家の旧記に通じ、示現流を使い文武に長じた。大山綱良に斬られた。享年25。

三首目は是枝柳右衛門（文化14〜元治元・1817〜1864）の歌。薩摩谷山郷（現鹿児島市）の商家に生まれる。行商の傍ら家塾を開き薩藩士、美玉三平（生野挙兵の首領株）らと国事を論じた。安政5（1858）年、誠忠組に加盟を許される。万延元（1860）年、井伊暗殺を企て単身上京、文久元（1861）年にも再入京し諸太夫、田中河内之介を介して尊攘派公卿の中山忠愛に献策するなど草莽の勤皇志士であった。文久2（1862）年、河内之介と挙兵を図っているとき寺田屋事件で捕えられ、屋久島に配流され2年後、島で病死した。享年48。

歌は同年正月その3度目の上京の模様を記した『志天之日記』中の作者46歳のときの作。一首の意は幾たびかの薩摩の山越えとなるこの日を、今日を限りの死出の旅と思い定めて越える吾が着物の袖に雪の白玉が降りかかるというのである。本歌は勁直な硬質の響きを持っていて一種の出征歌であると言ってよい。歌の中心である二句目の「今日を限り」の語に籠められた決死行の思いが一首に悲壮の調べを底流させて詞・想・調、三拍子優れた男性的リリシズムの秀歌となった。三句目の「越えつれば」は越えればの意。「つれ」は完了・強意の助動詞「つ」で雪の薩摩山を力強く踏み越えて行く雄姿が強調されている。「雪のしらたま」は実景の白雪、或いはあられをかく詠んだ。「こぼるる」は白玉に応じた措辞である。「志天」は天朝守護を志す意と死出の旅の両意がある。ただ現実の結果は志に殉ずるものとして致し方ないことではあるけれど、20日間かけて単身京へ入ったものの、足を傷め河内之介の私邸「臥龍窟」で療養中に寺田屋事件で捕えられ薩摩へ送り還され、果ては島流しにされたのは柳右衛門にとって大いに不本意であったに違いない。

初句の「薩摩山」について一言する。作者は住まいのある出発地の谷山郷（薩摩半島錦江湾西部）の西北約70キロ先の阿具根（現阿具根市、天草灘に面した県北西部）から船で江戸へ向かっている。「志天之日記」ではその阿具根と谷山の中間程の串木野（現いちき串木野市、甑海峡に面す）の山を越えるときに雨から雪に変わったとある。掲上歌はこの時の雪の山越えを詠ったもので、したがって「薩摩山」は薩摩富士と呼ばれる開聞岳（指宿）でも桜島（錦江湾）でも当然ない。また地図で見る限り市来・串木野に薩摩山という固有の山名はない。或いはこの辺り現在も「いちき串木野薩摩山」と呼ばれていることから串木野の東の冠岳（516メートル）か金山鉱山（跡）辺りが「薩摩山」と呼ばれていた可能性はある。作者はこれに倣って語呂好く且つ郷国の名を負う「薩摩山」を初句に冠したのかも知れない。いずれにしても本歌の「薩摩山」は薩摩の山々の意で固有の山の名ではないと思われるゆえ、串木野附近の山々を歌枕風にかく詠んだと解したい。ほかに「病に臥しけるとき」と題し「いたづきのさらぬ限りは玉しきのみやこの春もくやしかりけり」「雲の上に容るる容れじは知らねども思ひ立つ今日うれしかりける」「隼人の薩摩の子らのつるぎ太刀抜くと見るより楯はくだくる」「薩摩潟とほきさかひにありとても御先を人にゆずるべしやは」など歌人的志士としても知られ佳歌多数ある。

四、五首目は田中河内之介（文化12〜文久2・1815〜1862）。中山大納言忠能家の諸太夫家士。但馬（兵庫）国出石の医家、小森家の次男に生まれる。天保14（1843）年、中山家に仕え、田中家を継いだ。中山家で生まれた祐宮（明治天皇）の御用係、および中山家の子息、忠光の教育係などを勤める。その間、西游し久坂玄瑞、宮部鼎三、真木和泉、平野國臣、西郷隆盛らと交わり、『安国論』を著わす。その後、文久元（1861）年、中山邸を致仕し、京都に私邸「臥龍窟」を構え、勤皇運動に邁進。寺田屋事件で首謀者として薩摩藩に捕えられ、鹿児島に船で檻送中の5月2日に、播磨灘で一子、瑳磨介（17歳）らと共に殺された。享年48。

四首目は辞世歌。一首の意は、（捕えられ）これ以上生き永らえて変わらぬ月を見るよりも死んで（護国の鬼となり）世の中を覆っている黒雲を掃おうというのである。「変わらぬ月」は暗雲に蔽われた月の意で、「月」は天朝。「うき雲」は「浮き」と「憂き」の掛詞で「憂き雲」は天朝を覆う暗雲、即ち悪政を指す。傳によれば死は船上での偶発的なものであったらしいが、死に臨んでいささかの躊躇もない従容たる辞世は草莽の志士たる純粋行動者として立派な最後であった。明治天皇の養育係、河内之介暗殺は大久保利通の指図であったとする説もあり幕末の謎の一つとされる。

五首目は祐宮の御用係を務めた当時を述懐しての作。明治天皇は嘉永5（1852）年11月3日生誕から安政3（1856）年まで御所北東の九門の一つ、石薬師御門内の中山邸で産れ育った。一首はわが骨を粉に砕く覚悟でお仕えしたのみか命さへも君（祐宮）に委ね捧げた我が身であったよというのである。「身を粉にする」や「粉骨砕身」と言う慣用句があるが、本歌の「骨を粉に」の表現は苦労を厭わず一心に養育係を務めた作者の実感から生まれた措辞であり、続く下の句の「くだきてのみか命さへ」と併せて力強い生きた歌語となった。「かってぞ」「ゆだねつる」と完了を示す語のあるところからもっと後年の最晩年の作かも知れぬ。「明治天皇ご降誕の御用を承りし時に詠める」と詞書のある40歳ごろの詠は「わがきみと吾が大臣のためなれば骨を粉にしてなに厭ふべき」。ほかに愛国百人一首に「大君の御旗の下に死してこそ人と生れし甲斐はありけれ」、「浪華臥龍窟にて」と題し「雲を起こし雨を降らすも時ありてしばしやすらふ龍の隠れ家」。また狂歌詠に「あめりかの八十の舟津となりにけり和らぐ国の甘きゆゑから」を見ると現今、わが国の北方四島はじめ尖閣（魚釣島）や竹島に対する「遺憾である」の遺憾砲（空砲）を繰り返すばかりの腰抜け同然の政府要人のロシアや中国や韓国などへの大甘の姿勢を２００年も前に見透かしたような皮肉な一首である。諧謔精神もあり己を客観視できる近代的人物であり、志士中独自の純粋行動者であった。享年49。

朝廷、幕府双方から誉められた久光は勢いを駆って上洛当初から予定していた次の行動に出た。

第16回　勅使江戸下向、将軍上洛督促

久光供奉、並びに生麦事件ほか

天つ日の照らさむかぎり八隅しし我が大君の御代はうごかじ　　島津久光

咲きてのち花しなければあはれてふことを余さぬませのしら菊　大原重徳

文久2（1862）年、朝廷は久光の献策を容れて和宮降嫁の条件とした攘夷を幕府に督促するため公卿大原重徳を勅使として江戸へ送った。久光は勅使護衛として兄、齋彬が成し得なかった藩兵を率いて江戸へ乗り込んだ。彼は勅使、大原に随従すると称して実はこの機に乗じ抱懐していた朝幕雄藩三者による次に掲げる独自の公武合体策を建言し幕府にせまった。

①朝幕協力して攘夷問題を議するため将軍の上洛

②一橋慶喜の将軍後見職と松平慶永の政治総裁就任

③雄藩諸侯（島津、毛利、山内、前田、伊達）の幕閣参加（五大老制の新設）

幕閣は、当然猛反対したが、大原重徳の約1か月に及ぶ江戸城往復の決死の交渉を展開したお蔭もあって、幕府に幕政3改革を約束させたのである。このような強引なやり方は、当否はともかく、久光の株を上げたのと反対にこれまで歯牙にもかけなかった朝廷側の言い分の殆んどを聞き入れた幕府の権威を大きく失墜させた。殊に将軍上洛は家光以来二百数十年なかったことを誓約させたのだから凄いことをやったわけだ。

その結果、将軍後見職となった一橋慶喜、政治総裁となった松平慶永は①将軍上洛を来年（文久3）年3月にすること。②参勤交代の軽減③これまで幕府の許可が必要だった朝廷の九門警備を朝廷の自主性に任せること④文久3（1863）年有力諸侯参加の朝議参与会議を開くことなどを決めた。三百諸侯中実質第2位の経済力を誇る薩摩藩とはいえ無位無官の一外様が朝命を楯に幕府に公武周旋を呑ませるなど従前なら考えられなかったことで、徳川幕藩体制の末期近しを感ぜずにいられない。幕府側は当然、久光の公武周旋や勅使供奉を心よく思うわけはなかったが、勅旨に表立って反くことも出来なかった。

掲出歌一首目は島津久光（文化14～明治20・1817～1887）。薩摩藩75万石第12代藩主、島津忠義の実父。第11代島津齋彬の異腹の弟。生母は島津成興の愛妾おゆらの方。「国父」と称され幕末島津藩の事実上の最高実力者。兄、齋彬の遺志である幕政改革を継承するかたちで率兵上京を実現させた。その前年、近衛忠房等を通じて佩剣を奉り建白し、孝明帝から御製を賜わっている。大久保利通、税所篤、海江田信義、吉井友実ら中下級武士（誠忠組）を登用した。寺田屋騒動の中心人物だった。

　歌は評釈の必要もない類型的な尊皇歌である。大意は（この天が下に）太陽が照っているかぎり天皇の御代はまったく揺るぎない、安泰であるという頌歌である。「天つ日」は天津日。「八隅しし」は君に係る枕詞。久光には『壬戌年玩古道人旅中作』あるいは『兵庫沖偶成』として「自出家郷既二旬。輴舟歴盡幾關津。此行何意人知否。欲拂扶桑國裏塵」の経綸の思いを述べた詩がある。壬戌年は文久2年の年。二旬は20日。詩は、人は率兵上京する自分の行為の真意を知っているのであろうか、と自信満々の気が窺える。玩古（頑固）道人と自ら任じた久光の矜恃溢れる一詩である。写真を見ても次男坊特有の聞かん気らしい風丰である。幕末最大の賢侯と評され異腹の兄、齋彬に対するライバル心は相当のものだったであろう。

　二首目は大原重徳（享和元～明治12・1801～1879）。公卿。廷臣。正三位右近衛権中将。徳志により叙正二位。中級公家（中納言）の家の5男に生まれる。孝明天皇の攘夷の叡慮を力強く支えた。安政元（1854）年の皇居火災後の再建造営を監督した頃から宮廷内攘夷派の中心として活躍した。安政5（1858）年、堀田正睦の日米通商条約勅許奏請に際し、関白九条尚忠の賛成論に対し若手公卿88人を動員して反対するという、今日でいう団体交渉を行って直裁案を取り下げさせるなど政略に長じた。慶応2（1866）年、尊攘派公卿22人を引き具して列参行動（デモンストレーション）を行ない宮廷内親幕派の一掃を図るなど孝明天皇補翼の情熱は衰えなかった。忠君愛国一筋の宮廷内の大久保彦左衛門という格であった。慶応3（1867）年、明治天皇践祚の年に従二位に昇進、翌明治元（1868）年の東京行幸（東京遷都）以降の明治新政府では参与、議定（同2年）、麝香間祗候《じゃこうのましこう》（同3年）など太政官高官を務め、明治6（1873）年、73歳で隠居した。維新の功労者に与えられる名誉職の麝香間祗候では天皇の話し相手などを務めた。79歳で病歿。墓所は東京谷中にある。

掲上歌について述べる前に重徳にとって一世一代と言っていい将軍上洛の約束を取り付けた勅使の際に作ったと思われる重要な漢詩があるので掲げておこう。

赤心忠與義。
臨事不避難。
一日若得幸。
終使国家安。

詩は「徒然」とだけ題した五言絶句で、江戸行きを尻込みする同僚の先後輩らを余所目に還暦を過ぎた62歳という高齢で勅使を志願したときの覚悟を述べた頗る重要な内容である。正確な作成年次は不明だが自ら孝明帝に願い出て死を賭して朝旨遵奉を柱とする幕政3改革を幕閣に承諾させた文久2（1862）年頃の作と推測。大意は（自分の）赤心は忠と義しかない。事に臨めば困難を避けない。若し幸いにわが願いを聞き入れてもらえたならば国家を安からしめ、安泰にするまで死力を尽すという意である。転句の「幸」を勅使の許しを得たならばと解釈した。事実、重徳は連日、江戸城に日参し至難と思えた将軍上洛の約束を取り付けたのである。

そこで掲上歌だが、江戸勅使の大仕事をやり遂げた年から8年後の明治3（1870）年、作者70歳を迎えたときの麝香間祇候を務めた頃の菊花に寄せた感懐歌である。一首の意は、（かく眺めたところで）咲き終わったあと花も無いので、趣きも風情も少しも残っていないような籬《まがき》の白菊であるよ、（この吾も）というのである。勿論、謙遜である。一首の中心は結句の「ませの白菊」。作者は籬の側に植えられた決して主役になることはないが己の役どころを辨えて恬淡として咲く白菊に深い親愛の情を示して、或いは己を仮託してかく詠んだ。朝廷の大功労者である自負、自信がないとこうは詠めない。老境に入って自足した気持ちを詠んだ一種の見立て歌で、古希の自讃歌というより過去の栄光や現在の立場を踏まえての余裕の嘱目詠、または己の価値観を言外に籠めた寄物陳思歌でもあろうか。「ませ（笆）垣」は、原義は「馬塞垣」で目の粗い垣、籬のこと。「ませ（笆）菊」はその傍らに植えた菊、籬菊。二句目「花しなければ」の「ば」は順接の条件句を導き、「ので」「から」と訳す。「し」は強調、整語の助詞。「あはれ」は多義あるがここでは趣き、風情の意。第四句の「ことをあまさぬ」は結句の「ませの白菊」の連体形容句として「あはれということをまったく残さない」と語釈した。「こと」は形式名詞。

◎

話を久光へ戻すと、彼は、将軍、家茂の上洛の約束という大手柄を引っ提げて意気揚々と帰路に着いた。なにしろ、朝廷から将軍上洛督促や幕政改革催促の勅諭を引き出し、幕府にそれを概ね約束させたのだから久光の得意や思うべしである。

ところが、その京へ戻る途中の8月21日、武蔵国（現神奈川県横浜）の生麦村で4人の英国人が乗馬のまま行列をやり過ごそうとして生糸商人、リチャードソンが警護の藩士（奈良原喜八郎、海江田信義）に殺傷されるという所謂、生麦事件が起きた。同事件は久光式の公武合体策を進める彼の思惑とは裏腹に攘夷派志士らからは攘夷の手本として称賛されたり、果ては結果として補償問題のもつれから薩英戦争へとつながっていったのは皮肉だったと言わねばならない。

奈良原喜八郎（天保5～大正7・1834～1918）。薩摩藩士。示現流の使い手。同じ誠忠組の有馬新七らの鎮撫使役を勤めた。戊辰戦争前後は西郷・大久保の討幕路線に距離を置いた。維新後は沖縄県の知事などを務めた。

海江田信義（天保3～明治39・1832～1906）。有村俊斎。薩摩藩士。有村3兄弟の長男。藩主、齋彬の茶道役を勤めた。リチャードソンのとどめを刺した。江戸城受け取りの大役を果たした。安政5（1858）年の密勅を僧月照に渡したのは彼である。維新後は枢密顧問官など高官に就き子爵となった。

ここで西郷隆盛について触れておけば、久光と西郷は終生、反りが合わなかった。西郷は先君齋彬（安政5・1858年急逝）を思慕する余りおゆら派の久光を敵視した。安政6（1859）年、彼は月照入水の責めを負って半囚人として奄美大島（現鹿児島県奄美市・薩摩本土から約330キロ南の島）で3年間暮した。文久2（1862）年、藩命で復帰した彼は御前会議で久光に閲し勅使供奉を名目にした卒兵出府について「順聖公（齋彬）と一様には成され難し」と面前して直言するなど久光を軽んずる態度を隠さなかった。西郷が久光の前で聞こえるような聞こえないような声で「ジゴロ」呼ばわりしたという逸話はこのときのもの。ジゴロは薩摩弁で、「地五郎」と書き田舎者の意。西郷もまだこの時点では久光に対しては「敬天愛人」という具合にはいかなかったようだ。そういう確執もあって同年3月の久光の率兵上京に際して下関まで先発を命ぜられた西郷は久光に会わず無断上阪し、これに激怒した久光は西郷を帰薩させ同年6月、徳之島（大島の南約60キロ）へ、更に手ぬるしとして沖永良部島（徳之島の南約60キロ）へ配流した。余程2人はウマが合わなかったとしか言いようがない。明治維新全体を俯瞰して言えば寺田屋事件を含むこれら一連の出来事は、西郷不在はむしろ良かったのかも知れないが。元治元（1864）年正月、流された西郷を大久保利通らの嘆願で再び呼び戻すことを許すことになったとき、久光は手にしていた銀煙管を口惜しさのあまりきりきりと噛み、歯の跡が残ったという。彼はそのとき「左右皆賢というか、愚昧の久光、独りこれを遮るは公論に非ず」と西郷赦免を許したのであるから久光けっして愚昧どころではなかったと言わねばならない。

「朝蒙恩遇夕焚坑。人生浮沈似晦明。縦不回光葵向日。若無開運意推誠。洛陽知己皆為鬼。南嶼俘囚独竊生。生死何疑天賦与。願停魂魄護皇城」の「獄中偶感詩」に見るように西郷が一大発心して「敬天愛人」や「人を相手にせず、天を相手にすべし」の天命思想に活眼したのは徳之島・沖永良部島での獄中での自己錬磨以後であったとする説が一般的である。

第17回　朝議一変―公武合体から破約攘夷へ―

朝廷内攘夷派若手公卿の台頭（並びに尊攘志士等による天誅の嵐）

梓弓もとすゐたがふ世の中を神代の道にひきかへしてむ　　三条實美

勅なれば髪はきりもし剃りもせむきよき心は神ぞ知るらむ　　岩倉具視

いにしえに吹き返すべき神風を知らでやひる子なに騒ぐらむ　　姉小路公知

長州藩、尊皇攘夷へ藩論大転換

君が世のつきぬためしと梓弓はるは八島に波風もなし　　毛利慶親

君のため捨つる命は惜しからでただ思はるる國のゆくすゑ　　長井雅楽

久光が鼻高々と京へ戻って来るとこはいかにわずか2ヶ月余りで朝廷の空気は公武合体から破約攘夷へと一変していた。朝廷の態度が急変して攘夷に傾いた理由として①幕府が公武一和と言いながら孝明天皇との夷敵追い払いの約束を守るどころか逆に外国公使館建設などを許していること②久光の率兵東上が攘夷督促の為というより、自藩の幕閣参加のためであることがはっきりしてきたこと、などが挙げられるが、最大の要因は③長州藩がそれまで藩是としていた長井雅楽の公武合体を前提とした『航海遠略策』を打ち棄てて、久坂玄瑞の『廻瀾條議』に説く一藩勤皇による尊皇幕批の方針に藩論を大転換して朝廷に接近し破約攘夷を強く働きかけたことにある。

長州藩は文久2（1862）8月、久光の江戸乗り込みと入れ替わりに藩主、毛利慶親が朝廷警護を名目に兵を率いて上京した。またそれ以前に桂小五郎、久坂玄瑞らが三条實美ら急進攘夷派公卿を通じ朝廷要路へ破約攘夷を現実化させる準備を開始していた。対して、久光の率兵上洛に倒幕行動を期待した主だった尊攘志士等の久光への信頼は寺田屋騒動で一気に失われていた。全国の志士や攘夷派公卿らは久光を見限って、長州藩主、慶親に幕政批判、尊皇攘夷の拠点を求めるに至った。慶親もまた薩摩藩へのライバル心も絡まって尊攘の盟主として仰がれ、また自ら任ぜずにはいられなかった。

尊攘運動はいよいよ表舞台に登場した長州藩を主軸に進められていく。時代は寺田屋事件を境に急速に薩摩藩を離れて一藩勤皇を明確にした長州藩を反幕の旗頭に押し立てて尊皇幕批へ向かう。それに呼応するかたちで急進攘夷派の若手公卿、三条實美が朝廷政治の表舞台に登場する。實美は長州贔屓の関白、鷹司輔熙の推挽で頭角を表し、文久2（1862）年、和宮降嫁を取引材料に幕府寄りの公武一和策を進めた侍従、岩倉具視ら所謂、四奸二嬪をはじめ公武派公卿を一掃し、朝廷内を攘夷論でまとめた。同年10月、實美は太原重徳の後を受けるかたちで攘夷期限督促の勅使として姉小路公知を副使、土佐藩主山内豊徳を護衛に江戸へ下向し、将軍、家茂に翌年の上洛を誓書をもって約束させた。長州藩世子毛利元徳に扈従して桂、久坂らも国事係として勅使に供奉した。

ここで愈々、「公武合体」という大義名分を名目にした朝廷と幕府のヘゲモニー（主導権）争いが待ったなしの段階となる。朝廷は孝明天皇の「海防の勅諭」に沿った公武一如による攘夷の実行を第一に考え、幕府は合体策によって攘夷派の矛先を和らげ幕藩体制の維持を優先しようという、言葉は同じ「公武合体」でも意図するところはまったく正反対であった。このような水と油の公武一和策は朝廷と幕府の早晩、避くべからざる決定的対決を避けようとする一時的な弥縫策に過ぎない。そのような生ぬるい小手先の思想では、津波のごとき外夷の侵略から日本を守ることは出来ない。時代が世界史的スピードで、先鋭的でより突き詰めた行動を要求する。日本救国の思想の行き着く先は、因循姑息な幕府や上級武士のその場凌ぎの政略結婚策を乗り越えて、草莽の志士（純粋行動者）らの主張する天皇を頭に戴いた挙国攘夷行動でなければ治まらなかった。

京の洛中洛外では和宮降嫁以降、幕府の朝廷との約束反故の欺瞞性がはっきりしてくるにつれ幕政批判を内蔵する大獄以来の憤懣が爆発して開国派に対する天誅の嵐が吹き荒れていた。千種家家士賀川肇、九条（尚忠）家家臣島田左近、手先の目明し猿《ましら》の文吉、長野主膳の妾出子多田帯刀、国学者の塙次郎らが次々と天誅の名で殺され洛中に晒された。九条家諸太夫の宇郷玄蕃頭、越後浪人本間精一郎、儒者池内大学は土佐の岡田以蔵らに暗殺された。攘夷派の公卿、姉小路公知も犠牲になった。

岡田以蔵（天保9～慶応元・1838～1865）。土佐藩下士（足軽）。土佐勤王党。自得の剣技を武器に人斬り以蔵の異名を取る。一方、姉小路公知、勝海舟、ジョン・万次郎の護衛をした。武市瑞山に心酔し、吉田東洋暗殺の嫌疑で瑞山を探索していた同藩横目付、井上佐一郎を殺害した罪で捕わる。獄中での自白が土佐勤王党解体の端緒となったことは注目さるべきである。斬刑に処せられる。辞世に「君がため尽すこころはみずの泡消えにしのちは澄みわたる空」と伝えられる。

久光が戻ったときはそうした破約攘夷一色に塗り替わっていた真っ最中だったのである。朝廷の方針が公武合体から破約攘夷へと急旋回した直接の原因は繰り返し述べるように幕府の背信的逡巡、違約であるが、最大の要因は確固たる定見もなくなし崩しに外国の言いなりに開国する幕閣への志士等の怒りであり、危機感であり、救国の熱誠であった。その中心となったのが藩論を旗幟鮮明に「尊皇攘夷」とした長州藩であり、藩内尊攘派をリードする久坂玄瑞、高杉晋作、桂小五郎ら松陰門下の青年志士層であり、彼等に推されて立ち上った三条實美、姉小路公知ら少壮公卿であった。

掲出歌一首目は三条實美（天保8～明治24・1837～1891）。維新の元勲。宮廷内若手攘夷派の中心人物。父は大獄で幽死した右大臣三条實萬公。母は土佐山内氏。嘉永6（1853）年、18歳で昇殿を許され、大納言、中山忠能に引き立てられるなど父の志を継ぎ皇威回復に尽力。文久2（1862）

年、左近衛権中将として攘夷督促の江戸勅使。翌年の文久3（1863）年3月、家茂上洛に伴う朝議での攘夷期限の決定、大和行幸（天皇親征）策を推進する功績をあげた。しかし、同年8月18日の政変（会津・薩摩両藩による朝廷内主導権奪取）により朝議再び一変し、實美ら攘夷派七卿は都落ちし長州に逃れた。元治元（1864）年、長州功山寺に滞在していたが禁門の変に続く幕府の第一次征長後、九州大宰府に下り幽囚3年を過ごした。慶応3（1867）年、王政復古成って復位。明治元（1868）年、東征副総裁。太政大臣。明治22（1889）年、一時内閣総理大臣を兼任するなどしたが岩倉具視、大久保利通路線が既に布かれた政治の表舞台には出なかった。一時期を除き維新の大動乱期にあって公卿の怪物、岩倉具視を凌駕することは出来なかった。55歳歿。

歌は文久2、3年、公が左近衛中将に進み、若手攘夷派の中心人物として江戸勅使などで活躍する26～27歳頃の「述懐」と題した作。一首の意は今のもとすゑ違う武力政権を改めて昔のしっかりした天皇親政の神代の道に引き戻したいというのである。詠風は堂上家らしく節度を失わず、歌調は一見穏やかながら内容は本末転倒の今の世を本来の道に引き戻してみせるという皇朝恢復の堂々たる宣言歌である。そのことは結句を強い決意を示す「てむ」で結んでいることで判る。「てむ」は強意の助動詞「つ」の変化形「て」に意志を示す「む」が付いた連語で「必ず～したい」の意。本歌はこの一語を結びに据えたことによって強い覚悟の言挙げ歌になった。のちの慶応3（1867）年、31歳のときの流寓先大宰府に在って「みづから任庵と名づけて」と詞書し「おほけなく国の重荷をかづきても任《まけ》の庵にもの思ひをる」と憂国の至情を詠じた歌と同様、皇威発揚に任ぜられる第一人者は我也との自恃あっての一首であろう。後鳥羽院（治承4～延応元・1180～1239）の「奥山のおどろが下も踏み分けて道なる世ぞと人に知らせむ」（新古今集）に遥かに通じると思う。もとすゑは「本末」で、朝廷と幕府、すなわち、「君《きみ》と臣《おみ》」の上下の別を明らかにした関係を指す。「神代の道」は（朝廷の先祖の）神々が治めた本末正しい道の意。梓弓は「もとすゑ」「引き」「返す」にかかる枕詞。ほかに文久2（1862）年の「大君のまけのまにまに一すぢに仕へまつらむいのち死すまで」、元治元（1864）年の「山口にて」と題し「大君のおほみ心をそよとだにこちふく風よわれにつたへよ」、慶応の初め頃大宰府にあって「いかにして筑紫の海による浪の千重の一重も君にむくいむ」、慶応3（1867）年、「東に帰りつきて」と題し「めぐみありてわれは都にかへれどもかへりきまさぬ君ぞかなしき」など。

二首目は岩倉具視（文政8～明治16・1825～1883）。三条實美の最大のライバル。下級公家の堀河家に生まれる。若い頃から公卿らしからぬ豪胆、かつ策士的な政治手腕の持ち主で和宮降嫁、薩長両藩への倒幕密勅、王政復古のクーデター、小御所会議の発言など明治維新の重要な場面での岩倉の存在なしには語れないほど彼の存在は大きかった。明治2（1869）年、大納言。同4（1871）年、右大臣。新政府後も欧米視察正使を務め、征韓論で太政大臣として一度決まった西郷の朝鮮派遣を中止させるなど岩倉抜きに日本の歴史は語れないほど重要な人物。本人が好むと好まざるに拘らず太政大臣にまで上り詰め、公家朝廷内の下剋上を実現した。59歳で病歿。

歌は文久3（1863）年、孝明帝に和宮降嫁を勧めたとして勅勘を蒙った時の39歳の時の歌。一首は、帝の思し召し（ということ）であれば髪も切り頭も丸めようけれども我が真心は神が知っておるというのである。「勅なれば」以下上の句のずばりとした物言いはいかにも豪邁な作者らしい詠みっぷりである。歌勢から「勅なれば」は極めて反語的であり「勅だから従っている。勅でなければ従わない」という口吻がありありだ。写真を見ても少々のことには動じないギョロリと目を向いた不敵の面構えである。落飾し洛北岩倉村（京都山城）へ籠居し蟄居中の身ながら大久保一蔵（利通）ら腹心の同志を呼び入れたり、外出したり捲土重来に備えて準備おさおさ怠らなかった。ほかに大久保宅を窃に訪れて「賤が屋に身は垢づきてすめれどもなほすすけぬは心なりけり」、同じく蟄居中の「みかは水おなじ流れをせきわけて澄むと濁るとたれ定めけむ」、元治元（1864）年の「天地のそきたつ極み照らすべきこの日ノ本のもののふや誰」、明治7（1873）年、赤坂食違坂の剣難で「焼太刀の鋭《と》きつるぎ刃の霜の上を踏み渡りても逃れけるかな」など。言葉に敏感な歌人でもあった。

三条公、岩倉公ともに維新の元勲と称せられ何事にも比較される2人である。両公の掲出歌で知られるように三条公の孝明天皇への至純の忠誠心と岩倉公のそれとでは根本的な部分で格段の径庭があり逆に現実政治を動かす力は岩倉公が数段勝っていたと認めねばならない、天は二物を与えずということであろうか。

三首目は姉小路公知（天保10～文久3・1839～1863）。下級公卿の家に生まれる。安政5（1858）年の通商条約勅許裁可で関白九条尚忠が裁可に傾いたのを実力行使で阻止するなど實美とともに若手攘夷急進派として活躍した。文久3（1863）年3月公知は家茂上洛に際し、三条公と図って岩清水神社攘夷祈願行幸の儀を計画、将軍随従の幕閣に実行を迫った。その際、勝海舟（麟太郎）と幕艦に乗り大阪湾の視察を行なったが、これが攘夷派に襲われた因となったと言われる。5月の深夜、朝議からの帰途、朔平門外の猿ヶ辻で3人の刺客に襲われた。果敢に笏で闘ったが翌日死亡した。天誅の嵐が吹き荒れた犠牲者と言える。現場に残された差し料から人斬りの異名で知られた薩摩の田中新兵衛（享年23）が捕縛され、取り調べ中、新兵衛はその刀を掴んで割腹して死んだ。百年後、小説家の三島由紀夫が新兵衛に扮して迫真の切腹シーンを演じた。

歌はそのころの朝廷内急進派として活躍中の作であろう。大意は（小人は外夷来航で騒いでいるが）世の中を天皇親政の時代に吹き戻す神風とも知らずに、何を騒いでいるのか。群小どもよ、というのである。「ひる子（蛭子）」は『古事記』の国産み神話で伊邪那岐、伊邪那美の最初に生んだ子で3年経っても足が立たず海へ流され、小さな島となった。ここでは小人の意。「神風」は神の力で起こる風。蒙古来襲の際、暴風が吹いて元軍の船が尽く沈没した。当時の人はこれを神風と称した。ほかに「富士山」と題し「動きなき山のながめもかわるなり朝日ゆふ日のさすに任せて」。享年25。

四首目は毛利慶親（文政2～明治4・1819～1871）。敬親。長州毛利藩35万石第13代藩主。既成概念に囚われぬ人物眼で村田清風、周布政之助、高杉晋作らを登用し、人材育成に優れた。自ら松陰門下になるなど大度量の名君でもある。前述したように文久2（1862）年7月、これまで採用していた長井雅楽の公武合体策から松陰の開国大攘夷論を骨子とした久坂玄瑞の『廻瀾條議』を採用し、世子、支藩主を含めた大会議で藩論を尊皇攘夷に転換し、攘夷の実行を藩の方針とし、自ら兵を率いて禁裏守護に当たるなど維新の大舞台に躍り出た。文久3（1863）年の将軍家茂供奉の石清水行幸を玄瑞らの進言で献策し、5月10日の下関での外国船砲撃で攘夷実行の魁を行った。同年の八・一八政変で七卿を保護し、元治元（1864）の禁門の戦いで朝敵とされ、一時幕府の軍門に降ったが尊皇の旗は降ろさなかった。十二代将軍、家慶から頂戴した偏諱「慶」字も剥奪され「敬親」に戻った。島津齋彬、松平慶永と並ぶ幕末の賢候の一人である。大抵のことに「そうせい（良きに計らえ）」と云うので「そうせい候」と評価されることもある。狂瀾怒濤に耐えた大賢侯である。

歌は、限りなき天皇の世はためしなく春の八島（＝大八州）に波風もないと褒め称えた賀歌。一誦、春風駘蕩の感を覚えるそうせい候らしいゆったりした海容の一首。「梓弓」は張るの枕詞で「はる」は張ると春の掛詞。「八島」は八州国の略、日本国の別名。

五首目は長井雅楽（文政2〜文久3・1819〜1863）。長州藩士。名は時庸。長井家の始祖は大江広元（朝臣で源頼朝の鎌倉幕府の別当・長官）であり、毛利家の祖は広元の4男である。若年の頃から智弁第一と称され、慶親から雅楽の名をもらい抜擢され藩政の中枢となる。文久元（1861）、朝幕主従の開国攘夷論『航海遠略策』を引っ提げて長州藩主導による公武合体策を展開した。結果として朝廷説得が幕権維持の幕府を助けることになったことが裏目に出て、玄瑞ら藩内尊攘派から大奸物視され失脚し謹慎後、切腹した。

掲出歌は辞世。説明の要なし。一書に上の句「濡れ衣のかかる憂き身は数ならで」とあるけれども憾みがましくてこれはいけない。「今さらに何をかいはむ世々を経し君のめぐみを報ふ身なれば」も辞世。「臨没作」という激烈な絶命詩に「欲報君恩業未央。自羞四十五年狂。即今成仏非予意。願師天魔補國光」。結句の「願クハ天魔ヲ師トシテ國光ヲ補ハン」で分かるように従容と腹を切ったのではない。長井雅楽も時代の犠牲者の一人と言える。彼も君国の為に一身を賭して己の哲学に殉じた紛れなき純粋行動者の一人であった。享年45。

第18回　松陰思想の継承者、久坂玄瑞

藩論転換の中心人物

向股に泥かきよせて早稲刈りし民の子らさへ國し思えば　　久坂玄瑞
山ざくら花もろともに散りはてし常陸男の戀しきろかも
ほととぎす血になく声は有明の月よりほかに聞くひとぞなき
けふもまた知られぬ露のいのちもて千歳を照らす月を見るかな

長州藩主毛利慶（敬）親が玄瑞らに代表される青年志士層の熱誠によって藩是を一藩勤皇に決し、朝廷に強く働きかけたことが朝議の破約攘夷という一大事態を速やかに促進させる要因となり、文久

2（1862）年10月の長・土二藩を従えての勅使、三条實美卿の攘夷期日要請の江戸下行となったのであった。この時期に長州藩が他藩に魁がけて藩論を尊皇攘夷に旗幟鮮明にしたことは、維新史上看過すべからざる重要事で、これによって初めて幕府に対決し得る事実上の態勢、パワーが生まれ、明治維新への工程図が描かれたと言っても過言ではない。この先幾つかの試煉はあるものの、朝廷（＝権威）と長州藩（＝武力）を一本のパイプにしっかりと整め上げた者こそ松陰門下の青年志士らでありその中心となって活躍した久坂玄瑞であった。三条實美ら青年公卿は勤皇憂国の至情に燃えた彼等の熱血に動かされ応えたのである。

掲出歌四首とも久坂玄瑞（天保11〜元治元・1840〜1864）。名は通武、義助。長州（山口）萩藩士。下級の寺社組医師の家の次男に生まれる。15歳で家督25石を継ぐ。17歳のとき眼病治療を兼ねた九州遊歴で兵学者の宮部鼎三（肥後）に松陰の話を聞き、数度の書簡を通じ、翌年、門下生となり、松下村塾に学ぶ。情熱、才学抜きん出て1歳年上の高杉晋作と並び塾中の双絶とされる。同年、師に嘱望され松陰の妹、文と結婚。翌、安政5（1858）年、19歳、藩命で京都、江戸へ遊学し阿蘭陀西洋医学を学ぶとともに大原重徳、梅田雲浜らと交わり、国事を論ずる。翌年、安政6（1859）年、帰藩し藩の西洋学研究生として出仕中、師松陰が大獄に連座し、村塾生の減刑嘆願も空しく江戸送りとなり、10月27日刑死。翌、万延元（1860）年、2月門下一同師の墓碑を建てて師の「大攘夷論」の遺志を継ぐことを誓った。

ここから玄瑞の活躍が始まる。時に21歳。同年4月、藩命で出た江戸で多くの志士と交流し列強の日本への侵食間近しの危機感を益々深め救国運動の覚悟を固める。文久元（1861）年、藩内同志と一藩勤皇を目指し長井雅楽の幕府頼みの公武合体策『航海遠略策』に反対したが失敗し、一旦、逼塞。翌文久2（1862）年、師の大攘夷論を元にした『廻瀾條議』を著わし藩主父子に建言し、「遠略策」の猛反対運動を展開、遂にこれを斥け、藩論を尊皇攘夷に一本化させた。政治的手腕に優れ同年6月には真木和泉、寺沢忠三郎らと御用係として禁裏内学習院に出仕し三条實美ら公卿間に長州藩をアピールし、同年9月には公武合体であった朝議を破約攘夷へ転換させる離れ業に一役買い、同10月には攘夷督促の勅使實美卿に供奉し江戸へ向かうなど常に挙国攘夷の大局観に立って行動した。また同年12月には茶番染みているにしろ高杉晋作、井上聞多（馨）、伊藤俊輔（博文）らとともに品川御殿山の英国公使館焼き打ちに加わり攘夷の魁を実行するなど尊攘派志士のリーダーシップ保持のための実践的適応力にも長じた。

焼き打ちの一件後、藩世子毛利定弘（元徳）に帰藩を命ぜられたが、翌文久3（1863）年2月に将軍、家茂上洛の好機を捉え再上京。寺沢忠三郎らと図り朝廷内尊攘派の若手公卿の応援を得て関白、鷹司輔熙に攘夷の期限を確定すべき旨の建白書を奉呈した。建白書は天皇に達し、在京の幕府首脳へ勅諭が下され、慶喜ら首脳による徹夜の協議の末、攘夷期限が決まった（後述）。また攘夷実行の具体策として外国船砲撃を構想し、同年5月に帰藩して中山忠光卿を仰いで奇兵隊の前身「光明寺党」を下関に組織し、5月17日、米商船を砲撃し、天下に魁て攘夷を実行した。この時、蓄髪を許され藩の大組となり若くして参政（政務役）となった。6月には京に戻り真木和泉らとともに朝廷に働きかけ将軍、家茂を供奉しての大和行幸計画（その実攘夷親征）を実行寸前まで推し進めた。しかし、行幸の直前に会薩両藩による八・一八クーデタによって計画は水泡に帰し、長州藩は三条實美以下尊攘派公卿七人を擁し京から撤退。政務役に就いた玄瑞は捲土重来を期し禁裏への復権運動を展開したが、元治元（1864）年の禁門の戦いで鷹司邸で流弾に負傷し寺沢忠三郎と刺し違えて自刃した。以上のごとく玄瑞の疾風怒涛の活躍は実質4年ほどに過ぎないものの中味は年数に換算出来ぬほど比類のない価値があり、まさに幕末史上の、死してのち止む猪突猛進の役柄として右に出る者はない。完全燃焼した言行一致の純粋行動者であった。享年25。

一首目は文久2（1862）年10月、攘夷督促の勅使三条實美、並びに藩世子毛利定広に随行し江戸へ下向した玄瑞23歳のときの作。「壬戌十二月十三日」と詞書。江戸千住小塚原を訪ね師松陰ほか大獄で非命に斃れた烈士らの墓を拝して右一首を詠んだ。

一首の意は向う脛まで田んぼの泥に浸かり苗を植え稲を刈った低い身分の者でさへ国を思えば（どうして志士が国の一大事を憂えずにいられようか）というのである。一首の中心は「民の子ら」である。「民」は『万葉集』（巻6・996）海犬養岡麿の「み民われ生ける験あり」の「み民」で「天皇の民」「国の民」である。ここでは上の句の関係から「農仕事をするような低い身分のもの」の意。「向股」以下の上の句はその「民の子」を引き出すための有心の序詞である。「向股に泥かきよせて」は延喜式（延喜7年・907）祈年祭（としごいのまつり）の祝詞《のりと》で、本歌はこれを借用している。「向股」はムカモモで向う脛、「泥」はヒジと訓ず。

この歌はリアリティの優れた歌であるが、それは主に「向股に泥かきよせて」という具体的で力強い歌詞（祝詞）の力によると言っていい。玄瑞がそれをそのまま用いた理由として彼自身が実際に田仕事をした実体験が考えられる。下級身分の武士の子弟が多かった村塾では田植えの手伝いくらい皆したであろうし、伊藤俊輔（のちの総理大臣伊藤博文）の祖父は事実、農民であった。客観的な歌の形式をとっているが、「早稲刈りし民の子」は玄瑞自身であったと思う。本歌の万葉ぶりの声調は動的で力強く、歌ごころは順直に表現されて流れに澱みがない。草莽の志を持つ者が泥田に浸かって田植えをし稲を刈る姿を具象的に表現したこの一首は農作業の中に日本救国の志を詠み込んだ愛国歌であるとともに一種の仕事歌（ワークソング）と言うも可である。「早稲刈りし民の子ら」には時代の先覚者としての寓意も感じられ、明治の歌人でアララギ派の伊藤左千夫の「牛飼いがうた詠むときに世の中の歌おおいにおこる」を連想させるメッセージ性の強い訴え歌と言えよう。

二首目は同じ文久2（1862）年、江戸在府中、尊皇改幕の志を倶にし東西蜂起を企図する水戸藩士住谷寅之介らに従って常陸へ入った折りの歌。「景山公が植えし常陸長岡駅の櫻山を見て」と詞書。景山公は烈公、水戸斉昭。大意は烈公が植えた山桜の樹をこうして見ていると君国の大義のために潔く散った常陸の国のもののふらが恋しく思われるというのである。「花もろともに散り果てし」の一句に弥生3月櫻の季節に常陸男子《おのこ》ら水戸藩志士を中心とした烈士らが名も桜田で散華して逝った、（嗚呼、我もそのようにありたいものだ）という作者の憧憬と羨望の入り混じった讃嘆の思いが籠められている逸歌だ。「恋しきろ」の「ろ」は感動の助詞で整語の措辞。

三、四首目は文久元（1861）年、江戸遊学中の22歳ころの作。「辛酉江戸遊学中二十首」と題したうちの「郭公」と「観月」。玄瑞は藩命で1年半ほど江戸で英学研鑽に励んだ。その間、師松陰の遺志を忘れず、経綸を胸に秘めて幕政改革を目的として長・水・薩の3藩連携の実現に奔走した。「郭公」は、自分のそうした懸命の熱声をほととぎすの（血を吐くような）鳴き声になぞらえて、ただ有明に残る薄月のみが聞いているだけでほかにだれ一人聞く者もなく残念だ、というのである。「ほととぎす」は杜鵑、子規、不如帰と異名が多い。「有明の月」は夜明けがたに空に残っている月。同歌は「義烈回天百首」（明治7・1874年）に採られている。「観月」は、今日もまた（己の信ずる志の実現に努めながら）、一人静かに吾が身を顧みれば明日死ぬとも知れぬ露のように儚い命を持って（こうして）千古を照らす月を見ているのであるかというのである。栄枯を照破する月を仰ぎながら悠久の時の流れからみれば微小な己の区々たる努力を感傷的に詠った感慨歌である。

両歌とも「残月杜鵑」「露命千古月」の歌語歌想といい、花鳥風月流の詠風といい甚だ類型・類想的であり一見、陳腐に聞こえる。しかし、「観月」について言えば22歳の若者が死を胸に引き寄せて古今を照らす月を見て詠じた救国殉志の歌と思えば、先の大東亜戦争末期、特攻隊の若者が明日、出撃という夜の最後の月を見た心持ちと通底する実感歌と鑑賞したがいかがか。なお、この三、四首目の「郭公」「観月」の作風は古今・新古今調であるが、その1年後の「向股」「常陸男」は万葉ぶりの詠法に一変しているけれども丁度このころを境に玄瑞の思想と行動が観念論から現実的な実践論へと大きく踏み込んでゆく時期と重なっている点は興味のあるところである。

維新の志士英傑中、龍馬、西郷も含め松陰によって直接、間接に触発啓発され、回天の大業を果たした人々の中より唯ひとりを選べと言われたら、誰しも迷うだろうが愚生は、師松陰から受け継いだ救国の松明を稜々と掲げ持って疾風のように駆け抜けて逝った玄瑞を挙げたい。彼には西郷のような大きさや重みは勿論ない、龍馬のもつ幅や奥行きはない、風雲児、晋作の天才性はないが、純粋行動者にとって最も大切な信念に殉じる純粋さにおいて引けをとらないと思う。維新の原動力となった松陰の純粋精神（＝純粋行動）を継承し、完全燃焼して散って行った玄瑞のイメージはピュアで鮮烈である。文久2（1862）年正月、伏見寺田屋に赴くに際し、玄瑞が龍馬に託して土佐藩の武市瑞山（半平太）に宛てた手紙に「諸侯、頼むに足らず。これより草莽の志士糾合し、義挙の外に策なきと申し合わせ候。失敬ながら尊藩も弊藩も滅亡しても大義なれば苦しからずと存じ候」と書き送っているけれども微禄・軽輩・若さゆえの激語空論では決してない。玄瑞のこの、救国の大義のためには藩滅亡も辞さずという「廃藩」思想は師、松陰が「凛烈の操、切直人に迫る」と評した玄瑞ならではの西郷、龍馬、晋作に劣らぬ思想的到達点（大先見）であったと思う。

第19回　維新動乱第2幕―玄瑞等、攘夷期限建白書奏上―

攘夷実行―外国船砲撃から八・一八政変まで―

いくそたびくりかへしつつ我がきみのみことし読めば涙こぼるる　　久坂玄瑞

ふるさとの花さへ見ずに豊浦の新防人とわれは来にけり

世は刈りごもと乱れつつ　茜さす日もいと暗く　蝉の小河に霧立ちて
隔ての雲となりにけり（中略）是より海山浅茅原　露霧分けて芦が散る
難波の浦に焼く塩の　からき浮世はものかはと　行かむとすれば東山
峯の秋風身にしみて　朝な夕なに聞きなれし　妙法院の鐘の音も　冴へ
て今宵はあはれなり　いつしか暗き雲霧を　拂い盡して百敷の　都の月
をし　愛でたまふらん

吹く風に我が身をなさば久方の月のあたりに雲はあらせじ　　三条西季知

明けて文久３（１８６３）年正月、将軍家茂約定に従って３千の兵を率いて入京。将軍入洛は寛永11（１６３４）年、３代将軍、家光以来２２９年ぶりのことであった。徳川幕府にとっては第１０８代、後水尾天皇の寛永３（１６２６）年の２代将軍、秀忠上洛以来以後、３度目である。

後見職の一橋慶喜、政事総裁の松平慶永らも入洛したのを好機に、２月11日、久坂玄瑞、真木和泉らは死を賭して関白鷹司輔熙に攘夷期限督促の建白書を上り、関白は参内上奏し、孝明天皇は三条實美を遣わし慶喜らに攘夷期限の決定を促した。慶喜、慶永、山内容堂、松平容保ら同日夜を徹して鳩首し翌12日払暁に至り外夷拒絶の実行（＝攘夷期限）を将軍一旦帰府後の１か月後に決定する旨を決め、14日に連署で奉答。これを受け天皇から関白を通して攘夷期限確約の勅諭が降ったことは先に触れた。玄瑞らの熱願が基になって遂に朝幕一和による攘夷の方針が決定し期限が決まったのであった。

維新動乱第２幕はこの玄瑞ら尊攘志士の建白書奏上から始まったと言って過言でない。

閑話休題。この家茂入京の際、「まことなき歌作りらがつくり歌われは好まず世のつくり歌」と詠んだ江戸の住人、師岡正胤らは京都洛西等持院の足利三代将軍の木像の首を引き抜き、加茂の河原に晒すという所謂、木像梟首事件などもあった。「火中の栗を拾う」かたちで京都守護職を買って出た会津藩主、松平容保は一見、児戯に見えるこの一事を幕権軽視の看過ごしできぬ事態と見做した。会津藩支配下の市中見廻り組や新選組を警戒に当たらせた。

師岡正胤（天保元～明治32・1830～1899）。節齋。勤皇家の国学者。江戸の医家の家に生まれる。平田篤胤門。門人、三輪田綱一郎と医師、商人、農民ら同志と足利尊氏、義詮、義満の三代将軍の木像の首を抜き、京都守護職に捕えられ信州（長野）上田藩に謹慎させられた。

◎

同年3月11日、孝明天皇、攘夷祈願のため加茂行幸、再上洛の将軍家茂以下供奉。翌月4月11日、石清水八幡宮行幸で攘夷の節刀下賜（予定）の行事では流石に危険を察知して家茂は出なかった。慶喜も途中から腹痛と称して帰った。慶喜は4月20日、独断に近いかたちで攘夷期限を5月10日と奉答し、在京諸藩にも布告した。しかしこの間、幕府は外国、朝廷、諸藩になんらの働き掛けも行わず確たる方針もない板挟みの状態のまま、荏苒、時を過ごした。

そして遂に攘夷期限と定められた5月10日、長州藩は馬関海峡を通過する米商船を砲撃し、攘夷を実行した。23日に仏軍艦、26日に和蘭艦に対しても砲撃を加えた（6月には報復として米仏軍艦が下関を砲撃（第一次馬関戦争）、また翌年9月には英仏蘭米四ヵ国連合艦隊による第二次馬関戦争が起き、その2か月前の7月には薩摩と英国軍艦の間で生麦事件のもつれから鹿児島湾で薩英戦争が起こっている）。

6月に入り、勢いの赴くまま、長州藩を中心とした攘夷派は天下の人心を一挙に幕政批判から幕藩体制否定（＝天皇親政）に持って行こうと行動した。長州藩の客人となっていた久留米（筑後）の神官、真木和泉は「百敷きの軒のしのぶにすがりても露のこころを君にみせばや」の一首を添え、討幕意見を要約した『五事献策』を関白鷹司輔熙らに建白し攘夷親征のための「大和行幸」の朝議開催を冀った。

7月に入って、大和行幸（親征）可否の朝議が開かれたが、事は250年続いている朝幕の既存体制に係わる、延いては日本国の根幹に係わる重大事として、實美公ら親征推進派の尊攘派公卿とこれに反対する親征反対の中枢、中川宮朝彦親王はじめ公武派公卿との間に各諸侯を交えた縦横無尽の権謀術数が入り乱れ、月を越しても中々決しなかった。

8月13日になって、突如として大和行幸の詔が渙発された。「聖断」を得て、直ちに因州、備前、阿波、米沢ら各諸侯に行幸供奉が命ぜられ、真木和泉、玄瑞、桂小五郎、平野國臣、宮部鼎蔵らも出仕を命ぜられた。布告により各地に一斉蜂起の気運が漲り、風を望んで集まった尊攘派により京都の情勢は鼎《かなえ》の湯の煮えるがごとき爆発寸前の様相を呈した。

一方、薩摩藩は姉小路公知卿暗殺事件の嫌疑で皇居乾門の警備から外されるなど長藩との禁裏争奪争いに遅れを取って焦慮していたが、攘夷親征の詔が布告されるや、これ以上の長州藩の伸長を許さずとして幕府、朝廷へ善後策を働き掛け態勢挽回を図った。これを受けて危機感を強めていた幕府・幕閣も京都守護職の松平容保の会津藩と連絡を取った。朝廷内公武派の中川宮朝彦親王らも孝明天皇の心中を慮り、憂慮していた。三者は急遽、大和行幸阻止策を話し合い、元凶は長州にありとし、朝廷と長州藩の繋がりを無くすため禁門の警護を解くことを計画し、一挙に形勢挽回の宮廷クーデタを実行した。大和行幸の迫る5日前の8月18日未明、薩摩、会津、淀藩など約3千の兵が九門を閉ざし禁裏を固め、公武派公卿を皇居に入れ、中川宮によって實美卿以下攘夷派公卿ら21卿の参内停止。長藩の境町御門警備罷免、大和行幸中止の勅諚が告げられ、一瞬にしてクーデタは成った。境町御門を隔てて会・薩兵と対峙していた長藩兵も勅命とあれば万事休す、長薩攻防処を替えて長藩兵は退却。七卿は妙法院で西下を決意し、蕭条と降る雨の中を玄瑞、真木和泉、中岡慎太郎、宮部鼎蔵らに守られて長州三田尻に落ちた。

中川宮朝彦親王（文政7〜明治24・1824〜1891）。伏見宮邦家親王の第4子。青蓮院宮尊融（入道親王）、賀陽宮。宮は初め、尊攘派に属し幕府の条約調印に反対の立場であったが、長州藩の攘夷親征（計画）を機に会津、薩摩に擁立され八・一八政変の盟主となり、政変後直ちに實美ら尊攘派公卿の処分を上奏し、幕府側の強力な援護者となった。以後、朝廷内公武派の中心的存在として天誅組の挙兵には令旨を出して十津川郷士との離反を図ったり、禁門の戦いでは長州藩が京都周辺に兵を構えた際は先制討伐を主張し、幕府の征長勅許を後押しするなど終始親幕派の立場を取った。

関白、鷹司輔熙（文化4〜明治11・1807〜1878）。太政大臣、関白鷹司政通の子。安政5（1858）年の条約勅許問題以来、父、政通と共に親幕派の関白、九条尚忠と対立し攘夷派として行動した。文久3年正月に関白となり、攘夷期限決定、大和行幸の詔勅降下などを実現させた。八・一八政変で辞表、さらに禁門の変で邸を長州藩に門を開いたなどの嫌疑で参朝停止などの処分を受けたが、終始、攘夷派の立場を崩さなかった。

今様を含む掲出歌三首は玄瑞24歳のときの作。一首目は前述したように文久3（1863）年、命を擲つ覚悟で建白書を上がった熱禱が実って、幕府への攘夷期限確定の督促の勅諭が下され、その写しを目の当たりにしたときの感激の作である。一首の意は、幾たびも繰り返し攘夷御決意の詔を拝読すれば感激のあまり涕が止まらないというのである。しらべは謹直で流れに些かの渋滞もない詠草は説明の要のない正述心緒の真歌で、ここでは歌の良否云々よりも維新史上、歴史的に価値ある一首として味わいたい。差し出した建白書が元となって攘夷期限の奉答書が天皇へ届けられた。このとき慶喜は「これで幕府の命運は尽きた」と直感したというが、この奉答書が幕府倒壊を促進、予見させたほど決定的な意味を持っていたとするなら、掲上歌の如く玄瑞が勅諭を何度も奉読して涙したというのも宜なるかなと言うべきである。純粋行動者は毛頭、目に見える成功など望みはせぬし、もとより成否を問うものではないけれども己の信ずるところに従った行動が結果的に実現できたのであったならば本望この上ないであろう。「いくそたび」は幾度も、何度も。「そ」は「十」の意。四句目「みことし」の「みこと」は天皇の言葉、「みことのり」「おおみこと」のことで詔勅。臨時の大事には「詔」、普通の小事には「勅」を用いた。ここでは、詔である。「し」は強調。玄瑞の右歌で連想されるのは「感涙」と「断腸」の違いはあるが菅公（菅原道真）の「九月十日」の「去年今夜清涼ニ侍ス。秋思ノ詩篇独断腸。恩賜ノ御衣今此ニ在。捧持シテ毎日余香ヲ拝ス」でもあろうか。

二首目は文久3（1863）年4月、「周防国富海より故郷へ送れる」と詞書。玄瑞は5月10日の攘夷実行のため山形狂介（有朋）、入江九一ら約30人を率い世子毛利定広（元徳）に随い、故郷萩に近い豊浦郡馬関に赴いたときの作。大意は（攘夷を行うため）すぐ近くの故郷へも立ち寄らず海防の任地、豊浦へ急ぎそこの新防人となって自分は来たというのである。万葉時代の国境守備の防人歌を踏まえて玄瑞が、攘夷断行に赴くわが身を自ら新時代の防人になぞらえてかく詠った。「新防人《にひさきもり》」の語に籠められた護国攘夷の先兵となった行動と心境を高ぶらず、しずかに詠じたもの。総じて玄瑞の歌には作歌の背景に決死的場面が多いに拘わらず、その歌ぶりは穏やかでやわらかい。激しい純粋行動者であり、同時に優しさを併せ持つ玄瑞の性格がその歌口から偲ばれる。また彼の歌は文久2(1862)年、藩命による上京の際の「玉藻刈る富海の浦ゆ大船に眞楫《かじ》しじぬき都へのぼる」や「眞木の立つ荒山中のやまがつも利鎌手にぎりえみしきためな」など万葉調の詞想調が多いけれども本来の救国運動の合間に万葉集の古調や古体をよく勉強していると感心する。愚生も知己を後世に待つ気概を持って努力を怠ってはならぬとつくづく自戒させられる。「防人」は大化2(646)年白村江《はくすきのえ》の戦いの後に設けた我が国最古の徴兵制度。万葉集巻七・1265番「今年行く新さきもり(原文・新嶋守)が麻衣《ごろも》肩の紕《まよひ》は誰か取り見む」参照。

故里萩の西の光明寺に陣取った玄瑞らは5月10日の攘夷布告に違わず馬関海峡を通行中の米商船ペムプローグ号を砲撃し、日本国を代表して攘夷の火蓋を切った。玄瑞にとってこの5月の攘夷実行から8月13日の大和行幸(=攘夷親征)へ至る計画、その前段階の将軍家茂の正月の入京後の2月11日の攘夷期限確定の建白、3月、4月の賀茂、石清水行幸といったこれら一国攘夷への一本道の行動は、彼の生涯の活動の中でもっとも活発で且つ光輝ある時期であったと言うことができようか。

三首目は所謂、8月18日の政変による尊攘派公卿七卿の都落ちを詠った玄瑞の今様というか七五調の長歌(部分)である。19日夜、玄瑞は折しも降り来る雨の中この即興の曲を吟じつつ七卿を奉じて都を落ちて行ったと言われる。一説に西走の途次、兵庫で別離の宴を張った際に歌ったとあるが、その方が事実に近い。「刈菰」は乱れの枕詞で、このほか茜さす、玉きはる、浅茅原、芦が散る、百敷きの、焼く塩、と枕詞や縁語、また蝉の小川の霧、東山の秋風、妙法院の鐘声と歌枕や固有の地名、情景を配しながら、全体として思いもかけぬ都落ちによって受けたショックを文学的に表現し得ているのは、専門家の評価は別にして流石に玄瑞ならではであろう。このあと七卿は天誅組に投じた澤宣嘉卿らを除いて九州大宰府まで下るのである。七卿は實美（当時27）、三条西季知（52）、四条隆謌（36）、東久世通禧（31）、壬生基修（29）、錦小路頼徳（27）澤宣嘉（28）。

四首目は　七卿のうちの最年長者、三条西季知（文化8～明治13・1811～1880）の都落ちの作。藤原（北家）の出。三条西家は代々歌道を以て仕う。皇威回復の志厚く若手尊攘派公卿らと行動を共にした。「故ありて長門の国に下りける時、月明かりにける夜」と詞書。大意は我が身を吹く風にすることができるならば久方の月のあたり、即ち宮中に、奸雲（＝君側の奸）を寄せ付けぬものをというのである。上の句の「吹く風に我が身をなさば」は主上への遥かな思いを風に寄せて詠ったいかにも堂上派らしい巧みな表現だ。「久方の」は月に係る枕詞。「月」は禁中、天皇を指す。結句の「雲」は攘夷を阻む君側の奸をいう。實美らと九州大宰府に下り、慶応3（1867）年、赦され維新後、最初の歌道御用となる。ほかに「いはが根に取りすがりても箱根山君につかふる道はおくれじ」「あしひきの山を抜くともなにかせん人のちからは心なりけり」、58歳で「東京遷幸ありける時、御供して」と詞書した「君よ君よくみそなわせ富士の根は国のしづめの山といふなり」などがある。

何ゆえに朝議は一変し、志士等の攘夷親征計画は水泡に帰したか。尊攘派の計画とは、孝明天皇は

8月、大和に行幸、親征の軍議を開いたのち、伊勢神宮へ参拝報告する計画であった。親征の軍議とは天皇による攘夷の軍議であり、伊勢行幸とは（象徴的）東征に外ならぬ。長州藩を盟主とした尊攘派はこの大和・伊勢行幸を遂に獲ち得たかに見えた。しかしそれは玄瑞ら尊攘派の一方的な思い込みに過ぎなかった。「急いては事を仕損ずる」の譬え通り、實美、玄瑞、和泉ら尊攘派は余りに事を急ぎ過ぎた。

孝明天皇の叡慮は攘夷ではあっても討幕でも倒幕でもなかった。「武士もこころあはして秋津すの國はうごかずともにをさめむ」と島津齋彬に下賜し、「武士とこころあはしていはほをもつらぬきてまし世々のおもひで」と松平容保に賜与した歌でも分かるように帝の希望はあくまで朝廷と幕府が力を合わしての公武一和の攘夷であった。それでなければ、後世の二・二六事件の動きに似通った八・一八クーデタの合理的解釈は難しい。

真木や玄瑞ら攘夷倒幕派は外国からの脅威を払拭するには天皇を盟主とした挙国一致態勢が絶対条件であり、その前提として今の幕藩体制ではそれは不可能と結論している。その論は正しい。しかしこれに対し孝明帝はそこまで激しい結論ではなくあくまで現存の幕府と協力して攘夷を行いたい。しかし肝腎の幕府に攘夷を行う覚悟も気力も更々無かったのだ。幕臣でありながら冷静な観察をした勝海舟は「今の幕府の土台骨は腐り切っている。何かするにしても幕府に頼っていても何も出来ない」というようなことを西郷に述べている。結論的に言えば孝明天皇が幕府を頼ったのがそもそも甘かったのではあるが、それは後の話だ。

長州藩に試練のときが重なった。5月10日の馬関海峡における攘夷決行後、6月1日、5日の米仏艦との攘夷戦で上陸され砲台を占拠されるなど彼我の強大な実力差を知り、精神面はともかく無謀な井蛙的攘夷行動であったかを漸く自覚させられ、そこへ晴天の霹靂のごとき親征中止の政変が起こった。当然、幕府の厳しい報復も予想される。長州にとっては天歩艱難の秋を迎えた。維新の行方はここに至って、曙光出でんとして未だ出でず、まさに混沌として風雲急を告げる様相を帯びて来た。全国尊攘志士にとっても同じ事が云えた。天皇親征の旗の下に、一斉に討幕蜂起を図っていた各地の尊攘軍は肝腎の大義名分を失ってしまった。しかし、騎虎の勢い、天誅組が大和で、平野國臣らが生野で、水戸天狗党が常陸で旗揚げし、各地で蜂起した。

京都朝廷では新幕閣（一橋慶喜、松平慶永、山内容堂、島津久光、松平容保）らによる公武合体による幕政の立て直しの参与会議が開かれ、京洛の巷では会津藩による治安維持が強化され、市中見廻り組や同藩支配新選組が尊攘派志士らと鎬を削っていた。

補記の8　勝海舟

勝海舟（文政6〜明治32・1823〜1899）。幕臣。麟太郎。安房守。無役の御家人（41石）勝小吉の長男として江戸に生まれる。勝家の前身は越後（新潟）の按摩。剣を島田虎之助（見山）に学び、禅も修めた。高価な蘭辞書を購えずに蘭書を所持する旗本（与力）の家に毎晩筆写に通い、2冊同時に筆写し1冊を勉学の資にするなど刻苦し蘭学塾を開き蘭学者として名を知られた。嘉永6（1853）

年、31歳のとき黒船騒ぎで幕府（老中阿部正弘）が広く江湖に意見を求めた際、「自前の海軍力を持て」という意見書が認められ出世の緒を掴み、安政2（1855）年に異国応接係翻訳御用に取り立てられ頭角を顕わした。幕閣を説き長崎に養成学校海軍伝習所を造り、万延元（1860）年咸臨丸艦長として遣米使節団の護衛としてアメリカへ行き、文久2（1862）年に軍艦奉行となり日本海軍の基礎を築いた。開国強兵策を主張する勝を暗殺に来た坂本龍馬ら攘夷派に世界の大勢を説き目を開かせた。慶応3（1867）年、幕府を代表して新政府総督西郷隆盛と談判し江戸城無血開城の大仕事を成し遂げた。維新後も枢要な地位を占め、福沢諭吉が『瘦我慢の説』で批判した際「批評は人の自由、行蔵吾れに存す」と一蹴した。新政府、旧幕府双方から憎まれたり蔭口を叩かれたが独往独邁「我れ関せず焉」で己の信ずるところを最後まで貫き通した。一個の英雄であり、現実直視型の行動者であった。漢詩も沢山作った。明治30（1897）年、亡くなる2年前に戊年の発句「男らしく大喧嘩せよいぬの春」と海舟らしい一句を詠んでいる。明治25（1892）年頃、西郷隆盛を偲んで「ソレ達人ハ大観ス、抜山蓋世ノ勇アルモ　栄枯ハ夢カ幻カ」に始まる54行からなる「薩摩琵琶」歌の『城山』も作っている。

第20回　天誅組（一）　挙兵

皇軍御先鋒

思ひきや山田のかかし竹の弓なすこともなく朽ち果てむとは　　中山忠光

維新史の中でも天誅組くらいその誕生から終焉に至るまで徹底的に悲劇的で、空回りに見えた存在も無いと言っていい。天誅組の歴史は全編これ裏切られの歴史であり、齟齬の連続であり、不運の重なりであった。殊にその最後は哀れである。その悲劇性はその誕生にあった。天誅組の挙兵は文久3（1863）年8月13日、大和行幸の詔が下された日に発する。わずかその5日後に8月18日の政変によって親征計画は脆くも潰える。以後、転戦、退却、離反、脱落を繰り返し孤立無援のまま吉野山中を40日間に渡って彷徨ったあげく、ほぼ全員死んで行くのである。天誅組挙兵は志士らの熱血とはほど遠い八・一八に見る権力志向の濃厚な政争の犠牲であり、明治維新の暗黒面の象徴的出来事であったと言ってよい。

天誅組の事績を述べ、勇壮な尊攘歌を冒頭に掲げようと苦心したが、その悲劇性と役割を思うとそれが出来なかった。落胆、悲痛、口惜しさとその中に潜む不撓不屈の自恃―それらを思うとき無念の思いの籠められた忠光卿の歌を筆頭に掲げた所以である。

中山忠光（弘化2～元治元・1845～1864）。父は尊攘派公卿の中山忠能。忠光卿は公卿中もっとも尖鋭な尊皇攘夷者であり、若くして父の下に出入りした尊攘志士の玄瑞、武市瑞山、吉村寅太郎らと交わる。文久3（1863）5月の攘夷実行の外国船砲撃に光明寺党の党首として参加。同年8月、吉村寅太郎の招聘に応じ大和行幸の攘夷先鋒隊「天誅組」主将となる。同月18日の政変後は賊軍として追討される。9月24日、吉野鷲家口の戦いで虎口を脱し長州に逃れる。翌元治元（1864）年、禁門の変後の幕府の長州征伐の際、長藩の親幕帰順派（守旧派）に暗殺される。享年20。

歌は文久3（1863）年8月13日、天皇親征の吉野行幸の詔が発せられ、皇軍先鋒として出発した13日から八・一八政変によって急転直下、偽官軍、朝敵として追討されることになったわずか2、3週間の間に詠まれたときの作。大意は、思いもしなかった、まさか田の案山子やその持つ竹の弓と同じように何の為す事もなくこのようなところで朽ち果てることになろうとはというのである。「思いきや」以下一首全体に予想もしなかった事態になったことに対する驚愕、失意、無念さが溢れている。「山田のかかし竹の弓」は何の役にも立たぬものの譬え。南北朝時代の後醍醐天皇の皇子で征東将軍となって戦った宗良親王（応長元～弘和元・1311～1381）の「思ひきや手も触れざりし梓弓おきふし我が身馴れむものとは」の悲歌を踏まえての作か。ほかに「えみしらと共に東夷を討たずしていかでみ国の穢れすすがむ」「君がため赤き心をあらはして紅葉と散れやますらをのとも」。「東夷」は徳川幕府を指す。

天誅組の挙兵は五条代官襲撃の後に知らされ、退くに退けないまま突っ走ったというのが定説のようになっているけれどそうとばかりはいえない。総裁の一人の吉村寅太郎が常々人に語っている「干戈を以て動かずば、天下一新を致さず。ただ干戈の手始めは諸侯方は決し難し。基を開くは（我等）浪士なり」を挙げて、覚悟の上の行動であったと断じている論者も尠なくない。愚生もその一人だ。吉村は①前以て武器の準備をしていたこと②河内で人足等の調達をしていたこと③他の尊攘派に相談しなかったことなどから8月13日に吉野行幸の詔が発せられるや、不退転の覚悟で挙兵したことは間違いない。平野國臣が三条實美の命を受けて挙兵中止を進言した際に、断然、これを断っている。つまり、天誅組の行動は犠牲戦争、負け戦を承知の上で引き受けた維新の魁となる純粋行動なのであって、騎虎の勢い論だけで済ますべきでない。実際に組織的に倒幕の兵を挙げたのはこの天誅組が最初であったことは記憶に留めて置かねばならない。

以下、三総裁の歌を序章に天誅組の挙兵から終焉までの足跡を挙兵に参加した伴林光平の『南山踏雲録』（昭和19年　湯川弘文館発行）を参考にしながら筆を進めよう。半田門吉の『大和日記』も若干参考にした。『南山踏雲録』は光平が9月24日、奈良奉行のもとに捕えられて獄中で9月27日より10月11日までの間に天誅組に参じた8月17日以降のことを和歌90首とともに日録体で記した記録。

◎

追い風に月のいざよふ間もまたず　　忠光卿

はや乗り抜けよ木津川の口　　松本奎堂

ほととぎす帰れかへれと鳴く聲ははるかに北の雲井なりけり　　吉村寅太郎

天地をつらぬきとめし御剣のいつかなびかぬ草とてはなし　　藤本鐵石

8月13日、攘夷親征の詔が発せられる。忠光卿を主将に戴く土佐の吉村寅太郎、三河の松本奎道ら一行39人は翌14日、吉野行幸の詔が出ると見越し皇軍御先鋒として天皇をお迎えしようと集合地の京都方広寺（東山区）道場を出発。吉村の用意した甲冑、兵器とともに船で伏見から淀川を下り、翌15日早暁に大阪港土佐堀に出て、再び船で海路泉州堺港（大阪）に夜上陸した。16日に北河内（大阪富田林）狭山の水郡善之祐屋敷に集合。ここで善之祐率いる河内勢17人、藤本鐵石、伴林光平ら13人も合流。翌17日、楠公ゆかりの観心寺（大阪河内）で後村上天皇陵と楠公の首塚で戦勝祈願し、菊の御旗を翻し陣太鼓を打って進発し国境を越えて大和（奈良）五条の町を眼下に見下ろす千早峠に到着した。

一首目上の句は忠光卿（既述）。下の句は松本奎堂（天保2～文久3・1831～1863）三総裁の一人。三河（愛知県）刈谷藩士の家の次男に生まれ、松本家に養子に入る。19歳頃、槍の稽古で左目を失明。

詩文の才に優れ江戸昌平黌に学び塾舎頭を務めた後、帰藩し教授兼侍読となったが直情径行で重役を面詰し謹慎。文久2（1862）年上阪して尊皇を説く私塾、雙松岡学舎を開いたり、蠟燭売りに姿を変え十津川、賀名生辺りを探訪したりした。その間吉村、藤本鉄石らと親交し天誅組に参加、軍師を務め、趣意書、軍令状などを書いた。8月26日の高取城攻略で残る右目を傷つけ、のち自刃した。享年33。

歌は15日夜、難波摂津（大阪）境港への途次の船中詠草。太刀を佩き引き眉、お歯黒の忠光卿は用意の軍令書を読み上げ、髪を切り、死を誓い合ったあと、船中で一同悲壮なる小宴を張った。そのとき頭上の満月を見て卿が「追い風に月のいざよふ間もまたず」と上の句を詠み出せば奎堂が「はや乗り抜けよ木津川の口」と下の句を和したという。一首の意は追い風に乗って頭上の月（＝朝廷）のためらい、いざようのも待たずにこの木津川口を堺港めざし早く乗り切ってしまおうというのである。歌調には皇軍御先鋒の高揚感がある。上の句の「間もまたず」を受けて下の句の「はや」以下満月に照らされた川面を滑るように走る舟のスピード感が2人詠と思えぬ一直線の流れのいい歌である。「追い風」は大和行幸など攘夷皇軍の勢いを指す。若い血気壮んな忠光卿には聖断さえも遅いと感じられたのである。「月のいざよう」は朝廷のためらい、逡巡の意。「十六夜《いざよい》月」は十五夜より少し遅れて出る月。「木津川」の口は和泉（大阪市）の木津川河口のこと。

二首目は吉村寅太郎（天保8〜文久3・1837〜1863）。名は重郷。年齢は3総裁中最も若いが天誅組の実質上の組織者であり、生みの親である。土佐（高知県）高岡の代々庄屋（農家）の家の長子に生まれ、12歳で跡を継ぐ。長じて農事指導が認められ藩の農政下役となるが、武市瑞山（半平太）の土佐勤王党に加盟し、国事に挺身する。文久2（1862）年、伏見寺田屋事件に連座し9カ月の土佐での獄屋生活を送った後、文久3（1863）年、土佐浪士18人を率い中山忠光卿を擁して天誅組を興す。高取城攻略戦で銃創を負い、莚駕籠に乗って指揮したが、鷲家口の決戦で追討軍の一斉射撃を受けて戦死した。享年27。

挙兵の時の作は見つからなかった。歌は文久2（1862）年、26歳の作。この歳、寺田屋事件に連座しで国元（土佐）へ船で送られた時の詠と思われる。一首の意はほととぎす（杜鵑）の「帰れ、帰れ」と鳴く聲は自分には（南の故郷の土佐のほうからでなく）北の雲井（＝禁裏）のほうから聞こえて来るというのである。同一主題を詠じた彼の漢詩「舟由良港ニ至ル」の「回首蒼茫浪速城。篷窓又聴杜鵑声。丹心一片人知否。不夢家郷夢帝郷」では「ほととぎす」を「杜鵑ノ声」、「北の雲井」を「帝郷《こうべ》」と言っているが、理屈を言えば土佐へ護送中の詠だとすると禁中も浪速城（大阪城）も同様に首を回らす北の方角にある。「雲井」は宮中を指す。一首は「由良港」の漢詩に及ばないので後世の作かも知れない。このときの往路の作は「壬戌夏廿三朝淀川を遡りて」と題し「藤の花いまをさかりに咲きつれど船いそがして見返りもせず」。いずれにしても作者は一年後に念願通り「皇軍御先鋒」として再び淀川を遡って戻って来たのであった。

三首目は藤本鐵石（文化13～文久3・1816～1863）。元備前（岡山）津山藩士。下級役人の家の末子に生れる。17歳で叔父、藤本家を継ぐ。長沼流軍学、剣は一刀新流を極めた。天保11（1840）年、

24歳のとき脱藩し、天稟の画才を頼りに絵筆一本を持って諸国を遊歴。絵師として名を成したあと、京都に学問と武芸の私塾を開き、清河八郎を通して尊攘派志士らと交わる。天保14（1843）年から京を出て諸国を遊歴し嘉永4（1851）年再び京に戻り私塾を開く。その間梁川星巌や真木和泉らと親交し攘夷倒幕思想を抱くに至った。天誅組には本隊と河内勢が合流したところに駆け付けて副総裁として参加した。9月25日、最後の決戦で一度は逃れたものの潔しとせず再び戻って斬り込みをかけ壮絶な戦死を遂げた。享年48。

歌は草薙の剣（天叢雲剣）を詠んだもの。「御剣」「鏡」「勾玉」の三種の神器の題詠のうちの「御剣」。一首の意は天地の（神々の）固め造った大倭島根、すなわち日本国を貫通している神剣、草薙の剣になびかぬ草（＝国民・くにたみ）はない、いつか自然にみな従うというのである。詞・想は謹厳で調べは朗々と太く、中五に「御剣」を置いた結構で全体に安定感上々の寄添《よそ》え歌（国祝ぎ歌）である。「天《あめ》地《つち》」は天と地、或いは天と地の神々の義だがここでは「日本国」の意。万葉集の「いざ子どもたわはざなせそ天地の固めし国ぞ大倭島根は」（巻20の4487番　内相藤原朝臣）などが作歌の基本にある。結句の「草」は民草であり草薙の剣の縁語ともなっている。「御剣」はミツルギと訓じ、元の名は天叢雲剣であり、天上の神、素戔嗚尊《スサノオノミコト》が退治した八岐大蛇の尾から得た宝剣である。

その神剣は神器として、素戔嗚尊の子孫の天皇家に受け継がれ第12代景行天皇の皇子、倭建命《ヤマトタケルノミコト》によって草薙の剣と名を改められた（古事記）。同物語は皇室の祖先である神（天）と子孫である天皇（人）が神剣によってしっかりと繋がっているという皇室の祖先神話である。鐵石の一首は右の如く神剣の由来と神器たる所以を踏まえた作であるが、技法的に見ると「つらぬき」と「御剣」を繋ぐ「とめし」が秀逸な表現で、この一語によって皇室の祖先が神であるという神話的な内容を直観的、且つ具象的に表現して見事というほかない。作者は国学に造詣深く歌にも万葉ぶりの高い調べの歌が多く天誅組中はもとより維新志士中でも群を抜いている。ほかに「御鏡」と題し「高く見るみかげ留めし神かがみ血すぢ大路いやさやかなり」、「御勾玉」は「涯りなき國みすまるの八尺瓊のもゆらもゆらにゆらぐ玉の緒」。

第21回　天誅組（二）　戦いの事ども―五條御政府から解陣・山中彷徨まで―

切りおとす芋頭さへあはれなり寒き葉月のすゑの山畑　　伴林光平

五條代官所襲撃

一行（以下天誅組）は17日夕刻、天領地大和五條（奈良県五條市）の代官所を襲撃し焼き払い代官鈴木源内以下5人の首を刎ね、首級を村はずれの須恵という土手に晒した。翌18日、櫻井寺（五條）を「五條御政府」本陣とし主将、総裁、監察、奉行など総勢53人の役割を決め、松本奎堂の手になる「軍令書」を発表し、同時に高札を掲げ近隣の百姓に年貢米半減を約束したり、那須信吾を使者として高取藩（2万5千石）へ恭順を促がすなど大和の小藩の小名、武士に義挙会盟を呼び掛け恭順を促した。

天誅組の華々しい活躍は、しかしここまでであった。京では尊攘派公卿や長州藩が皇居から締め出される八・一八政変が起こった。

掲出歌は伴林光平（文化10～元治元・1813～1864）。歌人、国学者。勤皇家。河内（大阪藤井寺）

真言宗の寺の次男に生まれる。天保元（1830）年18歳で住職となる。26歳のとき国学への思い止み難く、和歌、国典を学び名を伴林六郎光平と改め、さらに加納諸平、伴信友について古学研究に励む。文久元（1861）49歳のとき勤皇の素志を遂ぐべく「年を経し古屋の軒の蜘蛛の巣も掃い棄つべき時は来にけり」の一首を寺門に貼って僧籍を離れた。文久3（1863）8月16日、挙兵を聞き大阪より夜を徹して駆け付け天誅組に加わる。記録方を受け持ち、彼が残した和歌を詠み込んだ軍記『南山踏雲録』は幕末戦記記録文学の傑作とされる。転戦し、捕えられ、京六角獄舎で斬られた。享年52。

歌は、8月17日、五條代官所を襲撃した折りのもの。一首の意は斬った芋頭（＝首級）も哀れに見える、膚うそ寒き8月の末のころの山畑というのである。歌人らしく五條代官ら5人の首を芋頭に譬え、一抹の不憫さを「哀れなり」と表現した。四句目の「寒き」の語によって季節感と晒した首の実景が一体となって伝わっている。「すゑ」は葉月の末と地名の須惠の掛詞である。「葉月」は陰暦の8月、歳時記では冷気をときに感じる仲秋に当たり、陽暦では9月。

鳥が鳴くあづまのひなに生ひし身も花の都に恋ひわたるなり　　安積五郎

翌19日、京の三条實美卿の命を受けた平野國臣、安積五郎が本陣へ来て義挙の中止を説いた。天誅組一同愕然として色を失ったが、吉村ら幹部はすでに、報せに駆け付けた古東領左衛門より京の政変を凡そ知っていたという。天誅組の悲運はこのときに定まった。平野は天誅組に続く挙兵を約束し急ぎ生野へ向かったが、安積はそのまま留まり天誅組に加わり、旗奉行として活躍し、9月25日の鷲家口の戦いで丹波津藩兵に捕えられ、六角獄舎で処刑された。享年37。

歌は安積五郎（文政11〜元治元・1828〜1864）。江戸の商家（易者）の家に生まれる。売卜を家業とし名声があった。楠木正成を尊敬する勤皇家であり千葉周作道場で清河八郎と知りあい義兄弟の縁を結び行動を倶にし国事に奔走した。

一首は吉野の陣中で忠光卿より陣羽織を拝領したときの作。大意は東《あづま》の田舎に生れた身（江戸生まれを卑下して）であっても（天皇の在わします）京の都を恋しく思うてやってきましたというのである。一種の御礼歌である。

古東領左衛門（文政2〜元治元・1819〜1864）。淡路島（兵庫）の庄屋の家に生まれ23歳で家督を継ぐ。天誅組のパトロン。松本奎堂、藤本鐵石と親しかった。家財を売り尽くして挙兵に参加。京の六角獄舎で処刑された。辞世は「君が為思いしことも水の上の泡ときへゆく淡路島びと」。享年46。

天辻峠・賀名生

ますらをの世を歎きつる雄たけびにたぐふか今も峰のこがらし　　伴林光平

十津川勢参加

あだし野につゆと消えゆくもののふの都にのこすやまとだましひ　深瀬繁理

翌20日、天誅組は一日、本陣を櫻井寺（五條須恵）から南へ江出（西吉野村）、大日川（同）、賀名生（同）、鳩首峠、永谷を経て5里ほど先の天の川辻峠（大塔村）に移した。翌21日、吉村ら幹部は十津川郷士の元締、野崎主計、深瀬繁理、沖垣斉宮らを説いて1200人の募兵に成功した。このとき出兵に反対する郷士2人を見せしめに斬った。人足、兵、兵糧、武器を調達したり木製の大砲を作るなど戦闘準備を整えた。一行は態勢を整えて再び五條へ引き返した。

天の川辻（天辻）。五條の南に位置し、紀ノ川（紀州）と十津川の分水嶺となる標高790メートルの峠で、東へ天川村、西は高野山（紀州）へ繋がるまさに十津川道の要衝、天の辻（＝十字路）である。

一首目は光平の作で、五條櫻井寺から天の川辻に陣を移す途次、賀名生で詠んだ歌。賀名生は正平2～元中9（1347～1392）年の約46年間、途中の移動はあったが南朝の行宮（皇居）の地である。延元元年（1336）年、楠木正成が湊川に戦死し、正平3（1348）年に一子、正行が四條畷で討ち死にして吉野は陥ち、後村上帝は行在所を吉野から賀名生に移した。一首の意は雄々しき男子《をのこ》らが世の有様を憂いて挙げた雄叫びを髣髴させるかのような（その当時も吹き渡ったであろう）峰の木枯しが今もこうこうと鳴り響いているというのである。「雄たけび」は延元・正平（1336～1346）の新田義貞、正成父子ら吉野朝の益荒男らの雄叫びであるとともに光平ら親征先鋒軍の鬨の声でもある。作者光平には心内に絶えず聞こえていたであろうこの雄叫びや吶喊の声を賀名生山中の峰々に吹き渡る木枯しの音に重ね合わせて大いなる感慨を催して一首を詠んだに違いない。第四句目の「たぐふか今も」が一首の眼目で素晴しく、本歌はこの一句によって彼我二つの益荒男魂が五百年の時を超えて一つに融合し、憂国慨世の名吟となったといってよい。愚生愛誦の一首である。「世を嘆きつる」は世の有様を憂いての意。「つる」は完了・強意の助動詞「つ」の変化形。「雄たけび（雄叫び）」は雄々しい叫び声、挙兵の声挙げ。「たぐふ（類ふ）」は「類する、並ぶ、同類」の意でここでは吉野朝忠臣らの雄叫び・自分どもの鬨の声・峰の木枯しの3つを指す。「こがらし」は実景ではなく瀟殺と峰を吹く秋の寒風と解したい。二句目で「世を憂い」でなく「世を歎き」としたのは『野山のなげき』の作者らしい文人的措辞である。「賀名生《あのふ》」は、もと「穴生」であったが南北朝統一を願い叶名生とし、のち賀名生となった。

南朝（吉野朝）。元弘元（1331）年の挙兵から建武元（1334）年の天皇親政を経て、延元元（1336）年、後醍醐帝が神器を奉じて吉野（奈良県）へ皇居を移されてより後村上・長慶・後亀山天皇の元中9（1392）年の両統合一までの61年間を北朝（京）に対してかく言った。この間、南朝方の中心として活躍した皇子に後醍醐帝の皇子で征東大将軍の宗良親王・懐良親王、朝臣に北畠親房・顕家・顕信卿父子、武将に楠木正成・正行・正時・正儀父子、新田義貞・義興父子、菊池武時・武光・武朝父子がいる。準勅撰和歌集「新葉集」の編纂者で歌人でもあった宗良親王の「君がため世のため何か惜しからむ捨てて甲斐ある命なりせば」をはじめ同集には『神皇正統記』の作者、北畠親房の「片糸の乱れたる世を手にかけて苦しきものはわが身なりけり」、肥後（熊本）の豪族で菊池一族12代当主、菊池武時の「もののふの上矢の鏑矢ひとすぢにおもふ心は神ぞ知るらむ」、楠木正成の一子正行のよく知られた辞世「かへらじと」などの悲歌多数がある。

二首目は深瀬繁理（文政9〜文久3・1826〜1863）。十津川（吉野郡）郷士の家の次男に生まれる。有力者の一人。若くから郷里（重里）を出て遊歴し、梅田雲浜に学ぶ。公武合体派公卿中川宮朝彦親王に十津川由緒復古の儀を願うなどした。天誅組に参加し、白川村で藤堂藩兵に捕えられ、在牢後、白川河原で斬られた。享年38。

歌は「牢中作」と詞書。辞世であろう。大意は墓所の野の露のように儚く死んで行くわが身であるが（勤皇報国の）もののふなれば（天子の在わします）京の都にしっかり残し置かんわが大和魂をというのである。「あだし野」は京都嵯峨の奥にあった墓地の名で空しい、儚い意の仇し野、徒し野などと書き、墓所の代名詞に使われた。

沖垣斎宮（天保13〜明治5・1842〜1872）。十津川風屋の郷士。素封家の家に生まれる。文久初頭から京を往来し尊攘派と交わり、挙兵では郷民を従え隊長として戦った。十津川郷士離反後は僻地に潜み、維新前後は再び郷士を率いて紀州藩幕軍と戦った。酒を好み、酔うと舌鋒鋭く「釘抜斎宮」の異名を取った。

一方、八・一八政変の京の幕府側最高責任者、松平容保（京都守護職・会津28万石藩主）は高取藩（奈良高市）、大和郡山藩（奈良）、彦根藩（滋賀）、津藤堂藩（三重）、紀州藩（和歌山）ほか近隣各藩兵1万（実質5千人）に天誅組追討を命じた。高取藩は天誅組への恭順の態度から一転、対抗へと転じた。天誅組は高取城の攻略を決めた。

高取城攻撃

曇りなき月を見るにも思ふかな明日は屍の上に照るやと　　吉村寅太郎

25日早暁、千人態勢の天誅組は本支２隊に別れて五條北方の高取城へ進軍。26日、総攻撃を開始したがにわか仕立ての本隊農兵が空砲の大砲の音に驚き算を乱して逃げ出すなど敗退した。吉村はこの緒戦の負けっぷりに怒り、士気を鼓舞するため24人の決死隊で夜襲を掛け高取城下へ迫ったが遭遇戦となり、味方の銃弾を下腹部に受け最後まで悩ませられる重傷を負った。高取城攻略は失敗に終わった。同城は五條の北東、約12キロ（３里）にある高取山（５８４メートル）上に築かれた山城で高取藩の居城。同藩の大砲は関ヶ原の戦い（１６００年）で使用したものであった。

掲上歌は吉村寅太郎。一首の意は雲一つとてない天上の月を見るたびに思う、この月は（自分は今こうして生きているけれども）明日は屍となって横たわっているわが身を照らす月であろうなというのである。歌調は淡々と冷静で感慨歌というより一種の自己観照歌のような、或いは「題詠」歌のような印象で熱血漢の寅太郎らしくない一首である。弱気な諦めの歌ではないし、と言って強気の歌でもない、ちょっと分からない感じの歌である。「曇りなき月」は「仏教用語」でもあり作者の心の理想の在り様を具象化した象徴的表現となっている。

同歌の作歌月日について、歌人川田順（1882～1966）はじめ大方は高取城攻め失敗から20日余り経った9月13日の満月ごろの作としているけれども13日から16日の3日間は長殿の山越え、十津川陣中での解陣、退去勧告といった十津川勢離反の慌しい最中である。加えて歌の内容は8月26日の高取城戦で下腹部（或いは太腿）を撃ち抜かれて重傷で唸っている人の作とは思えないほど落ち着いている。後世作説もあるくらいである。とすれば天の川辻陣中の8月20日～23日頃、或いは忠光卿らと船上で結束を誓い合った8月15日前後の作と推定することも可能ではないか。8月20日前後の作とすれば前日19日は平野や或いは別ルートから京都の政変を知らされて陣中に少なからぬ動揺が起こった頃である。既に変報を知っていたと見られる吉村が都の変事や目前の高取城攻略を前にして頭上の弓張月（下弦の月）に明日知れぬ武人の感懐を観じての作としてもおかしくない。或いはまた8月15日の満月の船上での作とすれば（披露しなかったにせよ）庄屋出身の作者が武人の心得（＝辞世）としての一首を密かに用意していたのではないかと愚考するがどうであろうか。

陣中詠（吉野銀峰山）

身を棄てて千代を祈らぬますらをもさすがに菊は折り翳しつつ　光平

9月1日、朝廷から追討督励の触書を得た追討総督、松平容保は諸藩に討伐を督励した。追討軍は次第に数を増したものの各藩とも動きは鈍く積極的でなかった。

これに対し天誅組は高取城攻略失敗後の8月27日から30日にかけて天の川辻（大塔）、黒瀧村（吉野）、銀峰山（西吉野）と本陣を移しながら9月9日頃までの半月余り十津川路周辺の恋野、富貴、大日川、樺ノ木、あるいは下市（吉野郡）に出没し夜襲、奇襲の果敢なゲリラ戦を仕掛けて追討軍を悩ませた。『踏雲録』によると30日、那須信吾ら紀州藩陣地へ夜襲を掛ける。9月1日、富貴の里で高野山の僧兵を、恋野で紀州藩兵を追い払う。7日、大日川の戦いで津藤堂藩兵を退ける。9日、銀峰山の本陣に寄せた彦根藩兵と闘うなど小戦闘を繰り返し一進一退の戦いを展開した。

歌は9月9日、吉野銀峰山の陣中近く矢、鉄砲を撃ちかけて来た彦根藩兵を追い返したときの光平の作。そのとき光平は野菊一輪を鎧の袖に折り翳して長鉾をふるい奮戦した。同日は重陽の節句で作者生誕の日でもある。一首の意は（大義のために）一命を擲つ覚悟で（大君の）千代を祈る我ではあるが（さすがに今日は重陽の日）戦いの合間に菊一茎を折り挿して戦さに臨んだというのである。身を棄てて尊皇に邁進する光平の益荒男ぶりと敷島の道を究めるみやび男ぶりの合一がここにはある。南山に「東籬の菊」を採る隠士ではなく野菊一片を鎧の袖に挿して敵と戦う、これぞ花（＝歌）剣一如の尊皇歌である。光平このとき50歳、文弱のわれ等懦夫の襟を糺さしめる勇姿がある。銀峰山（614メートル）は吉野三山の一つで丹生川谷の白銀山のこと。五條、下市、大日川の三角地帯の中央にある十津川街道東約7キロの要衝の地である。

ますらをが思ひこめにし一すぢは七代かゆともなに撓むべき　渋谷伊與作

歌は渋谷伊與作（天保13～元治元・1842～1864）。常陸（茨城）下館藩士。江戸藩邸の下級玄関番だったが奇才に富む。文久2（1862）年、一書を遺し脱藩し尊攘運動に邁進。天誅組では忠光卿の小姓頭として活躍。天誅組四天王と言われた。7日、大日川での津藩との戦闘中、自ら志願して自軍の義戦を証明せんと忠光卿の書状を持って敵陣へ赴き、捕えられた。京の六角獄へ送られ斬られた。享年23。

歌意は大丈夫の決死の覚悟は七たび生まれ代わっても決して緩むことはないというものである。ほかに「桜花夜半の嵐もあるものをいさぎよく散れやまとだましひ」。辞世に「今よりは我にかはりてかぞいろのみもと離れず仕へまつろへ」。

陣中詠（離脱）

鬼神も恐れざりしがまことある人のなさけに袖ぬらすらむ　水郡善之祐

追討軍は9月10日、紀州、彦根、津藩ほか諸藩2万の兵力で天誅組本陣の天の川辻を攻撃した。同10日夜陰、藤本鐵石以下12人、彦根藩を下市で奇襲攻撃し焼き打ちするなど奮戦。この焼き打ちで追討軍の攻撃は一時止まったものの、翌11日、忠光卿以下本隊は天の川辻を棄てそこから長殿を経て南へ16キロ（4里）ほどの北十津川村入口の上野地へ本陣を移した。傷病組の吉村隊も後を追う。そしてさらに深く天険、十津川郷風屋、小原に拠ってここで一旦籠城し陣容を整え雌雄を決すべく退却した。その際水郡勢には退却を知らせなかった。水郡勢は離脱を決意した。追討軍は11日夜、退却して空になった天の川辻陣に総攻撃をかけた。

掲上歌は水郡《にごり》善之祐（文政9～元治元・1826～1864）。河内（大阪）の士籍身分の大庄屋の長子に生まれる。代々勤皇の家柄で、挙兵に際し武器や軍資金の調達を引き受けた。挙兵翌日の8月16日河内勢17人と一子、英太郎（当時13歳）を率いて参加し、河内勢の指導者として小荷駄奉行を勤めた。八・一八の政変以後、本隊と軍略や方針の違いから齟齬を来していた水郡河内勢は次第に本隊と別れ、9月11日に訣別し、独自に転戦をしながら紀州藩領（和歌山）の龍神村藩衛所に挙兵の大義を明らかにせんと自訴し降伏した。このとき水郡と親しい監察吉田重蔵も本隊と離脱した。一説に一行は紀州境の湯川村に身を寄せたところを捕えられたとも、密告による寝込みを捕縛されたともあるが、定かではない。

歌は、このときの作ではないかも知れぬが、「題知らず」と詞書され、鬼神や敵軍とて恐れる我々ではないが（この心ない人どもの世の中にあって）心ある人の情けには忝くも涙が出るというのである。感謝の気持ちを述べた詠であるけれども、言葉に微かにまことなき人への讒訴が詠み取れ、前後の複雑な背景が作歌の動機にあるとすれば反語歌であり、一種の怨み歌であると言ってよい。「今よりはたたかひ慣れて益良雄かいづれ猛しと磨かざらめや」の挙兵参加時の壮歌あるを思うと皮肉な感懐を抱かずにいられないとともに一抹の哀れさを覚える歌である。元治元年（1864）京都六角の獄舎で処刑された。39歳。

吉田重蔵（天保元～元治元・1830～1864）。筑前（福岡）筑紫郡の商家の次男。本姓は田中重吉。家業はハゼ蝋燭製造業で富を築く。財の大半を醵出して挙兵に参加。水郡善之祐と親しく、河内勢と行動を倶にして本隊を離脱し、水郡とともに自首した。「大和へ首途の時」と詞書して「八幡神すめぐにあはれとおぼしなば内外のえみし掃へ給へや」。享年35。

陣中詠（十津川山中）

我が魂はなほ世にしげるみささぎの小笹の上におかむとぞ思ふ　光平

歌は9月12日の『踏雲録』によると、本陣移動の途中の十津川山中で「死後の心構えやいかに」と問われ、歌をもって応えたときのもの。光平は先年、荒廃した畿内の御陵調査により朝廷より御沙汰書を賜った。一首の意は（討死を果たした末は）自分の魂魄は宿願通り衛士として（荒れるに任せた）草むらの生い茂る陵の小笹の上に置きたいというのである。死してなお御陵の衛士たらむ、光平の覚悟や純粋行動者そのものである。「みささぎ」は御陵。「小笹の露」は見るからにこぼれ落ちそうな様子から僂いものごとに譬えられる。二句目冒頭の「なほ」は「世にしげる」と結句の「思ふ」に掛かり、わずか2語ながら作者の歌ごころの中心語である。二句目中の「世にしげる」の「世」の措辞が巧みである。

同日頃、京都の中川宮の「恭順者は罪を問わず」の令旨を持ったものが紀州路から十津川村に潜入し、十津川兵の間に大きな動揺が起こった。

陣中詠（長殿山）

雲を踏み巌さくみしもののふの鎧の袖にもみぢかつ散る　藤本鐵石

歌は同13日、詞書に「十津川長殿山を越ゆとて」とある藤本鐵石の歌。一首の意は（転進ながら雲を踏むまでに険山を登り攀じがたき巌も踏み砕いて進む我が鎧の袖に満山の紅葉が散りかかるというのである。歌人で昭和維新者の影山正治はこの歌を維新志士作歌中の傑作のひとつに推している。武人の凛烈の気概と詩人の魂が渾然一体となって一首を構成。初句、二句に簡勁にして律動感ある豪気の句を重ね、下の句に鎧に降りかかる紅葉を配した難行軍詠は緊張感と男性的リリシズムに充ちた益荒男歌の秀詠である。「さくみし」は踏みさいて砕くの意。「もみぢかつ散る」は成句で紅葉が散る様子。ほかに同じ13日、坂本（大塔）より辻堂へ行く険路にて「家邑を千尋の谷の底にみて梢の梢を行く山路かな」と詠んだ。

鋒とりて夕越へくれば秋山の紅葉の間より月ぞきらめく　光平

同13日、同じく長殿山を越えたときの光平の作。この歌は彼の秀歌のひとつである。歌意は長巻鋒を手に暮れ方の長殿山を越えていてふと見上げると紅葉に染まった樹々の間から十三夜の月が煌々と輝いているというのである。初句の「鋒とりて」が中心句だが、この句が無ければ戦陣歌とは思えないほど静和で澄明な声調の叙景歌的一首である。本歌は天皇義軍の夢破れ、逆に追討されるという厳しい局面に直面した作者の現実直視の眼がおのずと主観を排して目に映った客観的景色をそのまま詠んで写生歌の佳吟となった一首である。この歌と言い、前の鐵石の歌と言い、文学的香気豊かな両歌が、過酷な敗走のさ中に、凛とした歌姿と格調を保って、生まれたのは驚きである。人間精神の不可測性と不思議さを垣間見る心地がする。有難いことである。光平、鐵石という2人の詩人志士の表現者魂は敗色濃い逆境の戦野にあって毫も鈍ることなく寧ろ反対に研ぎ澄まされて行ったに違いない。「鋒」は無銘古刀の長巻で伝静三郎。「長殿山」は天辻峠からさらに12キロ（3里）ほど南へ下がった北十津川村の入口。北十津川村は長殿、上野地を主としそこからさらに4里先に天険の要害、十津川村がある。

大方はうはの空とや思ふらんおくれし雁の心づくしを　光平

翌14日、『踏雲録』によると、十津川上野地陣中で主将忠光卿が京都以来の麾下14人を側近く召して他と垣根を隔てた振舞いがあった。「身を捨て、名を捨て、命を捨てたるを孰れが勝り、いずれが劣らむ」。光平は軽い義憤を持って心ない稚心を雁行に譬えて右一首を詠んだ。一首の意は、（幹部連は）遅れて加わった大方の者はいい加減な気持ち（＝上の空）で挙兵に参加していると思っているのだろう、遅れたものらの勤皇の気持ちは少しも変わらないのにというのである。召しに漏れた作者の軽い失望感に同情するとともに些かあはれを催す歌である。「うはの空」はいい加減な、心なきの意。雁の縁語ともなっている。「大方」は幹部連から見た人々の意。光平、乾十郎、平岡鳩平（後の男爵北畠治房）らは8月16日に河内富田林に合流している。

『踏雲録』に「大内に騒ぎあり。親征延引の勅書。長州、我ら（天誅組）に追討の勅命出たる由」とある。翌日の組解陣を考えると総裁らの幹部会議は中川の宮の寛典示唆や朝敵情報などを案外、早くキャッチし朝敵となっては万事休すと考えての会議であったのかも知れない。また会議が秘密裡でなく行なわれたのも殊更知れるように行われたとも慌てていたとも考えられる。孰れにせよ内輪にこうした疑心暗鬼の不信感が生じるようでは天誅組の命運はこの辺りで尽きていたのかも知れない。

陣中詠（解陣）

討つ人も討るる人も心せよ同じみ国のみ民なりせば　　野崎主計

十津川のはらわた黒き鮎の子は落ちていずくの瀬にや立つらん　　藤本鐵石

15日、早朝、忠光卿一同を召し、「われに伴うものは伴へ、去らむと思ふものは去れ」と解陣を宣言。谷水を瓶子に汲んで別れの三献を傾けた。

16日、追い打ちを掛けるように十津川郷士の離反が待っていた。食糧窮乏を訴えて天誅組の退陣を要求した。

天誅組の組織的戦闘はここに終息を告げ、その陣容は崩壊した。これより先、放浪の孤軍となった面々は或いは死所を求め、或いは虎口を逃れ吉野山中を彷徨うのである。

一首目は野崎主計（文政7～文久3・1824～1863）の歌。辞世とされる。大和（奈良）十津川郷士。有力者の一人。十津川河津村の大庄屋の家の長子に生まれる。幼少時、病で13年間立つことが出来なかった。「達磨は9年、俺は13年だ」と屈せず郷中随一の人物と称された。勤皇家、梅田雲浜に師事。沖垣斎宮とともに郷士960人を率いて参加。八・一八政変により挙兵軍が賊軍とされたことで、十津川勢は15日、離脱。野崎は責任を取って自刃した。享年40。

一首の意は（立場の違いから討つ側、討たるる側に分かれたとはいえ）両者とも十分留意せよ、（天皇の）御国の同じ民ではないかというのである。野崎は自決に際し右歌を辞世としたが、彼の胸中には同じ庄屋で藤田東湖の弟子であった玉堀為之進が天誅組参加の反対者として斬られた際のことが去来していたのではないか。

二首目は十津川郷士離反に際しての藤本鐵石の人口に膾炙された作。二句目の「はらわた黒き」に作者の憤懣遣る方なき腹立ちが伝わる。12日頃の中川の宮の令旨を境に十津川勢は態度を豹変、郷民は天誅組を離れた。のみならず後難を懼れて食糧欠乏を理由に退去を求めるに至った。一首の意は、(9月は落ち鮎の季節だが、落ち鮎のように)十津川の腹黒い郷士どもは(これまでの長年の勤皇の臣という矜持を棄てて)これから先どのような瀬(=立場)に立つのであろう、(愚か者どもが)と天誅組を代表して郷士らの無慈悲な仕打ちを思い切り詰《なじ》った。歌は人なり、人は歌なりと言うが、十津川の濁水を前に腹の底から迸り出た潔癖一途の鐵石の憤慨歌であろう。

山中彷徨ほか

雲を踏み嵐を攀じてみ熊野のはて無し山のはても見しかな　光平
やま風にたぐふ眞神のこゑききてねられんものか谷のかや原
滝津瀬の底もこがれて見ゆるかな秋の千入の入之波の里

同16日、光平と平岡鳩平、従者は先発して十津川を出た。十津川の北東約150キロ(直線距離にして約70キロ）先の津の国、伊勢路（三重）への脱出口、鷲家口へ向かった。十津川の嚮導人に案内されて風屋（十津川村）を北へ出発、滝川村で東へ向かい17日、内原、花瀬、堂ノ谷より、嫁越峠、大峰山塊の南端を越え伊勢路へ向かう熊野道（現東熊野街道）の前鬼（下北山村）へ出た。18日、そこから北上し北山郷（上北山村）、19日、伯母ヶ峰峠（川上村境）を経て20日、川上郷入之波、そこからさらに川沿いに北上し和田（川上村）、同村牡丹窟、21日頃、鷲ヶ口（東吉野村）を抜けた。山中彷徨6日間、道なき道の脱出行であった。

歌三首とも十津川、熊野の山中を彷徨、闇行したときの光平の作。一首目は『踏雲録』の題名の元となった吉野熊野（＝南山）の道なき道、山また山の踏破行を、二首目は姥ヶ峠の山谷を伝って来る山風に似た狼の遠吠えに仮の眠りを屡々破られた地蔵堂の一夜を、三首目は川上郷入之波で瀧壺の底まで紅葉で真っ赤になった千入の秋の絶景を詞藻豊かに詠んだ。「はて無し山」は十津川小原の南方約7キロのはて無し山脈（和歌山県）の遠景を指す。「眞神」は狼の古名。「滝津瀬」は瀧。「千入《ちしほ》」は何度も染め抜くこと。「入之波」は吉野川の源流に近い川上村南端附近の地名で平安時代から湯治場として知られた。ほかに「明日越えむ姥ヶ峠やいかならむ先ずくるほしき嫁越の山」「水の音も都恋しくひびくなり北山中の白川の里」「たまさかに栗のもちひの神祭りわれも一つは出でて拾はむ」など。

天誅組本隊は翌17日、「出易き所に討ち出でん」と覚悟を定めつつ風屋の南約6キロの小原から竜神紀伊街道（現国道425号線）を東へ出発、18日下葛川（十津川村）、19日、紀伊山塊の笠捨山（1363メートル）の山裾を越え20日夕刻には下北山村の浦向へ出た。翌21日、熊野道へ出、そのまま北上し上北山郷白川から22日、伯母ヶ峰峠を越え23日、川上郷伯母ヶ谷に入り、入之波を経、翌24日、同郷武木村で一行40人で最後の会食をした後、決死隊と忠光卿以下随従隊・本隊、吉村寅太郎、松本奎堂ら傷病隊、藤本鐵石ら殿軍と間を置いて出発。遂に鷲家口に数キロを余した五本櫻（東吉野）に辿り着いた。8日間の難行軍であった。しかし鷲家、鷲家口とも紀州、彦根藩兵に固められていた。鷲家口は武木から北に約6キロ（1里半）、伊勢街道と鷲家川（旧小川）、高見川が交わる地点で、北の宇陀、飛鳥、橿原へ抜ける要所地である。

◎

闇夜行く星の光よおのれだにせめては照らせもののふ之道　光平

光平と平岡は21日、守田、松山を経て鷲家口の重囲を脱した。翌22日、平岡と別れた光平は宇陀、泊瀬、三輪、黒崎を経、額田部、安堵村から故郷の生駒（奈良）駒塚へ辿り着いたが、24日夜、平岡との約束を守って京へ上る途中、河内の国境で捕えられた。平岡とは約束の日には逢わなかったという。

歌は25日夜、京都六角獄へ送られる檻送時のもの。一首は（私はいま）暗闇の道を送られて往くのであるがこの闇夜と同様な世の中に在ってわずかに地を照らす星の光よ、せめて汝だけは益良男の道（＝勤皇の大道）を照らしてくれよと祈り詠んだのである。『踏雲録』冒頭の二首目に置かれた歌であるけれども失意の声調は隠すべくもなく哀韻の響きが歌の底に流れている一首である。元治元（1864）2月26日京の西の土手で斬られた。辞世は愛国百人一首にもある「君が代はいはほと共に動かねばくだけてかへれ沖つしら波」。ほかに廃屋同然になった人住まぬ駒塚の我が家を見て詠んだ「父ならぬ父を父とも頼みつつありけるものをあはれわが子や」。光平は天誅組中最高齢者の純粋行動者であり、維新の志士中第一等の歌人であった。享年52。

以上、日付、地名等の大方は『南山踏雲録』と『大和戦争日記』（半田門吉）を参考にした。

第22回　天誅組（三）終焉

鷲家口、最後の血戦

決死隊

君ゆゑに惜しからぬ身を永らへて今このときにあふぞうれしき　　那須信吾

今はただ何か思はん敵あまた討ちて死にきと人のかたらば　　宍戸彌四郎

9月24日、せめては大将忠光卿を逃そうと那須信吾以下、宍戸彌四郎、林豹吉郎、前田繁馬、鍋島米之助、植村定七ら6人が囮の決死隊となって鷲家口（東吉野村）の彦根藩勢の脇本陣へ斬り込んだ。全員壮烈な戦死を遂げた。

一首目は那須信吾（文政10〜文久3・1827〜1863）。土佐藩郷士。土佐藩士の家の三男に生まれる。

槍術指南の郷士、那須家の養子となる。土佐勤王党の武市瑞山に師事。藩政、吉田東洋暗殺に係わる。天誅組では軍監を務め吉村寅太郎を扶ける。怪力で身の丈6尺の大男ながら走ることが速く、天狗さまの異名を取った。決死隊で隊長となり指揮した。6人は一旦、小川（鷲家川）を渡り彦根藩兵の脇本陣（旅籠碇屋）めがけ斬り込んだ。那須信吾は槍を振って真っ先に出店坂を駆け下り、彦根藩兵の中へ斬り込み強将大館孫左衛門を斃すなど奮戦ののち闘死した。享年37。

歌は（大君のためなれば）少しも惜しくない命を（これまで生き永らえて来たのも）今日の日の（決死隊となって）見事に討死して果てることの何と嬉しいことかというのである。典型的な類想歌であるが直情径行、土佐の天狗さま、快男子那須信吾の辞世にふさわしい。

二首目は宍戸彌四郎（天保4～文久3・1833～1863）。三河藩（愛知県）刈谷藩士の家に生まれる。致仕して浪人となり江戸へ出て兵学を修め家塾を開いた。総裁、松本奎堂とは竹馬の友。2人は譜代藩の勤皇家として異色の存在と言える。天誅組では兵学者として一軍の合図係を務めた。決死隊では副隊長として斬り込んだ際、奮戦中に鷲家川の急流に落ち、崖をよじ登るところを銃撃されて戦死した。胴衣の中に埋葬代10両が縫い付けてあった。享年31。

歌は辞世。「十津川にて討死しける時」と詞書。歌意は（今日を最後と思い定めた）今、何を思うことがあろうか数多の敵を討って立派に討死したと後の人が語り伝えてくれるならというのである。佳歌とは言えないものの思ったままを素直に詠んだ討死を尊ぶ武人らしい潔い人柄が出た捨てがたい歌である。

林豹吉郎（文化14～文久3・1817～1863）は大和（奈良）鋳物師の家の長子に生まれる。緒方洪庵（1810～1863・蘭学者）の適塾で炊事係をしながら蘭学を、江川太郎左衛門（1801～1855・西洋砲術家）の家僕となり砲術を学ぶ。諸藩に大砲改鋳を説き邪説視されたが安政元（1854）年、大和（奈良）郡山藩に招聘され大砲を鋳造。挙兵では砲技方、兵糧方を担当。鷲家口で戦死。享年47。

前田繁馬（天保9～文久3・1838～1863）は志士。元土佐の庄屋。長沼流軍学を修めた。小荷駄方輜重長を務める。転戦中、彦根藩兵と闘い兵糧（荷駄馬11頭分）を奪うなど活躍した。決死隊では鷲家口を突破したが初瀬（桜井市）で津藩兵と闘い闘死した。享年26。

鍋島米之助（天保10～文久3・1839～1863）は土佐藩士。下士（潮江村）の家の次男に生まれる。決死隊に加わり出店坂で彦根藩兵と闘い、重傷を負ったが切り抜けて鷲家谷一ノ谷で手当てしているところを包囲され、抜刀して躍り出て一斉射撃を浴び戦死した。享年25。

植村定七（～文久3・～1863）は生年不詳。五條の人。決死隊に参加し、出店坂の上で彦根藩の鉄砲隊長を一騎打ちで斃したのち、狙撃され戦死。履歴等詳細不明。賀名生の堀家に遺された天誅組隊士署名の中に「大和、植村貞心」とあるのが定七らしい。

忠光卿随従隊

草の上に鎧の袖をかたしきてさむき霜夜の月をみるかな　　半田門吉

決死隊に続き警護隊、本隊も次々に本陣突入。その間に忠光卿随従隊は（激戦地をすり抜けて）小川の脇の間道から小名峠（東吉野村）に出、そこから伊勢街道を抜けて宇陀、櫻井、樫原方面へ脱出した。忠光卿は随従する島波間、池内蔵太、上田宗次、半田門吉、伊吹周吉ら側近に護られながらそのまま一路西下し10月2日、大阪の長州藩邸に辿り着いた。

掲出歌は半田門吉（天保5〜元治元・1834〜1864）。紋吉。筑後（福岡）久留米藩士。名は成久。軽輩の身であったが藩命で三条實美公護衛兵となる。真木和泉に私淑。挙兵に参加し砲隊長として活躍。事前に上田宗児と共に十津川を踏査した。忠光卿を守って吉野を脱し長州に潜んだのち、禁門の戦いに加わり鷹司邸で討死した。詩文の才に恵まれ『大和戦争日記』を残した。享年31。

歌は「大和の国にて」と詞書がある。歌意は露営の草の上で鎧の袖を枕に（目を瞑った暫しのまどろみに）ふと醒めて見上げた山上の空に寒々とかかる月を見るばかりであるというのである。藤原良経の「きりぎりす鳴くや霜夜のさむしろに衣片敷きひとりかもねむ」（新古今集）が連想されるが、「霜夜」は霜の降りる冬の寒い夜の意で歳時記では冬の季語だ。仲秋8月末といえど軍営の月光は作者には霜の如き寒々しいものであったのであろうか。野営の月を眺める作者の態度は感傷でもない観照でもないその中間辺りか。『大和戦争日記』を遺し文才のあった作者の冷めた眼は「さむき」の一句に籠められているようである。ニヒリストの一面があったのかも知れない。半田は忠光卿に尾いて死地を脱出しているなど形勢観望家のように見られがちであるけれどもさにあらず翌年、禁門の戦いで文句なしの最期を遂げている純粋行動者である。ほかに「白川にて軍評議決しがたし」と題し「行くすゑはいざしら川の淵や瀬に浮かび沈むも人のまにまに」、また「長州紫福村にて」と詞書して「君がため忍ぶしぶきの山霰心寒けき世にもあるかな」など佳歌がある。辞世に「朝夕に大和だましひを磨きつつえみしの国にてらさずもがな」。

島波間（天保14～慶応元・1843～1865）。土佐藩志士。郷士の家の次男に生まれる。祖は長宗我部氏の家臣。三条實美卿の衛士を務めた。砲一番隊長として活躍。忠光卿を護って長州へ下ったあと、再挙を図って遊説中、美作（岡山作州）の関所で咎められ自刃した。享年23。

池内蔵太（天保12～慶応2・1841～1866）。土佐藩下士。小高坂村に生まれる。砲隊長として活躍したほか側用人として忠光卿を守り長州へ逃れた。禁門の変や海援隊で活動した。のち薩摩へ向かう海上で遭難死した。享年26。

上田宗次（天保14～明治元・1843～1868）。土佐藩、長州藩に茶道をもって仕える。長州へ戻って第二次長幕戦や鳥羽伏見戦で奮戦し戦死した。享年26。

警護隊、本隊、傷病隊

いましめの縄は血しほに染まるとも赤き心はなどかはるべき　　乾十郎

たたかひの花を散らして今よりはよみじの月を見るべかりけり　鶴田陶司

世の中の打つを忘れていざさらば死出の山路の花をながめん　岡見留次郎

武士のあかき心はもみじ葉の散りての後の錦なりけり　尾崎鋳五郎

警護隊、本隊に続き残った傷病組もこれまでと覚悟を定め鷲家口で最後の決戦を挑んだ。28日頃までに殆どが宇陀の辻（宇陀市）、初瀬（桜井市）、三輪、櫻井等附近で津藤堂兵や芝村藩（大和桜井）勢に捕えられたり、その場で討ち死にした。

一首目は乾十郎（文政11～元治元・1828～1864）。大和（奈良）五條出身。医者。先祖は十津川郷士。按摩をするなど苦学して医術を学び、大阪で開業ののち五條に戻る。梅田雲浜に師事する。吉村寅太郎の弾丸を摘出した。五条代官襲撃の手筈を整えたり、五條新政府布告の立て札を書いた。熱病に罹った小川佐吉を付きっ切りで看病した。大阪で捕われ、京都六角の獄で斬られた。歌は「牢中にて詠める」辞世歌である。ほかに「おやおやの親より受けしすべらぎのあつき恵みはあに忘れめや」。享年37。

二首目は鶴田陶司（天保11～元治元・1840～1864）。久留米藩士。藩医の家の次男に生まれ、跡を継ぐ。真木和泉に師事。同藩同志と脱藩し伏見寺田屋にも関わった。天誅組では伍長として活躍。鷲家口で捕えられ京六角で斬。歌は辞世である。「よみじ」は黄泉路、あの世への路。享年25。

三首目は岡見留次郎（天保13～元治元・1842～1864）。水戸藩士。大番組（上士）の家の次男に生まれる。水戸長岡屯集組。鷲家口を切り抜けたが大和古市（奈良）で捕えられ京六角で斬。歌は辞世。二句目の「打つ」は「鬱」が掛けてある。享年23。

四首目は尾崎鋳五郎（天保13～元治元・1842～1864）。肥前（長崎佐賀）島原藩士の家に生まれる。父親が大砲鋳造に携わった年に生まれた。江戸詰のとき斉藤弥九郎道場に通う。天誅組で小姓頭として戦い、鷲家口で捕えられて京六角で斬。歌は辞世。「あかき心」は赤心で、まごころの意。享年23。

以下、警護隊、本隊、傷病隊19人について略叙する。

安積五郎（既出）は24日、鷲家口へ単身で斬り込み、臀部に槍を受けたが放吟しながら悠々と囲みを破った。のち藤堂藩兵に捕えられ京六角で斬。「大和へ赴きける首途に」と詞書して「賤が身もすめら御国の太刀風にしこのえみしの塵はらひてん」。

山下佐吉（文政12～文久3・1829～1863）。本名安田鉄三。鉄吉とも。大和（奈良）高取藩植村家の中級藩士。藩風に馴染めず十津川郷で武術修行し乾十郎、大沢逸平らと交流。天誅組では24日、吉村から忠光卿の無事確認を命じられ、鷲家口で彦根藩兵と激闘し戦死。着込みに「岡見鉄三」と記してあった。高取に残した係累の行く末を最後まで心配しての変名だったとされる。純粋行動者として大義に生きるか、一個の藩士（家庭人）として家名、家族を守るか、天誅組参加はぎりぎりの決断だったにちがいない。享年35。

森下儀之助（天保2～元治元・1831～1864）。森下幾馬の兄。元足軽の父の許、浪居の身であったが武技の錬磨に励み、常に朱鞘の刀を帯びた。天誅組では吉村と別れた後、鷲家口で警護隊として奮戦後、津藩兵に捕えられ、京六角で斬。享年34。

森下幾馬（天保5〜文久3・1834〜1863）。土佐の志士。森下儀之助の弟。兄とともに土佐勤王党に参加。天誅組では負傷した吉村寅太郎の側にいてよく扶けた。兄、儀之助らとはぐれ鷲家谷の赤谷で藤堂兵の包囲を受け討死。辞世に「かねてより思いの雲の霽れしかばかかる宵よき月のすずしさ」享年30。

田所騰次郎（天保12〜元治元・1841〜1864）土佐藩士。藩医の家の次男に生まれる。銃一番隊長として活躍。警護隊として鷲家口を脱したが磯崎寛、岡見留次郎とともに三輪（桜井市）で近江藤堂藩兵（滋賀県）に捕えられ、京六角で斬。享年24。

土井佐之助（天保12〜元治元・1841〜1864）。土佐藩下士。小高坂村郷士の家の次男に生まれる。土佐勤王党に属す。槍一番隊長。鷲家口では重囲を突破したが4日後、多武峰（桜井市）で津藩に捕らえられ、京六角で斬。享年24。

楠目清馬（天保13〜文久3・1842〜1863）。土佐藩下士。塩江村に生まれる。銃隊長を務めた。鷲家口の戦いで土居佐之助とともに囲みを破ったが28日、多武峰村（桜井市）鹿谷で津藩兵に銃撃され討死。享年22。

島村省吾（弘化2〜元治元・1845〜1864）。土佐藩下士。羽根村（室戸）に生まれる。15歳で京の土佐藩邸に勤める。砲術に優れた。天誅組では槍一番伍長。吉村に命じられ警護隊として鷲家口で勇戦し深手を負い翌25日潜行中、紀州藩兵に捕われた。京六角で斬。享年20。

安岡嘉助（天保7～元治元・1836～1864）。土佐藩郷士の家の次男に生まれる。土佐勤王党に加盟。文久2（1862）年、那須信吾らと土佐藩参政、吉田東洋（1816～1864）を暗殺した。天誅組では武器取締方で活躍した。下市の戦いで手に銃創を負う。鷲家口の決戦では一旦逃れたが宇陀で芝村藩に捕えられ、京六角で斬。小説家安岡章太郎は甥に当たる。辞世に「今さらに何か命の惜しからむもと大君に捧ぐ身なれば」。享年29。

安岡斧太郎（天保9～元治元・1838～1864）。土佐安田浦の庄屋の家に生まれる。土佐勤王党に加盟。文久3（1863）年、脱藩し蝦夷地（北海道）を視察した。天誅組では鉄砲組隊長。傷病陣にあって鷲家口附近の間道で津藩に捕えられ、京六角で斬。享年27。

澤村幸吉（弘化2～元治元・1845～1864）。土佐藩下士。土佐長岡の町方の家に生まれる。土佐勤王党に加盟。藩命で京の禁裏警衛を務めた。天誅組挙兵に応じ戦った。警護隊として鷲家口で闘い、一旦脱したのち間道で森本伝兵衛、長野一郎とともに大和芝村藩（奈良櫻井）に捕えられ、京六角で斬。享年20。

森本伝兵衛（天保5～元治元・1834～1864）。水郡河内勢。河内甲田村（富田林）に生まれる。同村森本家の養子に入る。水郡善之祐と親しかったが長野とともに本隊に残り、最後まで戦い捕えられ、京六角で斬。享年31。

長野一郎（天保10～元治元・1839～1864）。水郡河内勢。医師の家の三男に生まれる。天誅組では投薬係、本隊に最後まで残り、鷲家口で勇戦の後、芝村藩に捕えられ京六角で斬。享年26。

武林八郎（天保12～元治元・1841～1864）。河内（大阪）富田林の農家の四男に生まれる。農事に携わりながら水郡善之祐と親交。鷲家口とその周辺で闘い津藩に捕えられ京六角獄に送られたが津藩の口添えで釈放され、のち禁門の変に加わり戦死。享年24。

小川佐吉（天保3～明治元・1832～1868）。久留米藩志士。真木和泉に心酔。天誅組では勘定方を務めた。重囲を脱した後、長州へ逃れ、天王山戦、四境戦争で活躍し、鳥羽伏見戦で負傷し没した。転戦中の作に「臥して思ひ起きて数ふる年月をはかなく送るわがいのちかな」。享年37。

酒井傳次郎（天保9～元治元・1838～1864）。久留米藩士。役付幹部（監察）。伏見寺田屋事件に参加。大橋訥庵や真木和泉に学ぶ。藤本鐵石と親交。高取城攻防で烏帽子を被り真っ先に先陣を切った。鷲家口では奮戦ののち捕えられ、京六角で斬。享年27。

荒巻羊三郎（天保13～元治元・1842～1864）。久留米藩有馬家藩士。傍足軽から足軽目付に昇進したが酒井傳次郎とともに脱藩。鷲家口で捕えられ京六角で斬。辞世に「もろともに君のみためといさみ立つ心の駒をとどめかねつつ」。享年23。

中垣健太郎（天保12～元治元・1841～1864）。久留米（福岡）藩士。真木和泉の教えを受ける。鷲家口で捕えられ、京六角で斬。享年24。

磯崎寛（天保12～元治元・1841～1864）。本名尾崎健三。因州。因幡（鳥取）藩上級家臣の長子に生まれる。尊皇の志厚く名を変えて天誅組に参加。銀奉行。鷲家口を脱したが三輪（桜井市）で捕えられ京六角で斬。辞世に「うき雲のかからばかかれ久方の空にさやけき秋の世の月」。享年24。天誅組に加わり明治まで生き残ったのは平岡鳩平（北畠治房）、伊吹周吉（石田英吉）、伊藤三弥、水郡英太郎の4人だけといわれる。残りは全員戦死か捕えられて獄中で斬られている。大和親征の魁たらんとした天誅組の結末はそれほど激しい純粋行動の燃焼であった。

三総裁辞世

最後に三総裁の辞世を掲げ終焉の様子を述べる。

大君の御たたむきさすあむ（虻）はあれど蜻蛉はなきか秋津島根に　藤本鐵石

24日、殿を務めた鐵石と従者、福浦元吉の2人は松本奎堂ら後詰めの傷病陣と合流し、東へ進み鷲家の南東2キロほどの伊豆尾村笠松に出、ここで一泊。翌25日、奎堂らとは同村の笠松山の尾根の地蔵堂の手前で別れた。主従2人は鷲家の1キロ東の伊勢街道筋の岩本谷へ出たが紀州勢がいたので一旦、退いた。しかし退却を潔しとせず覚悟を定め同日夕刻、鷲家の紀州藩本陣に斬り込みをかけた。2人は瞋りの形相凄まじく、先に立った大兵の元吉は両刀を車輪のように振り回し、鐵石は槍を振って敵本陣屋内へ討ち入り、数十人を相手に死武者となって奮戦し壮絶な闘死を遂げた。鐵石の懐から軍令書、挙兵の理念を書き留めた書き付け、金子35両等が出てきた。

歌は9月24日、行軍の途次、休憩した武木（東吉野村）で短冊に認めた遺詠。国学に精しく、雄略天皇の臂を刺した虻の故事を引いて勤皇の継承を遺命した歌。一首の意は天皇の臂を刺す虻（＝徳川幕府）を捕って食う蜻蛉はいないのか、この秋津洲にはと警世したのである。万葉調の歌ぶりは大柄で想調ともに優れた辞世歌である。「御たたむき」は臂肘。「あむ」は虻《あぶ》の古名。「蜻蛉」はアキツと訓じ、とんぼのこと。「秋津島根」は日本国の古称で蜻蛉《あきつ》を懸けてある。享年48。

福浦元吉（文政12〜文久3・1829〜1863年）。淡路島（兵庫）洲本の庄屋（穀物商）。剣を能くし古東領左衛門の尊攘論に傾倒した。参戦後は常に藤本鐵石の側にあった。辞世に「誰がため我が身すつるかますらをのゆく道遠し秋の暮かも」。享年35。

君がためいのち死にきと世の人にかたりつぎてよ峯の松風　　松本奎堂

25日、松本奎堂と従者村上万吉は他の傷病者一行に遅れ駕籠で伊豆尾村の笠松山の尾根の地蔵堂に辿り着いたところを紀州藩兵に囲まれて銃弾に斃れた。三総裁の一人、奎堂は高取城攻略の際、残る右目も負傷し殆んど失明状態で指揮を執って来たが、鐵石とともに見事な最後を遂げた。割腹死であったともいう。享年34。

歌は辞世。一首は、大君のため挙兵し死んでいったと峰を吹く松風よ、語り伝えてくれよ、大義に死んだ事を、世の人々に、と詠んだ。「丈夫は名をし立つべし後の世に聞き継ぐ人も語り継ぐがね」（万葉集巻19・4165　大伴家持）「ますらをの弓末振りおこし射つる矢をのち見む人は語り継ぐがね」（万葉集巻3・362　笠金村）に通ずる名を惜しむ武人の叫びの優れた歌である。自分の思いや心情を終助詞「よ」を使って松風や秋風などに呼び掛けて結句を名詩止めにする倒置法の構文であり、「われを世にありやと問はば信濃なるいなと答へよ峯の松風」（李花集　宗良親王）など類想歌は幾つもあるけれど、失明という同情すべき事柄を別にしても本歌は何故か歌のひびきに同種の呼び掛け歌よりも哀調を帯びて感じられる。中五を直接的な「後の世に」でなく漠然とした「世の人に」と表現したために余響が却って強いためかも知れない。心の動きや微かな顫動を示す閉口母音イ列音が不思議と多い一首である。二句目を「いのち死にき」でなく「みまかりにき」（身罷り）とした集もある。どちらがいいとも言えない。

秋なれば濃き紅葉をも散らすなりわが打つ太刀の血けぶりと見よ　　吉村寅太郎

25日、敗軍最後尾となった吉村は鷲家口の南4㌔ほどの蟻通神社（現丹生川上神社）付近で大将の身を案じて別れを渋る森下儀之助・幾馬兄弟、島村省吾らに20両ずつ渡し別れた。その後鷲家口近くの鳥原まで来たところで銃声に驚いて駕籠ごと置き去りにされた。2日後の27日、東へ3㌔ほどの鷲家谷の猪小屋まで莚駕籠で来て傷を治療中、藤堂藩兵の急襲を受け、白刃を振り翳して立ち上ったところを一斉射撃を浴び、「残念」と叫んで絶命した。

「鷲家村血戦の砌」と詞書のある辞世歌である。一首は（季節は今）晩秋であれば全景赤く染まり色濃き紅葉を散らしているが（それは）自分が敵を討つた血けぶりであると見よというのである。歌は血潮と紅葉に照り映えた最後の血戦をイメージしている。「濃き紅葉」は太刀に滴る血汐。下の句に獅子奮迅の死を冀った作者の益荒男心が精いっぱい表現されている。享年27。

『俘虜記』等で知られる小説家大岡昇平（１９０９〜１９８８）は小説『吉村寅太郎』で諸説ある吉村の最期の場面を例に引いて「生まれたままの百姓として死んだように私には思われる」と書いているが、そうとばかりは言えまい。「重郷京へ出立しける時」と詞書して寅太郎の母、ゆきに「四方に名を挙げつつ帰れ帰らずばおくれざりしと母に知らせよ」と励ました一首がある。吉村は母の訓えに背かず、たとえ一人の敵も討ち取れなかったとしても「四方に名を挙げん」という大志に殉じて最後を遂げたのであり天晴れ、武人として死んだと言ってよいのではないか。高取城攻撃で下腹部に銃創を負った吉村が担がれた筵駕籠の中から「辛抱しろ、辛抱しろ、辛抱を押せば世の中が変わる」と武木から駕籠を担いだ村人、井筒庄七（当時18歳位・昭和6・１９３１年、86歳まで存命）らを督励した話はよく知られている。

天誅組の生みの親であり、ダイナモであった「残念大将」吉村の死をもって隊は全滅し、大和挙兵は終りを遂げた。一行は吉村に率いられた土佐藩脱藩士や浪士ら41人が中核をなし、水郡の河内勢、十津川勢を含めて一時は千人を組織した。しかし彼等は八・一八によって攘夷親征（計画）がご破算になった時点で皇軍先鋒隊としての大義名分（根拠）を失なった。独立先遣隊のような立場であった天誅組は当然のように孤立、解陣、彷徨、全滅の道を辿った。結果論ではあるけれども彼等の行動は最初から最後まで夢想的で、狂熱的で、拙劣で、一口で言えば徒労であったと評価されても仕方がない。形而下的にはその通りだと思う。

天誅組もこのあと述べる生野挙兵も目的は達せられなかったという意味で失敗だった。両挙兵を一顧だにしない史家も多い。坂本太郎博士は『日本史概説』（下・126頁1行目）でわずか5字、皇国歴史家の平泉清博士（1895～1984）でさえ『少年日本史』（時事通信社刊　昭和45年初版）でわずか3行で片付けている。

しかし、純粋行動者の本義を明らかにする拙著では天誅組の行動は無駄どころか極めて重要な意義が有ると考えている。否、無駄、無効に視えた死だからこそ大いに意味が有り、失敗だからこそ価値があったと思っている。一見、無効な純粋行動によって人は動かされることが尠なくない。純粋なるものが人を、時代をジャンプさせ、不可能を可能にすることが大いにある。これが拙著のテーマのひとつである。

彼等の行動は合理主義から見れば拙の拙、下の下である。犬死であり、無駄死である。しかしそれだけにその軌跡は純粋で、烈しく、或る意味で美しかった。ミクロ的に云えば革命論者や歴史家津田左右吉（1873～1961）の『明治維新の研究』（2021年・毎日ワンズ　初出1947年・雑誌連載）でいうように関ヶ原以来の薩長側の仕返しであったろうし、次男、三男の下級武士や豪農、豪商らの不平、欝憤の大爆発であったという指摘も当たっている。しかしそれらは傍流であって本流ではない。マクロ的に見れば明治維新はそのような一部の戦術論的階級史観的なちゃちな常識論を遥かに越えた日本国危うしに動かされた日本民族の生存を賭けたダイナミズムであったことは間違いのないことである。

歴史の大きな流れからみれば天誅組の挙げた烽火は決して無駄ではなかった。狼煙は飛び火となって生野・但馬へ、或いは遠く水戸天狗党の挙兵へと受け継がれた。それは寅太郎が「干戈の手始めは浪士の任也」と言っているように草莽の志士ら下級身分の者が日本を救うには勤皇倒幕以外道無しと捨て石となって幕府軍と公然と戦う構図がここではっきりと示されたということである。

補記の9・武市瑞山

天誅組の参加者中、土佐出身者が18人と最多であり、その殆どが藩下士出身者である。吉村などは下士の中でも一番身分の低い庄屋である。また、大半が武市瑞山の組織した土佐勤王党の加盟者であり、見方を変えれば天誅組挙兵の陰の主役は土佐勤王党であったということもできる。

武市瑞山（文政12～慶応元・1829～1865）。半平太。土佐藩下士（白札）。身分制度が特に厳しい土佐藩にあって下士（白札、郷士、徒士、足軽、庄屋）ら190人の首領として土佐勤王党を結成し、その勢力を背景に藩主、山内容堂を盟主にした「一藩勤皇」を目指した。参政、吉田東洋暗殺をはじめ、人斬りの異名をもつ岡田以蔵らを使って尊攘派の黒幕としても暗躍したが、本心は公武合体の盟主を熱望していた容堂の藩内尊攘派の一掃策で捕われ、在獄約2年後、切腹した。よく知られた遺墨で「花依清香愛。人以仁義栄。幽囚何可耻。只有赤心明」は「獄中自画像自讃図」中の漢詩で自画像の顔は獄中で盥の水に顔を写して描いたものである。辞世に「二たびと返らぬ歳をはかなくも今はをしまぬ身となりにけり」。ほかに「とし月はあらたまれども世の中はあらたまらぬぞかなしかりける」、「月夜よし夜よしと聞けばまどゐせし都のむかし思ひ出でつつ」。享年37。

山内容堂（文政10～明治5・1827～1872）。豊信。土佐藩24万石第15代藩主。将軍継嗣問題に絡み33歳で隠居し、容堂と号した。「酔えば勤皇　醒むれば佐幕」と揶揄されるほど酒を愛し、自ら鯨海酔候と称した。その後も慶喜（後に将軍）、慶永（越前）、久光（薩摩）、伊達宗城（宇和島）らと所謂、幕末の賢候として幕政に携わり、公武合体策を標榜し朝幕間の融和を図った。新政府最初の小御所会議で慶喜の朝政参与を求めたが岩倉具視に為すところなく押し切られた。「述懐」と題し「加茂川にあたら仇浪たたせじとおもひさだめてわたる月日か」。

黒船来航以来の亡国の危機を孕んだ時代の潮流を敏感に感じ取り、土佐勤王党へ争って参加した青年志士らが求めた「一藩勤皇」の夢は肝腎の藩主、容堂の尊攘派一掃策によってもろくも崩れ去った。容堂という後ろ盾を失った土佐勤王党の次の拠所が脱藩による尊攘運動か天誅組のような直接行動へ走ったのは必然の結果であったと言える。

補記の10・荒木貞夫

元陸軍大将で文部大臣を務めた荒木貞夫（明治10～昭和41・1877～1966）は「天誅組と二・二六事件は根本精神で兄弟である」と語って止まなかった。真崎甚三郎とともに皇道派軍人の重鎮といわれ、昭和11（1936）年の二・二六事件で青年将校らの精神的理解者と目された。東京裁判ではA級戦犯として一票差で死刑を免れ終身刑となる。昭和30（1955）年、病気で倒れ仮出所し、そのまま釈放された。その後、近現代史研究史料調査と称して全国を廻り、昭和41（1966）年10月、十津川村の招待を受け講演を行い、11月1日に宿泊先の十津川荘で心臓発作を起こし急死した。彼は「両事件は根本で同じだ」と常々語り十津川行は念願であったというから或る意味で至福の瞑目であったろう。

補記の11・齋藤史

あかつきのどよみに応へ嘯きし天のけものら須臾にして消ゆ　　齋藤史

陸軍少将で歌人の齋藤瀏を父とし、二・二六事件の首謀者の一人、栗原安秀中尉の幼なじみで死の間近まで友であった歌人、齋藤史（明治42～平成14・1909～2002）の27歳のときの第一歌集『魚歌』（昭和15・1940年）中の「濁流」連作22首中の12首目の歌である。一首の意は、日本新生の（夜明けを願って響き渡る）胎動に応えて昂然と面を挙げて昭和維新を唱えた天のけもの（＝青年将校）らの雄叫びはあっという間に虚空に消えてしまった、というのである。昭和維新に賭けた青年将校らへの最高のレクイエムであり、二・二六事件への挽歌の傑作と愚考する。

前述の荒木元陸軍大将が述懐するように二・二六事件と天誅組の両事件は裏切られの構図といい悲劇的末路といい賊軍となる経緯や蹶起から終末への流れなど非常によく似ていてその結末は哀情限りないものがある。歌人、齋藤の一首はその悲劇性を「天のけものら」を核とした下三句で見事に歌い切っている。与謝野晶子の『君死に給ふことなかれ』に匹敵する、男性歌人には歌い得ぬ名歌。ほかに連作13首目「銃座崩れことをはりゆく物音も闇の奥がに探りて聞けり」、14首目「額の真中に弾丸をうけたるおもかげの立居に憑きて夏のおどろや」など。

第23回　生野挙兵

一戦も交えず破陣

大君に捧げあましし吾がいのち今こそ捨つる時は来にけれ　平野國臣
生野山まだ木枯らしもさそはぬにあたら紅葉の散りぢりにして

おくれなば梅も桜に劣るらむさきがけてこそ色も香もあれ　河上弥市
川上の澄めるをうけてゆく水の末に濁れる名をば残さじ

生野挙兵は文久3（1863）年8月19日、平野國臣が五條で天誅組と別れた日より発する。9月2日、平野は挙兵を図り但馬（兵庫北部）で美玉三平、北垣晋太郎らと会い、一挙を約束し一旦、長州に戻り三田尻に落ち延びていた七卿のうちの澤宣嘉卿を奉じ奇兵隊総督の河上弥市ら30数人の志士と会盟する。平野は10月2日、天誅組破陣を知り一旦旗挙げ延期を考えたものの同志とともに三田尻港を出港し8日に播州播磨（兵庫南部）網干港に上陸後、但馬（同北部）に入った。一行は翌11日に生野（兵庫中北部現朝来市）天領の手前、延応寺に陣を布いた。ここで改めて挙兵の可否を問う軍議を開いた。総督平野は中止を主張したが、天誅組の仇討ちを唱えるもう一人の総督、河上の主戦論に従った。翌12日、生野（但馬、兵庫県朝来市生野）に入り兵を挙げ、無抵抗の生野代官所を占拠。「年貢半減」を掲げた募兵に2千人程の但馬の農兵が集まった。

一方、幕府側の豊岡藩（兵庫城崎1万石）、姫路藩（酒井氏15万石）、出石藩（兵庫3万石）の約3千人の藩兵が集結し臨戦態勢を整え、生野軍を包囲。13日に主将澤宣嘉卿らが本陣を脱出し、動揺した募兵の農兵らは一斉に離反、平野ら親征先鋒軍を「偽官軍」として武器を持って攻撃するものさえ出た。挙兵は一戦も交えることなく頓挫、陣営は一日も経たず解陣した。要害妙見山で別動隊を指揮していた河上ら13人は潔く腹を切って自刃して果てた。農兵募兵方の中条右京、長曾我部太七郎（阿波出身・19歳）の2人は寝返った農兵に銃で撃たれて惨死した。平野以下殆どが捕えられ、京六角獄に送られた。彼等は翌元治元年（1864）禁門の戦いの際に起きた出火を理由に牢内に押し込められ長槍等で全員刺し殺された。

中条右京（天保14～文久3・1843～1863）。吉村右京。元出石藩世臣、吉村家の嫡男に生まれる。文久2（1862）年、姉小路家に仕える。棒術など武技に優れ、姉小路公知遭難の際も勇戦した。八・

一八政変を出石に知らせに帰りそのまま挙兵に参加した。享年21。

澤宣嘉卿（天保6〜明治6・1835〜1873）。八・一八政変の七卿の一人。幼少より三条實美卿と親しく尊攘思想を抱いた。政変後、平野に説かれ生野挙兵の総帥となるが、兵を挙げた翌日の13日夜に「頼みもし恨みもしつる宵の間のうつつは今朝の夢にてありける」の一首を置いて側近と隊を離れた。王政復古で復位し、政府顕官として活躍した。「枯野霜」と題して「さらぬだに花なき野辺のから萩にからくも霜の色さへてけり」。

掲出歌中前二首は平野國臣（文政11〜元治元・1828〜1864）。通称次郎。筑前福岡黒田藩士。志士。国学者。足軽の家の次男に生まれる。一時他家の婿養子になるが安政3（1856）年、29歳のとき離縁して復籍し、次郎國臣を名乗る。文武両道に秀で若くから尚古思想を鼓吹し実践した。江戸勤番のとき梅田雲浜、清河八郎らと交わり、尊攘運動に入り、特に真木和泉の倒幕の理論書『大夢記』に影響を受けた。尊皇幕批を骨子とした『尊攘英断録』を著わし、島津久光に上書したり、薩筑連合を計画したり、筑前藩士糾合を模索したり、備中連島の豪商の番頭をしたり、西郷・月照入水に立ち会ったりした。井伊暗殺、寺田屋事件に関連し下獄後、赦され藩命で学習院出仕となり朝廷方との折衝に当たり、これが生野挙兵と繋がった。尚古趣味が嵩じ、烏帽子直垂姿で歩くなど奇行も多かった。

一首目は文久3（1863）年。36歳のときの作。10月1日、生野挙兵の肚を決め、国元へ送った手紙の中で殉志の覚悟を詠ったもの。一首の意は大君に捧げ尽してなお余っている命を今こそ捨てる時がきたというのである。初句から結句に至る全篇、高揚感に満ち、三句目が名詩止めで小休止したほかは少しの逡巡も停滞もなく身命捧呈の思いが謳い上げられている。「大君の辺にこそ死なめかへり見はせじ」（万葉集18・4094　長歌　大伴家持）に匹敵しょうかという言挙げ歌と言えよう。「あましし」の一句を除けばこれほど単純な尊皇の類想歌もないが、この「あましし」で作者の深所が見事に表現され、記憶さるべき名吟となった。あまししは「あまりし」でも「のこりし」でもいけない。「あましいのち」は余命のことだが、國臣にとって幾たびか死処に臨みながら死ねなかった悔悟、自戒の思いが常にあったのではないか。それでなければ、この一句は出て来ない。ただ、平野のために惜しむのはかかる傑作を詠んだにも拘わらず「命を捨つる時」が中々来ないのである。事実、國臣は一挙失敗で河上弥市らが自刃したなかに入っていない。國臣は詩人であり、夢想家であるが死してのち止むの純粋行動者ともちょっと違う。しかし、この歌は勤皇歌の最上位に位置する。

二首目は13日に無抵抗の代官所を占拠し挙兵したその日に諸藩の軍勢に恐懼して大将が逃げ出すなどただ一度の干戈を交えることもなく解陣したときの作。歌意は挙兵したがまだ生野の山に木枯らしの吹く季節でもないのに（一戦もせずに）早くも紅葉（＝わが一党）は情けなく散り散りばらばらになってしまったというのである。木枯らし（＝戦さ）の始まる前にはや雲散霧消して空中分解した無念さ、不甲斐なさを散りゆく紅葉葉に譬えて詠んだ慨嘆歌。「あたら」はもったいない、惜しいことにの意。「生野山」は生野銀山で知られた低山でここでは歌枕として用いられている。一行が生野を蜂起地に選んだ理由として生野銀山のある警戒の薄い天領地だったことが挙げられている。

掲出歌の後半二首は河上弥市（天保14～文久3・1843～1863）。弥一郎。変名、南八郎。長州藩士。

2代目奇兵隊総督。長州（山口）中級萩藩士（馬廻役）の家の嫡子に生まれる。挙兵に奇兵隊々長を擲って参加した。総督を引き受けた河上は屯集から最後まで「天誅組の仇討ち」の主戦論を唱え、山口村（現朝来市）妙見山（岩州山）に陣を布き、寝返った農兵と闘い、事ならずと見るや潔く13人の同志とともに山伏岩付近の妙見堂で割腹した。享年21。

掲出歌は自裁した鉢巻の裏に記してあった辞世。大意は（挙兵に躊躇して）遅れてしまったならば天下の魁と言われる梅も桜に劣る、梅の良いところは全ての花に先がけで咲くからこそ色も香りもある、（同じように失敗や結果を恐れず）無二無三に天下に先駆けて行うことこそ価値があるのだというのである。挙兵を唱えながら結果を慮ってああだこうだと軍議ばかり重ね実行しない一同に腹を立てた憤懣の歌だ。初句の「遅れなば」に作者の行動原理と心情が端的に表現されている。奇兵隊の初代隊長だった高杉晋作は「私の心を知る者は吉村寅太郎と河上弥市だった」と彼の死を惜しんだ。

四首目も同じ頃に詠んだものと推測。一首は先祖代々から名に負うてきた清い「河上」という姓を大切に受け継いできた末に最期に家名を汚すような濁った名を残すことは決してないとの覚悟を詠んだのである。最後まで名を汚さじと本姓が河上であるので川の流れに譬えてかく詠んだ。名を惜しむ青年武士らしい潔い歌だ。ほかに「一すぢに思ひこめたる吾がこころなぞ今さらに止どまらるべき」。

第一級の文学者志士

弓は折れ太刀はくだけて身は疲れ息衝きあへず死なば死ぬべし　平野國臣

見よや人あらしの庭のもみぢ葉はいづれ一葉も散らずやはある

右二首とも國臣の詠。一首目は文久3（１８６３）年、10月13日、生野を立ち去る際の作。戦闘文学の秀歌とするものもある。確かに歌だけ見れば戦陣での勇猛奮闘ぶりだが実際には戦っていないわけだ。初句から結句まで短音節を重ね戦闘の際の息遣いが聞こえてくるような巧みな歌だけにそこに違和感が残る。一種の空想歌である。二首目は辞世。翌元治元（１８６４）年7月19日、禁門の戦いが起こり、翌20日に六角の未決の獄舎に火が近付いたのを理由に幕府方責任者は収容していた獄中の尊攘志士ら30数人を尽く牢格子の中へ押し込め長槍を突き入れて刑殺したといわれる。大意は（よく見よ、世の人よ）囚われの獄屋の我らは嵐の庭の紅葉の葉のようなものだ、どの一葉も散らぬということはない、みな残らず散って行くのだというのである。歌の中心は下の句の「いづれ一葉も散らずやはある」である。大量虐殺に等しい暴虐無惨な刑殺を嵐の庭に譬えた辞世は公憤と諦念の入り混じった悲運悲壮を悼む自らへの挽歌でもある。享年37。

惜しむらくは「ひとや出でむ限りをいつと知らねども月日のたつはうれしかりける」「たまたまに窓より見ゆるものは唯ゆるしをまつの一木なりけり」とも詠んでこの期に及んでなお出獄を正直に吐露しているのを見て分かるように國臣は純粋行動者というより政治的観念論者・文学的空想家の一面

が強かったのではないか。大言壮語、悲憤慷慨、実現不可能な空論を今にも実現しそうに喋々し周囲を煙に巻く空想居士は何時の世にもいる。ほかに「大内の山のみかまぎ樵りてだに仕へまほしや大君の邊に」「君が代の安けかりせばかねてより身は花守となりけむものを」「菰着ても筵にねてもますらをの大和だましひなに汚るべき」「もののふの花櫻田の春の雪つひに消えてもめでたかりけり」「吾が胸の燃ゆる思ひにくらぶれば煙はうすし櫻島山」「飼猫のかよふばかりの窗ひとつあきたるのみぞ命なりけり」など人口に膾炙した秀吟佳吟は挙げれば幾つもある。國臣は本質的には武人ではなく文化人それも一流の詩人である。

十六士、惨死・自決・獄死

秋の野につゆと消ゆべき命とも知らでや人の我を待つらむ　美玉三平

玉鉾の道ひとすぢにふみてこそ我が日の本のひとといふらむ　戸原卯橘

寝ぬるまももの食う隙も安からで憂きこと多き我が身なりけり　長野熊之丞

身は捨てて身はなきものと思ふゆゑひと屋のうちの心やすさよ　伊藤龍太郎

一首目は美玉三平（文政5〜文久3・1822〜1863）。薩摩藩士。本名高橋親輔。生野挙兵を計画した主要人物の一人。若きより江戸へ遊学し兵学に堪能で、同藩の有馬新七らと尊攘運動に邁進した。生野では挙兵に先立ち但馬（兵庫）の大庄屋、中島太郎兵衛と農兵の軍事指導に尽力したが、その農兵らに囲まれ「偽官軍浪士」の汚名を着せられ銃撃され不運の最後を遂げた。享年42。

歌は辞世。歌意は秋の野に儚い露のように消えてゆくとは知らずに我を待つものがいるというのである。類想歌ながら一抹の哀れを誘われる歌だ。ほかに伏見寺田屋で有馬新七らと倒幕挙兵を話し合った際「壬戌（文久2・1862）年、淀川に時鳥を聞きて」と題し「いまやがて大内山のほととぎすまず聞きそむる舟のうへかな」。

中島太郎兵衛（文政8〜文久3・1825〜1863）。但馬高田村の豪農の惣領に生まれる。19歳のとき伊勢の国学者に学び、熱烈な尊皇家となる。一挙後は家屋敷を本拠に提供するなどしたが、事破れて木ノ谷（兵庫県）で自死した。辞世に「もののふの名はいつまでも木の谷のそのかぐわしき楠の木のもと」。享年39。

二首目は戸原卯橘（天保6〜文久3・1835〜1863）。筑前（福岡）秋月藩士。藩医の家の4男に生まれる。16歳頃より遊歴中、宮部鼎三、平野國臣、真木和泉らと交流し、尊攘の志押さえ難く2度脱藩したあと、生野の陣に加わる。軍では議衆を務めた。河上弥市ら13人と自決した。武技に優れ介錯役を務めた。文久元（1861）年、藩庁へ上申した尊皇論『正名論』『答客弁義』の著あり。享年29。

歌は「鉢巻のきれに書きつけたる」と詞書。歌意は（勤皇の）道ただ一筋に進んでこそ日本の国のひとということができるというのである。「玉鉾の」は道にかかる枕詞。玉鉾は美しく飾った鉾。ほかに「小夜ふけて窓にたばしる玉あられ畏まる身をおどろかしける」「剣太刀さやにおさめてもののふのとがまほしきは心なりけり」。

三首目は長野熊之丞（天保13～文久3・1842～1863）。長門（山口）萩藩士。久坂玄瑞と行動をともにしたあと奇兵隊に入り馬関戦争などを戦った。河上弥市とともに立て籠もった妙見山麓の仏堂で自刃した。享年22。

一首は文字通り寝食を忘れて救国の毎日を過ごす身を詠った。一種の生活詠、或いは生活の中の愛国歌と言って可。二句目の「もの喰う」は「飯《いひ》喰う」よりもさらに直接的で生硬な俗語ながら却って生々しい実感を伴いありきたりの概念歌から脱して効果的である。ほかに「くなたぶれ醜のえみしを打ちきため大和つるぎの味見せましを」。

四首目は伊藤龍太郎（天保6～慶応3・1835～1867）。剣客。丹波（兵庫）の豪農家に生まれる。幼少から剣の道に志し、江戸で桃井春蔵、千葉周作道場に学び、水戸弘道館の剣術教授を務めた。旗挙げに加わり但馬生野に道場を開き農兵指導に当たった。出石藩に捕えられ、5年後、獄死した。享年33。

「獄中の作」と詞書した一首は挙兵に参加したときから生命は無いものと思っているので窮屈な獄屋とてなんという心安さであろうかというのである。歌は稚拙だが身を捨てて国事に携わったものの天命に安んじる心の安心が感ぜられる。「ひとや」は人屋で囚獄、牢屋。辞世に「事無きを祈るは人の常なれどやむにやまれぬ今の世の中」。

平野に随伴し一挙に積極的役割を務めた但馬の農民志士、北垣晋太郎（天保7～大正5・1836～1916）など運よく逃げ延びたものもいた。

生野挙兵とは何だったのか。目的は天誅組に呼応し助けることにあったと言うが、一行が兵を挙げる前に天誅組は壊滅していた。諸国に討幕の軍を起こすことにあったとする説もあるが、八・一八政変後は尊攘派の勢いが急速に衰え、朝廷から退けられた時期であり、一斉蜂起としては最悪の条件だった。或いは又、軍事的成功を信じていたとも云われるが、軍略、兵備などの実際的手段が戦闘遂行に耐えるもので無かったことは後世の史家等が指摘するところである。事実、挙兵はただ一人の敵の血を流すこともなく一日も持たず破陣、志士30余人は尽くは殺され、捕えられ、自刃した。募兵に加わった農兵は先を争って追討軍の落人狩りに変身し、志士を追い回した。軍事クーデタでこれ以上、ぶざまで稚拙な例も尠い。三人のリーダーのうち内、澤卿は逃亡、河上は屠腹。ひとり残った挙兵の主唱者である平野には一団を率いる現実的な統率力、行動力が殆んど欠落していた。こう見て来ると中止の機会は一再ならずあったにも拘らず挙兵してあっという間に自滅したのも当然であった。端的に言えば生野挙兵とは実質上の主導者である平野の天誅組の志に殉ぜんとして起こした非現実的な空想的精神行動であったと結論するしかない。酷な見方をすれば一挙は「平野の、平野による、平野のための精神行動」であったと言うしかないのではないか。彼には言挙げの最終責任者として潔く腹を切るという覚悟も無かったようである。獄中では出牢を期待して、積極的最後を自ら選ぶことは無かった。そこに彼の夢想家的呑気さが見られる。複雑な精神の持ち主であったというほかない。生野の旗挙げに合理性や有効性や況して純粋行動性を必要以上に求めても無理なのである。

結句、天誅組の大和挙兵に呼応して起こった生野蹶起は一日で潰え去った。自刃、刑死など河上弥市、平野國臣以下31人の志士の鮮血がまたも惜しみなく流された。天誅組では支援者らも含め凡そ百人近い志士らが非命の最期を遂げている。両挙兵は短時日のうちにその噴火を止めた。しかしその噴煙は全国の草莽の志士らに凝望され、胎動は遠く東国常野の地に伝わり幾許も経ずして筑波の山地を揺るがすに至った。

第24回　水戸天狗党

筑波山挙兵から藩内訌まで

さく梅の匂ひはかなく散りぬとも香は九重の奥にとどめん　藤田小四郎

心にもあらで行く世を思ひきや筑波のみねの月を見んとは　田丸稲之衛門

賤が身の柴かる鎌のつかの間もやまとだましひみがくとも人　竹内百太郎

みちのくの山路に骨は朽ちぬともなほも守らむ九重の里　田中愿蔵

元治元（１８６４）年3月、水戸藩士、藤田小四郎と田丸稲之衛門を主将に立てて水戸天狗党は西の天誅組、生野に呼応するかたちで横浜港鎖港を幕府に促すため藩内尊攘派約60人を主とした総勢

180余名で筑波山（水戸城西方30キロ　876メートル）に挙兵した。横浜港鎖港は孝明天皇の叡慮であり、将軍後見職で禁裏御守衛総督となった一橋慶喜もこれを強く主張し、鎖港を渋る幕閣側と対立していた。天狗党一行は4月、攘夷祈願を名目に日光東照宮（栃木県）を占拠する勢いを示し、同宮西8キロほどにある中禅寺湖南の要害大平山（1959メートル）へ陣を布き更に気勢を上げた。6月には田中愿蔵が別動隊を率いて攘夷軍軍資金調達を名目に栃木宿、足利、桐生などの下野（栃木）各地で押し借り放火を繰り返したりした。

これに対し幕府は7月に若年寄、田沼意尊を天狗党追討軍総督に任じ、常陸、下野の近隣小諸藩連合軍に鎮圧を命じた。また水戸藩内では斉昭の継嗣問題以来藩内尊攘派と根深く対立していた藩内門閥派と保守派が諸生党を結成し、門閥派の中心人物市川三左衛門らは城下に残る天狗党勢力（斉昭派・尊攘派）の排除に乗り出した。これを知った天狗党が大平山から水戸へ引き返し再び筑波山に立て籠もったときには軍勢は藩内外から人が集まり2千人に膨れ上がっていた。

この間、京都では禁門の戦い（元治元・1864年8月）が起こり長州藩は朝敵となり、朝廷及び幕府は長州征伐が済むまで横浜鎖港問題を棚上げした。このため天狗党は旗上げの大義名分を失ったかたちとなり、挙兵は次第に天狗党と諸生党間の水戸藩の内訌に変わっていった。水戸藩に限らず幕末のこの時期、福岡藩、膳所（近江）藩、對馬藩などどの藩でも親幕守旧派と反幕攘夷派の主導権、勢力争いがあった。その最も過酷で先鋭な代表例が水戸藩内訌と言える。

田沼意尊（文政2～明治2・1819～1869）。若年寄。遠江（静岡）相良一万石藩主。祖父は田沼意

次。幕府軍総督として水戸天狗党追討に当たる。元治2（1865）年、敦賀で降伏した828人中、耕雲斎ら352人を加賀藩の取成しを無視し容赦なく処刑した。

市川三左衛門（文化13～明治2・1816～1869）。水戸藩門閥派の大寄合の家に生まれる。反斉昭派、藩内佐幕派の中心として諸生党を率い水戸尊攘派（激派）と対決し、天狗党の係累家族らに大弾圧を加えた。大政奉還後も会津軍に加わり、明治2（1869）年、逮捕され、水戸に送られ逆さ磔になった。

掲出歌一首目は存疑ながら藤田小四郎（天保13～慶応元・1842～1865）。水戸藩士。初代弘道館長藤田東湖の四男（庶子）。祖父幽谷。両巨星の尊皇思想を受け継ぎ、水戸藩尊攘派（激派）の若き指導者となる。文久3（1863）年、22歳の時、将軍後見職、一橋慶喜の上洛に随従した藩主水戸頼篤に扈従した際、桂小五郎、久坂玄瑞と交流、東西呼応して幕政改革の行動を起こす必要性を確認し合った。小四郎にとって筑波山挙兵はこのときの約束の実行でもあった。何かにつけて東湖の遺子として注目され期待されまたおのずから自負もあった。

歌は辞世。挙兵1年後、越前（福井）敦賀で処刑された際のものと推測。一首の意は（君国のために）天下に魁て咲く水戸の梅と同じように旗挙げしたが（こと志と違い）十分な活躍が出来ぬまま散ったとしてもその香（＝挙兵の精神）は宮中奥深くに留めたいというのである。勤皇の精神を水戸の魁の花、梅花に譬えて詠んだもの。徳川御三家に連なる小四郎にとって尊皇や改幕は口に出来ても主筋に当たる徳川家への討幕や反幕には葛藤があったに違いない。二句目の「匂ひはかなく」には後悔を籠めた無念の思いと共にそうした心理的消極性を反映してか歌勢にやや弱さが感じられる。小四郎は死に臨むに際し「自分は間違っていた。愿蔵のように尊皇討幕に徹すべきだった」と人に語ったという。辞世として「思ひきや為すこともなく過ぎ来つつ那須野の原の月を見んとは」。ほかに「上書を渡し奉りて」と詞書して「かねてより思ひそめにしまごころをけふ大君に告げてうれしき」。享年24。

二首目は田丸稲之衛門（文化3～慶応元・1806～1865）。水戸藩町奉行。尊攘派長老。藩中級（馬廻り組）の家に生まれる。田丸家の養嗣となり家督200石を継ぐ。兄、山国兵部とともに斉昭に仕え、安政5（1853）年の斉昭処分の幕命撤回や戊午密勅事件の返上反対などで尊攘派上席として活躍。小四郎に推されて天狗党首領を引き受ける。京都陳情では副首領として小四郎とともに武田耕雲斎の下で西征天狗党を指揮した。元治元（1864）年12月、越前（福井）新保驛で加賀金沢藩（石川）に投降し、翌慶応元（1865）年2月、敦賀で斬られた。享年60。

歌は越前敦賀で捕われ、仮牢にあって、筑波山に挙兵したときの感懐を詠んだ「題しらず」と詞書のある辞世。句割れや掛詞や反語の輻輳した歌だ。一首の意は心ならずも（こうして遠く離れて囚えられ死んで行く身となり）思わず知らず過ぎ来し方を顧みると、まったく思ってもいなかったわい、一同を率いて（故郷の）筑波の峰の月を眺めようとはなあというのである。「心にもあらで」は本意でなく、思わず知らずなど多義、ここでは「心ならずも」と「思わず知らず」の両意有りとし二重に語釈した。「行く世を思ひきや」は作者の複雑万感の思いが籠められているとともに解釈を難解にしている部分でもある。「行く世」には来し方（行き過ぎて来た世）と逝く世とが掛けてあり不本意な死を婉曲的に表現したと解した。「行く」に逝く意があるのは「つひに行く道とはかねて聞きしかどきのふけふとは思はざりしを」（在原業平・伊勢物語）など例多数。三句目の「思ひきや」は結句の連語「とは」と「や〜とは」のかたちで「いや、思ってもいなかった」。老将、稲之衛門が明日は逝く身の敦賀の地でついこないだのように筑波の月を眺めた、越し方を振り返った心持ちは如何ばかりであったろうか、真に同情に堪えない。百人一首の「心にもあらでうき世にながらへば恋しかるべき夜半の月かな」（三条天皇・976〜1017）の一首が作者の脳裏にあったのかも知れない。

三首目は竹内百太郎（天保2〜慶応元・1831〜1865）。延芳。水戸藩郷士。小十人組常陸新治郡安食村（現かすみがうら市）素封家の家の長子に生まれる。安政5（1858）年の勅諚返納反対派の長岡屯州組。尊攘派拠点小川村文武館長として小川勢を率いた。天狗党挙兵では藤田小四郎とともに副総裁となり軍資金面で重要な役割を果たしたほか幕府追討軍陣地夜襲で戦功を挙げるなど活躍した。西征では小四郎と耕雲斎を鋪翼し、敦賀で斬られた。享年35。

歌は草莽の志士の普段の覚悟を述べたもの。大意は草莽（＝賤が身）のわれらは（いざという王事に備えて）鎌で柴刈る百姓仕事の片時も大和魂を磨いておりますぞというのである。第二句は「つかの間」を引き出す有心の序詞。初句と二句で「賤が身の」「柴」と「シ音」を重ね、続けて二、三句「柴刈る鎌の」「つかの間も」と流れるように連綿させる作者の手際は鮮やかである。「賤が身」は卑賤の身の意で謙遜語。「つかの間」は一束ほどの間、僅かの時間の意で、「束」は握りこぶしの巾。「とも人」はここでは同志の意。ほかに「降りつもる木の葉に道は埋もれてかすかに通ふさとのしば人」。

四首目は田中愿蔵（弘化元〜元治元・1844〜1864）。常陸（水戸）久慈郡の医家の次男に生まれ、水戸藩の医家の養嗣子となる。火付け愿蔵の異名を取った。藩校、弘道館に学び、藩郷校「時雍館」館長。門下生らを率い挙兵に参加し、中軍５００人の総隊長として別動隊を組織し攘夷軍資金調達を名目に暴れ回り人々に断髪ジャンギリ組と恐れられた。諸国の浪人、博徒、町人も加わった愿蔵隊は行動力に富み、生駒藩（秋田）矢島出身の参謀、土田衡平を得て常野二州に尊皇討幕の旗を翻して追討軍と各地で戦い、一時は甲駿地方進撃の勢いを見せたが元治元（１８６４）年10月、八溝山（茨城北部棚倉）で解陣した。直後に農民兵に捕えられ磐城（福島）塙代官所に送られ斬られた。享年21。

歌は辞世。大意は（武運拙く討死して）みちのくの山に我が骨は朽ち果てるとも魂は魂魄となって宮城を守らないでは置かぬというのである。「みちのく」は道の奥、辺境、ここでは「棚倉」のことで、水戸藩と磐城藩（福島）の藩境にある。愿蔵にとって棚倉は「九重の里」に対して「みちのくの山路」であったからこう詠んだ。型通りの尊皇歌だが小四郎の辞世（本節冒頭の一首）よりも愿蔵の歌のほうが響きに魄力がある。

天狗党、京都を目指す

片敷きていぬる鎧の袖の上におもひぞつもる越のしら雪　　武田耕雲斎

秩父山ふきおろす風の烈しさに散るは紅葉とわれとなりけり　　齋藤太吉

馬並べて吾が越えくれば信濃なる伊那の青野のみ雪ふりつむ　瀧殿主計

筑波より山めぐりせし時しぐれ袖はぬらさでしのぐ加賀かさ　武田彦右衛門

在江戸の藩主、水戸頼篤の命で支藩の宍戸藩（茨城笠間）藩主、松平頼徳が内乱鎮圧のため水戸へ向い、途中、鎮撫に当たっていた水戸藩重役の武田耕雲斎の一隊も加わり、一行は水戸城下へ入り入城しようとしたが諸生党軍に阻まれ一旦退却した。ここにおいて頼徳軍、天狗党、耕雲斎隊の3隊と幕府追討軍、諸生党軍が各所で一進一退の戦闘を繰り広げた。10月22日、天狗党挙兵の最大の激突である那珂湊（茨城北東部・現ひたちなか市）の戦いで攘夷派が幕軍・諸生党軍に敗れた。頼徳は責任をとり切腹した。幕府は天狗党を賊軍として諸藩に命じ鎮圧に乗り出した。

水戸頼篤（徳川慶篤）（天保3～明治元・1832～1868）。水戸藩35万石第10代藩主。斉昭の長男で慶喜の長兄。当初、攘夷派（斉昭派）の天狗党（筑波挙兵派）を支持し、のち幕府の天狗党討伐軍を許すなど藩内相剋の要因を作った。

松平頼徳（文政12～元治元・1829～1864）。水戸支藩宍戸藩1万石第11代藩主。水戸頼篤の名代として藩内取締りに赴き、天狗党や武田耕雲斎らと水戸藩領内に入ろうとしたが幕府を後ろ盾にした市川三左衛門ら諸生党に阻まれ、そのまま成り行きから天狗党の中心に据えられる形で幕府軍や諸生党と対決することになり、頼篤の援護も無く田沼意尊に命ぜられ切腹した。随従した家臣51人も斬罪に処せられ、藩は廃藩となった。辞世に「思いきや野田の案山子の竹の弓引きも放たで朽ち果てむとは」。享年36。

敗れた攘夷派は藩領北部の大子村（現大子市）に集結し、改めて武田耕雲斎を首領に田丸稲之衛門、藤田小四郎、竹内百太郎を副首領に据え、挙兵が①尊皇攘夷の一環であること、②将軍後見役、慶喜公の援護であること、③幕府への要請であって反幕ではないことを訴えることを決し、11月1日に常陸大子を慶喜候の居る京都へ向けて1千余名で進軍を開始した。藩命で説得に赴いた山国兵部も天狗党に加わった。

天狗党一行は京都を目指し下野（栃木）、上野（群馬）を出、諏訪藩（信州）、松本藩（同）、高崎藩（群馬上州）など各諸藩と交戦しながら凡そ1ヶ月かけて中山道を進軍した。12月1日、美濃で大垣藩（岐阜）、彦根藩（滋賀）、伊勢桑名藩（三重）など譜代諸藩連合軍に阻まれ、また行く先の大津（滋賀）に頼みとした一橋慶喜公が布陣したことを知り中山道を外れ北上した。これを知った幕府は越前に金沢藩2千人、会津藩1千人、津藩600人、水戸藩（諸生党）700人を集結させた。天狗党は越前（福井）へ入り敦賀新保驛で同月11日、連合軍の先陣にいた加賀藩に降伏した。

掲上歌一首目は武田耕雲斎（享和3～慶応元・1803～1865）。水戸藩重役。名門、跡部家300石の長子。甲斐武田の後裔であることから武田姓を名乗った。文政12（1829）年の第9代水戸藩主継嗣問題で斉昭擁立時から終始、斉昭に仕え、斉昭の尊皇攘夷を支持し執政として藩政を支えた。弘化2（1845）年、45歳のとき斉昭蟄居の際幕府に上訴して致仕、耕雲斎と号した。5年後、赦され藩政に復帰、将軍継嗣問題で一橋慶喜派として、戊午の密勅返納問題でも反返納派に立った。文久3（1863）年、藩主頼篤に従って上洛し横浜鎖港を上申中に天狗党の挙兵が起こり、藩命で鎮撫に赴き、趨勢から頼徳軍及び天狗党側に立ち、幕府追討軍、諸生党軍と戦った。のち、天狗党の首領を引き受け、尊皇攘夷の素志を朝廷と慶喜公に訴えるため京都へ向かう途中越前敦賀新保驛で降伏し、慶応元（1865）年、2月刑死。享年63。

歌はそのときの京都へ向かう途中の美濃（岐阜）から北上し越前（福井）の新保驛付近での作。一首の意は（行手には積もる大雪が道を埋め、前後に幕府の追討軍と諸藩の兵、一書をしたため慶喜公に衷情を訴えたが失敗に終わった）片敷いて横寝する鎧の袖の上に降り積る雪の如く、そうした努力や来し方の複雑万感の思いが押し寄せて眠ろうにも眠れないというのだ。「おもひぞつもる」以下の下の句に800余名の命を預かる老将の進退極まった心境が伝わって悲壮である。声調の底に流れる苦悩衝迫の響きは悲痛でさえある。本歌はそうした万感の主観句「おもひぞつもる」と眼前に降り積る「越のしら雪」の実景が相乗的に作用した耕雲斎の絶唱であるのみならず本稿『歌剣歌』中の名吟である。「片敷く」は着物や鎧の袖の片方を寝具のように敷くこと。「いぬる」は「い寝る」で「い」は発語。「ぞ」は強意の係り助詞。「越のしらゆき」は越州（こしのみちのく）に降る雪。「越せぬ」が掛けてある。「越」は越前（福井）、越中（富山）、越後（新潟）の総称。ほかに行軍中の信州伊那の駒ヶ嶺の難行軍を詠んだ「雨あられ矢玉のなかはいとはねど進みかねたる駒が嶺の雪」「あられ降る湊の濱を出でしより奈須野の原の矢さけびもなし」。

二首目も行軍中の作。作者は齋藤太吉（生没年経歴等不詳）。晩秋11月ごろ、秩父（埼玉南西部）地方を西上途中の詠。歌意は（日本海を渡って）吹き下ろしてくる名にし負う秩父颪の烈しさに堪らず散るのは紅葉ばかりではない、われも散ってゆくと詠んだ。心ならずも散りゆく紅葉に二転三転する情勢、政情に翻弄される吾が身を譬えた怨を含んだ詠である。

三首目は瀧殿主殿（天保10～慶応元・1839～1865）。瀧平ともいう。神官。常陸（茨城）新治大宮神社の祠官、瀧平主計の長男。安政元（1854）年、水戸藩（大広間）目見え格となり田丸稲之衛門の使い番を務める。挙兵では田丸の下で藤田小四郎、岩谷敬一郎と共に総裁となり筑波勢を指揮した。諸生党軍と戦い負傷したが輿に乗って勇戦した。武田耕雲斎の西征では宿舎設営や食糧調達方を務めた。敦賀で斬に処せられた。享年27。

歌は「信濃路を行きけるとき」と詞書。伊那峠（信濃）の雪中行軍を詠んだ作。歌意は11月ながら聞きしに勝る雪深い雪国伊那の峠道を、騎馬を並べて越えていると信濃の国の青い山々に雪が降り積もっているのが見渡せるというのである。「伊那」には行軍を阻む「否」が掛けてある。「伊那（平）」は甲府（山梨）の西50キロ、四方を山で囲まれた信濃（長野）の南部にある。

四首目は武田彦右衛門（文政5～慶応元・1822～1865）。水戸藩士。耕雲斎の長子。西征では第5隊隊長。加賀藩に投降した際、同藩は一戦を前に軍監の永原甚七郎らが武田勢の窮乏を察して米、酒などの兵糧を差し入れるなどした。敦賀で斬罪に処せられた。享年44。

歌は辞世。歌意は筑波より越前まで山から山の苦難の行軍で時雨（＝試練）に何度も遭ったものの最後に加賀藩の差し出してくれた情けある笠のお蔭で袖（＝心の濡れ衣）を濡らさずに凌ぐことができたというのである。「加賀かさ」は加賀笠で加賀藩の情けある処遇を指す。

敦賀投降828人とその結末

討つもはた討たるるもはたあはれなりやまと心の乱れと思へば　武田耕雲斎

行く先は冥土の鬼とひと勝負　山国兵部

手筒山みね吹きおろす春風にますらたけをの髪さかだちぬ　川上清太郎

盡してもまた盡しても盡しても盡し甲斐なき賤が真ごころ　国分新太郎

敦賀投降時は828人であった。降伏を受け容れた加賀藩は丁重だったが幕軍の田沼意尊は敦賀に到着すると天狗党全員を厳寒の下、加賀藩の取成しを無視し、大小を取り上げ完全武装解除させた上、幹部数人を除き鰊倉2棟に下帯一つにして押し込め、放り込んだ。翌年、慶応元（1865）2月4日に武田耕雲斎、田丸稲之衛門、藤田小四郎ら24人を斬首したのを始め353人を処刑した。同15日に135人、翌16日に102人、同19日に76人、同23日に16人が斬られた。僅か17日の間に投降者の実に4割が刑殺されたのである。斬刑には彦根藩士の多くが主君、井伊直弼の仇討ちと薦んで加わったとされる。残るものは凍死20余人、遠島137人、追放180人、水戸渡し130人となった。

掲上歌一首目は存疑ながら耕雲斎の辞世。三句目の「あはれなり」の一句が「悲しく思う」と「気の毒に思う」という二通りの違った内容を表現していることに留意したい。「あはれ（哀れ）」には多様な意味があるがここでは「悲しい」「気の毒」の両義を取る。「やまと心」は直訳で日本精神（大和魂）で、古来より日本人が持っている義、直、信、清明などを尊ぶ和魂の意。一首の意は討つも討たれるも両者とも哀れで悲しいことである、やまと心の乱れ、国の乱れによってこうなったと思えばというのである。ポイントは「あはれなり」の解釈であろう。作者は、討たれる側を「気の毒」と見るのは当然として、同時に討つ側をも「悲しく思う」と捉え、日本精神の混乱、日本の国の混迷の犠牲者として両者を大きな悲しみの心で捉えているのである。耕雲斎の対象の捉え方は大局的であり客観的である。それが60歳を過ぎた年齢のせいか、生来の性質か、いづれにしてもこの歌はまごうなき純粋行動者でありながら狂熱一辺倒ではなかった耕雲斎にふさわしい辞世歌と言っていいかも知れない。何度も吟誦して感得すべき一首である。ほかに「辞世」と詞書して「世の塵をまどのあらしにはらはせて霞とともにきゆる魂かな」「世の為とおもひこし路の真心は気比のみ神やしろしめすらむ」。

掲出の二番目は山国兵部（寛政5～慶応元・1793～1865）。水戸藩士。田丸稲之衛門の実兄。馬廻り役の家督（200石）を継ぐ。軍学で知られ、目付、槍奉行を歴任。斉昭に仕え、天保11（1840）

年、大砲、小銃を製造したり塁壁を築いたり、江戸駿河台の軍学講義所で兵学を講じたりして尊攘思想の実践に努めた。水戸藩内訌では藩命で天狗党の説得に当たったが諸生党に反発し頼徳軍に従った後、天狗党に軍師として残り老躯にめげず最後まで耕雲斎と行動をともにした。加賀藩に投降する際もどこまでも尊皇の旗印を掲げて長州を目指すべしと主張した。敦賀で斬罪に処せられた。享年73。

掲出句は、最後まで弱音を吐かぬ負けぬ気（意地）と死を恐れぬ潔さ（諦念）が力まず素直に出た武人らしい辞世の句。昭和20年8月16日に自決した神風特別攻撃隊の生みの親、大西瀧次郎海軍中将（明治24～昭和20・1891～1945）の「これでよし百万年の仮寝かな」の辞世句を思い出させる。

歌の二首目は目付格給人、川上清太郎（生年不詳～慶応元・1865）の辞世。刑死寸前の忿怒歌である。天狗党挙兵で耕雲斎に従って戦い、敦賀で斬られた。歌意は（勤皇に由緒ある）手筒山の峰から吹き下ろす春二月の寒風は厭わないが（下帯一つで数珠繋ぎにされた）（国事に働く武士に対するあるまじき）この侮辱的、辱めに怒髪天を衝いたというのである。凛烈の歌勢といい、史実を踏まえた初句の「手筒山」の措辞といい、結句の「髪さかだちぬ」といい、作者の義憤詠は読む者をして頭髪のざわ立つのを覚える実感的秀歌である。「手筒山」はすぐ背後に日本海を有する小山（171メートル）で、付近には金崎城とその枝城の手筒山城がある越前（福井）敦賀の嘗ての要衝の地。金崎城は延元2（1337）年、吉野朝（1336～1392）の尊良親王と新田義顕が足利勢と戦い戦死した悲史を有する城。ほかに「雲の上の人にみせばや春雨につるが羽ごろもぬるるすがたを」という強烈な一首も詠んだ。「雲の上の人」とは水戸斉昭公の実子で天狗党を見殺しにしたのちの将軍、一橋慶喜のことである。給人は主人から知行地を直接給与された藩士の家柄・家格で作者は中級家臣だったと思われる。

三首目は国分新太郎（弘化2～慶応元・１８４５～１８６５）の辞世。常陸水戸藩士。文久３（１８６３）江戸警備の新徴組から天狗党に加わる。歌意は盡しても盡し甲斐なき卑賤の身のわが赤心であると思わず口をついて愚痴が出る、しかしまた盡してしまうというのである。「盡しても」や「遅れても」などを2回、３回重ね、繰り返す詠は初学者の常套詠法として見かけるが4回繰り返すのは珍しい。勤皇、尊皇は恋心に似ていると言われるが、恋闕の情という言葉は蓋しそこのところを言い当てているのであろう。作者にとって盡し甲斐なきと最後に歌わねばならなかったのは無念であったと思う。ほかに「禍神の太刀の刃風に散りぬるもこころざしこそ後に知るらめ」。享年21。

武田魁義（文政11～慶応元・１８２８～１８６５）。魁介。耕雲斎の次男。剣技に秀でた。父について各所で闘う。西上軍の奇兵隊長となる。金沢新保驛で藤田小四郎とともに使者として加賀藩軍監、永原甚七郎に折衝した。歌は存疑ながら「梅ばちの花の匂に浮かされて我が身のはてを知らぬつたなさ」。享年38。

国元では市川三左衛門ら門閥派諸生党によって水戸送りとなったものも含めて天狗党に関わるものが徹底的に粛清、断罪された。後世、「水戸赤沼牢の処刑」と言われたこの処刑では３５０人が斬首され、幕末志士の弾圧史上、もっとも残虐を極めたと後世まで非難された。これらの酷刑で水戸に人材が居なくなったと言われた。

耕雲斎の妻女、とき（51）は塩漬けにして送られた夫の首を抱かされて白洲で斬られた後、梟首された。一家は子供ら、まつ（19）、弥津（17）、うめ（10）、桃丸（8）、金吾（3）らに至るまで全員斬首された。第6子、桃丸は「痛くないように斬れ」と斬首役に注文を付けた。第7子、金吾は膝下に押さえられて斬られた。妻、ときの「子を思ひて」と詞書した辞世に「山吹の実はなきものと思へどもつぼみのままに散るぞ悲しき」。一本に「かねて身はなしと思へど山吹の花もにほはで散るぞかなしき」。

武田彦右衛門の妻女、いく（イチ）の辞世に「引きつれて帰らぬ旅にゆく身にもやまとごころの道はまよわじ」。第3子三郎（14）、第4子金四郎（12）、第5子熊五郎（9）と全員斬られた。

田丸稲之衛門の首級は水戸に送られ晒された。稲之衛門の82歳の母、妻子ら5人尽く斬首された。次女、八重（17）は気丈にも「引き連れて死出の旅路も花ざかり」の辞世の句を詠んだ。「引きつれて」は「ひきつれし百の司の一人だに今は仕えぬ道ぞ悲しき」（新待賢門院　新葉集巻19　哀傷歌　後醍醐天皇妃）を踏襲したもの。

一方、武田彦衛門の次男で耕雲斎の孫である武田金次郎（嘉永5～明治28・1852～1895）は、祖父や父と共に戦い慶応元（1865）年、遠島の刑に処せられ、明治元（1868）年、朝廷より帰藩命令を受けた後、東帰し江戸藩邸、水戸において門閥守旧派を復讐の鬼と化して殺戮し、水戸藩内訌を一層凄惨なものにした。復讐に次ぐ復讐、報復に次ぐ報復の悪循環として維新史の暗黒面の一部が事実として存在したのである。人間という浅ましい存在のもつ深淵を覗かせる事実である。

水戸天狗党の挙兵は結果的に幕末史最悪の内乱に終わり、八・一八政変によって東西に鳴動した幕末三大挙兵はかくして終局した。多くの尊攘志士の血が惜しみなく流されたけれどもこの血は決して無駄ではない。来るべき黎明への貴重な階梯に外ならない。救国の捨石に自ら甘んじ勇猛死地に飛び込んだ純粋行動者としての志士等の本懐というべきか。嗟乎。

第25回　池田屋事件

京都守護職配下、新選組

結びてもまた結びても黒髪の乱れそめにし世をいかにせむ　吉田稔麿
いざ子ども馬に鞍置け九重のみはしの櫻ちらぬそのまに　宮部鼎蔵
ひとすぢに思ひこめてし真心は神もたのまず人もたのまず　松田重助
濁るをも澄みて知らなむはかりなき底のこころの深き思ひを　杉山松助

ここで元治元（1864）年6月以降の動乱の策源地、京都の情勢に筆を戻さねばならない。水戸天狗党の攘夷派が諸生党・幕軍と那珂湊で対峙しようとしていた頃である。

実権を取り戻したかに見えた公武合体派は既に3月に開かれた慶喜、松平慶永、松平容保、島津久光、伊達宗城、山内容堂で構成された御簾前での朝幕参与会議（賢人会議）も各自の利害や持論が対立紛糾し纏まらず、全員辞表提出。事実上、公武合体はあっけなく分裂し、各藩主は帰藩した。京に残ったのは一（一橋）、会（会津）、桑（桑名）の禁裏守衛総督の慶喜、京都守護職の松平容保、同所司代の松平定敬だけとなった。

松平容保（天保6～明治26・1835～1893）。美濃高須藩（3万石）松平義建の6男として江戸四谷の藩邸に生れる。嘉永5（1852）年会津（福島）藩28万石第9代藩主となる。勅諚返納問題など幕閣と水戸藩との調停役を積極的に務めた穏健派であった。難しい京都守護職を要請され実父へ「行くも憂し行かぬも辛し如何にせん君と親とをおもふこころを」と心中の苦衷を送った。「公武一如」を基本方針として引き受けた。孝明天皇の信任は厚かった。維新の動乱期に最後まで、会津の藩祖、保科正之（徳川家康の孫）の家訓、「徳川家への絶対忠義」を貫いた。容保が宮中へ来ると女官らがそわそわしたというほどの美男であった。鳥羽伏見戦争後も最後まで戦い、徳川260年最後の武将の面目を守った。長寿を保ち維新後は日光東照宮の宮司などを務めた。

松平定敬（弘化3～明治41・1846～1908）。松平容保の実弟。伊勢（三重）桑名藩11万石第13代藩主。19歳で京都所司代（57代）となり最後の所司代となった。桑名藩主として鳥羽伏見、函館戦争に指揮を執り最後まで戦った。

一方、八・一八政変で会津・薩摩軍に禁裏守衛から追われた長州藩は藩主慶親以下、恭順か進発か迷いに迷っていた。京師には一旦、姿を消していた尊攘派の志士らが風を望んで勢いを取り戻して擾乱の中心地へ続々集まっていた。

こうした動乱の予兆を含んだところに新選組による池田屋襲撃事件が起きた。祇園宵山で賑わっていた元治元（1864）年6月9日夜、三条河原町の旅籠池田屋に集まっていた吉田稔麿、宮部鼎蔵、松田重助ら30余人の志士らが近藤勇率いる新選組に襲撃され、7人が殺され、20余人が捕えられた。桂小五郎は池田屋へ早く着き一旦、戻って對馬藩邸にいて、難を逃れた。この事件で明治維新が半年延びたとも早まったとも言われ、禁門戦争の直接の引き金となった。新選組の名を京洛に一躍高からしめた。

一首目は吉田稔麿（天保12～元治元・1841～1864）。長州藩士。萩藩（山口）の軽卒（中間）の家の長男に生まれる。13歳のときから小者として江戸藩邸に仕え松陰門下に交じって刻苦勉励した。文久3（1863）年、士分となる。松陰に傾倒し吉田姓を自称する。高杉晋作、久坂玄瑞、入江九一と松陰門下の四天王と言われる。晋作の奇兵隊に加わり「屠勇取立方」を組織したり、奇兵隊士が幕府軍艦を乗っ取った朝陽丸事件では烏帽子、直垂姿で折衝に当たり活躍した。

掲出歌は辞世となった。池田屋では一旦、長藩邸に戻り急を知らせ、元結の切れた髪を結い直しながら再び戦いの現場へ向かう途中、追手に囲まれ討死した。「池田屋に赴くとき立ちつつ髪結いて詠める」と詞書があるように、一首の意はもとどり（髻）の切れた黒髪を何度結ぼうとしても結びきれない、その結びきれない黒髪と同じように乱れ切った世を如何にしようというのである。世の乱れを髪の乱れに擬した「なぞらえ歌」で所謂、主張的抒情歌の範疇に入るといってよい。初句から四句までは結句の「世」にかかる有心の序となっている。初句、二句の「結びても」の繰り返しや「乱れ初めにし」の語句に若干、月並み感や疑義を感じるが、動詞を多用した歌の流れは動的で、「立ちつつ髪結う」姿など歌舞伎や映画の一場面になりそうな映像的に印象に残る一首だ。長い序詞の歌には「あしびきの山鳥の尾のしだり尾の長々し夜をいかにかも寝む」（百人一首第3番　柿本人麻呂）などほかに「よろづ代も流れつきせぬ五十鈴川きよけき水を汲みてとらまし」。享年24。

二首目は宮部鼎蔵（文政3～元治元・1820～1864）の作。肥後（熊本）藩士。益城郡の村医家に生まれる。山鹿流兵学に通じ30歳の頃に熊本藩に仕える。嘉永3（1850）年、兵学を通じて生涯の友となった吉田松陰と東北探査に同行するなど諸国を遊歴し、尊皇の志を固める。文久元（1861）年、肥後勤皇党に加わり藩主細川韶邦に一藩勤皇を献策、翌年、禁門警護の藩公子に随従、翌3年には各藩親兵総督に任ぜられるなど尊攘派の重鎮として縦横の活躍中に池田屋で闘死。享年45。

歌は孝明天皇の「鉾とりて守れ宮人九重のみ橋の櫻風そよぐなり」に応えたもの。歌意はさぁ、人々よ、馬に鞍を置いて出陣の準備を整えよ、宮中の櫻が風に散ろうとしている、（まさに国家存亡の秋である）散らぬ前に駆け付けなければならないというのである。「いざ子ども」は山上憶良の「いざ子どもはやくやまとへ大伴の御津の浜松待ち恋ひぬらむ」（万葉集巻1・63）などと同じ用例で『万葉秀歌』（斎藤茂吉）の言うように「部下や年少の者等に親しんで言う言葉」である。「九重」は宮中、「みはしの櫻」

は御座所紫宸殿の階段の前の櫻などを指す。ほかに「賀茂行幸を拝し奉りて」と詞書し「おほけなきけふの御幸は千早ぶる神のむかしにかへる始めぞ」。

三首目は松田重助（天保元〜元治元・1830〜1864）。同じく肥後（熊本）藩士。宮部鼎蔵に兵学を学ぶ。17歳で出仕し時事を弾劾する意見書を藩に上がり藩世子細川護美の玄関番に格下げされたりした。文久3（1863）年、七卿落ちでは公卿を守って西下した。頑固の代名詞とされる「肥後もっこす」で幕府の人相書きが廻っても素顔で攘夷運動を続けた。池田屋では一旦、捕えられたが翌日脱走し、歩いていたところで会津藩兵と遭遇し闘って死んだ。享年35。

歌意は唯一筋に思い込めて（尊皇攘夷に）邁進するわが赤心（＝真ごころ）は神には頼まないしましてや人にも頼まないというのである。いかにも独立独歩、我が道を往くもっこすの面目躍如の一首である。「神ぞ知るらむ」「神に誓ひし」などと神仏依頼の句は少なくないが、「頼まず」と言挙げする歌は珍しい。剣聖、宮本武蔵は戦いを前に「吾れ神仏を頼まず」と言ったと言うが松田重助の歌はいかにも肥後（熊本）県人の気風が出た自尊歌である。「もっこす」は土佐のいごっそう、津軽のじょっぱりと並んで強情、頑固な気質をいう。ほかに現代短歌に通用する「山にのみすめる人にはかたらじな青うなばらのそらのけしきを」がある。

四首目は杉山松助（天保9〜元治元・1838〜1864）。長州萩藩士。軽卒の家に生まれる。松下村塾門下。文久2（1862）年、士籍を得る。八・一八政変後も京に潜伏し寺島忠三郎らと失地回復に奔走した。池田屋では深手を負い、一旦、長藩邸に急を報せ、翌日死亡した。享年27。

歌は従来の志士歌と若干趣を異にしている。大意は濁っているかどうか汲んでみて初めて知ることができる、本当の心の底の深い思いはそれを知る秤がないので誰が知るだろう、誰も知りはしない、知るのは我一人あるのみだというのである。剣戟乱刃に明け暮れた幕末の志士と雖もこうした心理学的葛藤を口には出さねど乗り越えて国事に邁進していたのである。

池田屋で闘死したものはこれら4人のほかに北添佶磨（土佐）、石川潤次郎（土佐）、大高又次郎（林田）。対して襲撃した新選組に死者は出なかった。近藤勇、沖田総司、永倉新八、藤堂平助の4人が斬り込み、表と裏を土方歳三隊、松原忠司隊24人と会津藩士が固めたという。

北添佶磨（天保6～元治元・1835～1864）。土佐藩士。代々の庄屋の家に生まれ、19歳で跡を継ぐ。土佐勤王党に加盟し尊攘運動に挺身した。享年30。

石川潤次郎（弘化3～元治元・1846～1864）。土佐藩士。足軽の家の次男に生まれる。土佐勤王党に属す。当日は同藩士、野老山吾吉郎を尋ね池田屋へ急ぐ途中、固めていた会津・彦根藩兵と斬り合いとなり闘死した。享年19。

大高又次郎（文政4～元治元・1821～1864）。播磨（兵庫）揖保林田藩士の家の次男に生まれる。赤穂浪士、大高源吾の後裔。大高皮具足で知られる家伝の甲冑製造技術に優れた。安政5（1858）年、脱藩し僧形になるなど尊攘運動に邁進。京伏見の長藩屋敷内に潜み武具製造に力を入れた。享年44。

京都の長藩邸には稔麿、杉山のほか桂も斃れたと誤って伝えられた。この一報は長州藩を驚愕、激怒させた。国元では武力進発論が一気に沸騰した。入京を逡巡していた長州藩の態度は池田屋事件によって決した。

新選組と清河八郎

ふきおろせ不二の高根の大御風四方の海路の塵をはらはむ　　清河八郎

話は後先になるが、新選組は文久3（1863）年、出羽（山形）の勤皇浪士、清河八郎が策を講じ、親友の幕臣山岡鉄太郎と江戸で集めた浪士234人を将軍、家茂上洛の前衛の名目で京都へ引率したのがそもそもの発端。京都へ着くや真の目的は攘夷の先鋒なりと方針転換を発表した清河と、あくまで将軍警護を主張して袂を別って残ったのが近藤勇と芹澤鴨の2派を中心とした佐幕一旗組17名である。2派は京都守護職の松平容保の預かりとなる。

近藤勇（天保5〜明治元・1834〜1868）。武州（江戸）多摩調布村（現調布市上石原）の農家の三男に生まれる。嘉永2（1849）年、剣術家近藤周助の養子となり、天然理心流試衛館の日野八王子の道場を継ぐ。文久3年、将軍家茂の上洛警護役に土方歳三（当時29歳）、沖田総司（20）、山南敬助（30）、永倉新八（25）、藤堂平助（25）、原田左之助（24）、井上源三郎（35）ら一門を率いて応募。10日間の警護終了後は京都守護職支配下「新選組」として市中見廻りを担当。近藤派は凡そ半年後の9月、芹澤一派を粛清し指揮系統を一本化し、「士道不覚悟は切腹」の厳格な規律のもと、剣客を揃え、多い時は隊士100人を従えた。近藤は強力な戦闘集団の大将として池田屋襲撃で主役を演ずるなど京の尊攘派志士の前に立ちはだかった。大政奉還後は各地を転戦するも幕府上層部に厄介者扱いされ、「甲陽鎮撫隊」隊長として甲州（山梨）へ向かう途中、捕えられ斬首された。「幕臣」を希求し出世欲は強かった。道場では左程でなかったが実戦では愛刀長曾祢虎徹を揮って無類の強さを発揮した。彼も新選組も剣技に命を賭けた維新史に束の間の光芒を放った一種の純粋行動者であったと言ってい い。辞世に「靡他今日復何言。取義捨生吾所尊。快受電光三尺剣。只将一死報君恩」の彼らしい七絶がある。享年35。

芹澤鴨（本名下村嗣次）は常陸（茨城）芹澤村の豪農の三男に生れ、近藤よりやや年長（伝天保3・1832生）で神道無念流の免許皆伝と称し、「尽忠報国の士」と刻んだ重さ300匁（1・125キロ）の大鉄扇を常に持ち歩く元天狗党の暴れ者だった。近藤派に暗殺された。伝「雪霜に色よく花のさきがけて散りても後に匂ふ梅が香」の歌がある。

掲上歌は清河八郎（天保元～文久3・1830～1863）。本姓は齋藤。幕府浪士組（新徴組）創始者。出羽（山形）庄内藩清川村の郷士の家に生まれる。大志を抱き江戸で文武両道に励み、江戸で「虎尾塾」を開き幕臣、山岡鉄太郎らと交流する。桜田の挙で尊皇攘夷思想を強め、『急務三策』を幕府に上書する。遺憾なのは策士に過ぎ、文久3（1863）年、のちに坂本龍馬を暗殺した佐々木只三郎（後の京都見廻組隊長）らに暗殺された。清河は江戸浪士を率いて京へ着いたあと「将軍警護の10日間の後は尊皇攘夷の素志を朝廷に建白いたす。異存あるまいな」と全員に明確に知らせている。あながち欺いて江戸の浪士を引率したとは言えない。

一首の意は吹き下ろせよ、日本一の富士の高峰から吹く大御風によってわが日の本の海辺に群がっている塵（＝夷船）どもを吹き除けようというのである。幕末志士の神風が吹いて夷敵を追い払う式の攘夷歌であるけれども「大御風」を富士山の頂上から吹き下ろすという着想が卓抜であり作者の独創性がある。大御風は「皇風」のことで気象上の風ではない。歌は、その大御風によって群がる夷船を「塵」扱いにして吹き飛ばそうというのだから大ごと好みの作者に相応しい想雄大の一首である。イメージの壮大さにおいて象山の「武蔵の国さし出づる月は天飛ぶやかりほるにやに残る影かも」に匹敵する対外的壮心歌と言える。初句の命令形、初句と二句目の頭韻に似た「ふ」音の強調、三句目の名詞止めなど歌調を力強く勢いのあるものにしているのも効果的だ。ほかに「国まもる剣はく身のいかなればえみしに屈む腰やあるべき」「打てば斬りふるればほふる剣およびり股はくぐらじ大和だましひ」「砕けてもまたくだけてもうつ波は岩角をしもうちくだくらむ」。享年34。

山岡鉄舟（天保7～明治21・1836～1888）。鉄太郎。幕臣。剣術家。無刀流開祖。幕末三舟の一人。御蔵奉行（600石）の家の4男に生まれる。文久3（1863）年、槍の名家、山岡家を継ぐ。幕臣ながら剣術家として清河八郎や尊攘志士石坂周造、博徒清水次郎長らと世間体に囚われず幅広く交流した。戊辰戦争直後の明治元（1868）年3月9日、江戸城総攻撃のため進軍中の西郷隆盛に単独会見し西郷・勝による江戸無血開城の緒口を付けた。辞世の句は「腹いたや苦しきなかに明けがらす」。沐浴し座禅のまま門弟らに見守られながら瞑目した。

第26回　禁門甲子の戦い──動乱第3幕──

長州藩、大激論──出兵、是か非か──

議論より実を行なえなまけ武士国の大事をよそに見る馬鹿　来島又兵衛

この国に天日嗣のましませばことくにぐにも靡きまつらむ　周布政之助

大君はいかにいますと仰ぎみれば高天の原ぞ霞こめたる　三条實美

池田屋の変報で長州の藩論は画然、率兵上京に決した。

しかし、この決論にいたる過程は平坦ではなかった。八・一八政変によって一夜にして都を遂われた長藩はじめ尊攘派の一刻も早い形勢恢復の思いは同じであったが、手段において径庭、緩急があった。

元治元（1864）年正月の長藩の年賀式は、藩主慶親は鎧直垂、重臣は軍装で臨んだ。藩内は進発か自重かに分かれて大激論が繰り返された。殊に長州に流謫の身となっている三条實美公以下の青年公卿は京都復帰の思いは灼熱のごとくで即時、上京を主張した。また顧問格、真木和泉は終始一貫勤皇軍進発を説いて止まなかった。豪勇をもって聞こえた来島又兵衛ら急進派も君側の奸中川の宮、薩賊会奸打倒を呼号し即時進発を主張した。

これに対し藩の重臣周布政之助は高杉晋作、久坂玄瑞とともに「防長二州を焦土となすは厭はねど違勅となっては元も子もない。尊攘の叡慮を第一義とし出兵上洛は拙速、隠忍自重すべきで今はそのときに非ず」と急進進発派を牽制し、慎重論を主張した。朝廷折衝役の久坂玄瑞は京師の現下の情勢を探査して戻って来て出兵の時期尚早、武装上京の暴なるを懸命に説いた。

即時進発説、自重論が真っ二つに岐れ議論百出、藩論は容易に決しなかった。来島又兵衛に（新知行地の）「160石が惜しくなったか」と罵倒された高杉晋作は「貴様より先に死んで見せる」と奮然席を立ち単身上京し連れ戻され野山獄に繫がれた。（このため高杉は禁門の戦いでは死ねなかった）。久坂玄瑞は来島に「医者坊主に戦さのことが分るか」と痛罵された。長藩家老、井原主計が勤皇奉公の赤心を陳弁した4500字の「奉勅始末」を携え毛利家の執奏勸修寺家を頼って奔走したが、握りつぶされ効無く、藩公父子の言路による弁疎の道は閉ざされた。

そこへ齎されたのが池田屋の変である。防長全土に戦陣の気配が張ったのは当然であった。

掲出歌一首目は来島又兵衛（文化14～元治元・1817～1864）。長門（山口）の国の馬廻り役（59石）

の家に生まれる。本姓は喜多村。来島家の養嗣となる。天保12（1841）年、柳川藩（福岡）の人石進に師事し剣技を磨く。嘉永元（1848）年、帰藩後、藩世子定広の駕籠奉行などを歴任。八・一八政変後、高杉晋作の奇兵隊に刺激され鉄砲隊による遊撃隊を組織し総督となる。禁門の戦いでは遊撃隊600人を率いて戦った。7月19日払暁、蛤御門で会津、桑名、薩摩藩と闘い戦死した。享年48。辞世。

歌は存疑（一本に河上弥市作）ながら武士の面目である死の覚悟なき議論ばかりの同志らへの憤激の歌はあまり詠まなかったとみえる。説明は必要ない。略意は（この大事な時に議論ばかりして何をしておる）議論より行動しろ、なまけ武士どもよ、藩国の大事をよそに何をやっておるのだ、馬鹿者どもというのである。まさに「議論畢竟世ニ功無シ」のひと言に尽きよう。稚拙であるだけに結句の「馬鹿」が痛烈である。見渡せば現代にも至る所その種の「馬鹿」が多いのではないか。三句目の「なまけ武士」のところは「評論家」「ジャナリ屋（ジャーナリスト）」など色んな言葉が当て嵌められよう。言うだけなら誰でもできる。言うは易く行いは難しなのだ。命、地位、名誉、生活、財産を度外視して所信（＝言葉）を実行できるかどうかなのである。以て他山の石とすべしだが。この場合の「国」は藩国を指す。本歌は、河上説もあるけれども河上は歌の素養もある。両人の言わんとするところは「議論より実を行え」ということに尽きる。

二首目は周布政之助（文政6〜元治元・1823〜1864）。変名麻田公輔。長州藩政務・首席重臣。代々馬廻り役の家の5男に生まれ家督（68石）を継いだ。長じて長藩の経世家、藩政改革者の村田清風（1783〜1855）の薫陶を受け、若手藩吏の第一人者となる。実務派の藩政首座として松陰門下の桂小五郎、高杉晋作らを登用し、尊皇攘夷を進める藩主、慶親を補翼し藩論統一に力を尽した。禁門では自重を説いたが容れられず、戦い後、椋梨藤太ら恭順派に実権を奪われ、責任を取り切腹した。大酒し長刀を抜いて野山獄に馬で乗り付け謹慎する晋作を叱咤激励したり土佐藩主、容堂公を批判し問題を惹き起こすなど豪放な一面もあった。経世家であるとともに胸臆に熱血を蔵した勤皇家であり、タイプは少ないが異色の純粋行動者の一人であった。

歌は皇威無辺の信念を披歴した述懐歌。大意は（わが日本の国には）天皇が在わしますのだから（今はそうとも知らずに勝手な振舞いをしている異国＝外国の国々も）やがて気が付いて頭を下げて来るだろうというのである。「天（津）日嗣」は天皇の美称、神話中の天照大御神の子孫である天皇の意。辞世の漢詩に「月明何唯武蔵州。今昔光臨五大州。為客来能遊異域。空過三十九中秋」。享年42。

三首目は三条實美卿の京都帰還の思い切なる元治元（1864）年年賀式前後の歌。詞書に「正月9日山口にて」とある。實美卿以下七卿は、その前年八・一八日一夜の嵐に吹き払われ長州西郊に都落ちし、早や半年。身は勅勘同様である。帰心箭の如し。都へ戻る日を待ち侘びて東の空を眺める毎日であったに違いない。御前会議で上京進発を主張したのは当然であった。

詠草は言葉通りで、みかどはいかにと遥か遠くより仰ぎ見れば帝在わします宮居（＝高天の原）の辺りは霞深く立ち籠め隔てられている、心配でしょうがない一刻も早く帰って霞（＝妖雲）を取り除きたいというのである。直接的な強い主観語はどこにもないのに憂慮心痛の響きが一首の声調に顕われている。三句目の「仰ぎみれば」は作歌上の形容や麗句ではなく生涯純粋無垢の尊皇精神を貫いた実直な作者らしい実詠であろう。「高天の原」は神話中の天照大御神などの神々がいる皇室発祥の天上世界。ここでは皇居を指す。

慶親公、軍令状手交。全軍出兵・布陣

一行に文字をなしたる雁がねもかすみの内にかき分て見ゆ　毛利慶親

◎

大内山あかねさす日に我が君のぬれ衣ときて照らしてぞ見む　久坂玄瑞

ちはやぶる人の醜草かかるかとおもへばわれの髪さかだちぬ

6月14日、慶親公、家老増田右衛門介に諸隊の上京を命じ、増田、福原越後、国司信濃、三家老に墨印の軍令状を手交。翌15日、全軍出兵。6月24日、福原隊御所南東側6キロの伏見河原町通りの長藩邸に、同日、増田、真木、久坂隊御所南15キロの淀川（伏見西南）の山崎天王山に、27日、来島又兵衛遊撃隊および尊攘志士御所西側8キロの嵯峨（右京区）天龍寺に、7月11日、国司隊これに合流。同15日、増田隊は兵600を率いて天王山西南の男山（石清水八幡宮）に布陣。長州軍は伏見、山崎、嵯峨の三要衝に分屯して進撃の合図を待った。実にこれ関ヶ原（1600年）以来の軍装での畿内入京であった。

玄瑞、真木らは山崎に拠った6月24日、執奏を通じて最後の嘆願を試みた。右嘆願書を巡って中川宮、三条実愛、一橋慶喜、松平容保らが朝議。29日、慶喜、福原越後に無条件撤兵を伝える。7月1日、福原、嘆願書説明のため入京を請うが不首尾。3日、再び慶喜、福原に撤兵を命じる。16日、三家老、来島、真木和泉、久坂ら男山の陣営で軍議。久坂の朝敵回避と木島の進撃説が再び火花を散らす。軍議総裁真木和泉、即時進撃を裁断し、進撃に決する。松平容保、誅伐の表を朝廷に上る。17日、世子、五卿上京。18日、長兵追討の朝議決する。

掲出歌一首目は長州藩主、毛利慶親候の作とされる。作歌年代はしかと特定できないが長州藩が挙藩勤皇を藩是とした文久2（1862）頃の作と推測する。歌は竿になった雁が春霞の空を飛び行く様子を詠んだ「帰雁」と題した題詠歌か実景歌。歌意は一行《ひとつら》の文字形となって北へ帰る雁の列が霞たなびく空を左右に押し開くように飛んで行くのが見えるというのである。平凡な「春霞雁行」の諷詠に見えるが、本歌は一藩勤皇を心に固く思い定めた頃の毛利候の覚悟の歌であろうと拝察する。それは雁行を、「一行の文字をなしたる」、或いは「かき分けて」と意志的に捉えた表現に候の思い入れが顕れていると感ずるからだが如何か。候が、一藩勤皇を藩是に真一文字に突き進む藩の姿を一直線となって飛ぶ雁の列に重ね合わせたとしても決して不思議ではない。季節は「帰雁」であるから雁北へ帰る春。「かすみ（霞）」は「宮居を取り巻く霞」が寓意されていると解したい。「かき（掻き）分けて」は左右に押し分け開く意。持統3（689）年、草壁皇太子（660～689）の薨去を痛みて詠んだ柿本人麻呂の長歌「天雲の八重掻き分けて神下し」（万葉集　巻2・167）参考。

慶親候の作としてもう一作、これも制作年代は判然しないが、一藩勤皇を明確に宣言した重要な漢詩があるので掲げておこう。「咏史」と題した七言絶句で

幾歳星霜臥戦衣。
前狼後虎費心機。
誠忠一片勤皇骨。
独立乾坤千古香。

300諸侯中真っ先に挙藩勤皇の旗印を鮮明にし藩の運命を賭けて尊皇・攘夷・反幕に勇進した往時を回顧しての作と推定。元治元（1864）年、6月〜8月にかけての禁門の戦いか、或いは英仏蘭米4カ国の下関砲撃の頃の長州試練の時の回顧かも知れない。大意は（常在戦場の覚悟をもって）幾年月も軍装で起き臥しし、わが周囲の群敵（＝虎狼）に心を砕いてきた。（そのような中にあっても）心中一片の気骨（＝勤皇精神）は片時も揺るぎなく（その気概は）天地に独立して永遠に香しいというのである。転句「誠忠一片勤皇骨」の「骨」が一詩の中心。「骨」は気骨、気概。「星霜」は歳月《としつき》。「戦衣」は甲冑などの軍装。「前狼後虎」は前門の虎、後門の狼。複数の危難の意。「誠忠」は心からの忠義。「一片」はわずか。謙遜語である。「乾坤」は天と地、陰と陽。「千古」は永遠、とこしえ。

薩摩や土佐の各有力諸藩が勤皇か佐幕かで左見右見《とみこうみ》している中、長州藩が一藩勤皇の方針を堂々と

掲げ幕府に対峙したエポックメーキング的事実は当時はもちろん今も全く色褪せぬ革命的且つ、歴史的出来事であった。そしてその際、候は断を下すに当たって人知れず深慮し、熟考し、一大決心をしたにちがいない。掲げた両詩歌はその間の候の精神状態をよく伝えている点で歴史的証言歌である。

長州藩は幕末以前から正月拝賀の儀には藩主以下軍装で登城し重臣が「まだでございますか」と言上し藩主が「いまだ尚早」と応えるのが慣わしであったと伝えられる。「まだ」とは関ヶ原の仇を晴らすのは「まだでございますか」の意である。また藩校、明倫館は儒学の大義名分思想を骨子としながら徳川幕府の官学、朱子学とは反対の立場をとる古学派、荻生徂徠の反朱子学が学風である。徂徠学派はそもそも古学派の祖で尊皇思想を説き『中朝事実』を著わした山鹿流兵学の祖、山鹿素行の流れを汲んでいる。吉田松陰は養父の吉田大助、叔父玉木文之進とともに同流兵学者である。加えて毛利長州藩には中国地方75万石の10国支配から防長2州37万石に押し込められた関ヶ原以来の怨念が色濃く残っていることに間違いない。

少し横道に逸れたが、掲出歌の和歌二首は玄瑞の作。一首目は詞書に「山崎の陣営にて」とある元治元（1864）年、25歳の詠。藩主父子の雪冤を決意して詠んだもの。一首の意は（これから正々堂々と）参上してわが君の謂れなき逆賊の汚名（＝濡れ衣）を大宮の茜射す日に照らして雪いで見せようというのである。京都進発の前には諸般の情勢から時期尚早と判断し慎重論を唱えていた玄瑞であったが、一旦進発と決したからには主君の冤罪を武力によって雪がんと大内山（＝皇居）に射す日に誓ったのである。玄瑞にはこれと決まった辞世が見当たらないけれども雪冤の覚悟を詠んだ右歌が事実上の辞世であろうと推断する。「大内山」は御所西側右京区御室山の別称。皇居を指す。歌枕的に用いている。「茜さす」は「日」に掛かる枕詞。ここでは「茜さす日」が「濡れ衣解きて」以下の有心の序となっている。「わが君」はもちろん藩主慶親公、および藩世子元徳を指す。

二首目は「鷹司邸にて」と詞書。歌は同じく元治元年禁門甲子の戦いに関連した作と推定。天皇を取り巻く奸臣（玄瑞から見て）の醜草の蔓延に怒髪天を衝いた憤激歌。歌意は（この期に及んで）このような醜い振舞い、言行かと思えば情けなく、腹立たしく、髪が逆立つたというのである。彼の作品中決して上作ではないけれども、温和な玄瑞がこれほどあからさまに怒るのは余程のことがあったに違いない。醜草は薩摩か、君側の公卿らか、慶喜だったか。ここに至って主君の雪冤の道は閉ざされた。あとは死をもって訴えるのみ。玄瑞潔く死を覚悟した。「醜草」が一首の核、ここでは佞人の振舞い、言葉を指す。「ちはやぶる」は人に懸る枕詞。

両軍、皇居で激突—玄瑞戦死—

執り佩ける太刀の光はもののふの常にみれどもいやめづらしも　　久坂玄瑞

君がためつくせやつくせおのが身の命一つをなきものにして

後の世も今もむかしを照らすらむ物おもふ身は月ぞまばゆき　入江九一

おほけなく君がみくににとしを経てけふや雲井にをがむ九重　寺島忠三郎

明けて7月19日、嵯峨天龍寺より進撃した国司隊本隊と来島又兵衛の遊撃隊は御所西側の中立売門、蛤門（禁門）、下立売門で会津、桑名、津、筑前藩兵と激突。戦闘は激甚を極めた。猛将、又兵衛は馬上より兵を叱咤し自らも槍を揮って敵陣に阿修羅のごとく躍り込めば、その死に物狂いの奮戦に敵は備えを崩して退却した。長州勢は一気に御所西側御門の松平容保の陣する凝華洞（お花畑）へ寄せ切るかに見えた。そのとき沖永良部島から戻って来た西郷隆盛率いる薩摩藩兵が御所北側乾門より来援し側面攻撃をかけて雪崩れ込んできた。頼みの又兵衛は川路利良（のちの初代警視総監）の狙い撃ちの銃弾を胸に受けて落馬、絶命。戦勢は俄に逆転し長州軍総崩れとなって退却。福原隊は伏見で大垣隊との戦闘により入京を阻まれた。長藩の卒兵上京が松平容保を誅することにあり、戦闘は容保陣する御門内凝華洞附近から蛤御門付近が猛烈を極め流弾が宮中に及んだといわれる。これがのちに長州征伐の理由の一つとなった。

一方、山崎より御所南側の境町御門の会津藩兵を攻め、鷹司邸に拠った真木、久坂、入江九一、寺島忠三郎ら忠勇隊は禁門から応援に来た越前福井・桑名・彦根藩兵に四方を囲まれ、集中砲火を浴びせられた。玄瑞はこのとき脛を撃ち抜かれた。隊一同は力戦したが力尽き、多くが戦死した。玄瑞もいまやこれまでと血まみれで二階から降りてきた寺島忠三郎と刺し違えて、見事に果てた。玄瑞に後事を頼まれた入江も塀を乗り越えるところを槍で顔面を突かれて斃れた。玄瑞、寺島、入江ら松陰門下屈指の純粋行動者の惜しみてあまりある、然し潔い最期であった。

掲出歌前二首は玄瑞作。一首目は、時期は特定できないが京都進発前後の「陣中詠」と推量したい。一首の意は愛刀を抜き放ってつくづくと眺めると（常に眺めているものであるが）今さらに頼もしく愛でたい光を放ち勇猛心が湧いてくるというのである。出陣、或いは決戦を前に武士の魂である佩刀の冴えた光に勇戦潔死の覚悟を確認した一首である。一種の象徴的辞世歌として味わってもいい。

二首目は存疑ながら玄瑞作とされる一般的な勤皇歌である。これも時期は確定できない。出陣前、進撃時、或いは陣中詠としてもおかしくはない。大意はみかど（天皇）や主君のために自分の命一つを無いものとして尽くし抜けというのである。「君」は至尊を指すか、或いは主君か、この場合両方であるか。尽忠滅私の精神が二句目の「つくせや盡せ」に躍如とした歌である。格調やや劣るが同句は歌調に一種のリズムと勢いを与え高揚した臨場感が表現されている。専門歌人ではこう率直に詠えない。実戦に臨んだ武士らしい正直な心情が直接的に表出した実戦歌として挙げた。ほかに師、松陰を追慕した「世の中の事しおもへば君の身の過ぎにしことの悲しきろかも」、「宮人も弓末ふり起せ時ぞ今さくら挿頭さむいとまあらめや」「もののふの臣のをとこはかかる世になに床の上に老いはてぬべき」。漢詩にも堪能で「去年海内乱如麻。生死不期詎憶家。此夕蕭条無限恨。山堂春雨聴鳴蛙」（無題）、「皇国威名海外鳴。誰甘烏帽犬羊盟。廟堂願賜尚方剣。直斬将軍答聖明」（逸題）など逸詩多数。

三首目は入江九一（天保8～元治元・1837～1864）の辞世。杉蔵。長州藩足軽の家の長男に生まれる。松陰四天王の一人。家が貧しく江戸藩邸の下働きや飛脚を勤めて勉学した。弟、野村緩（和作）より遅く門下生となったが師に猛忠を賞された。文久3（1863）年、士分となる。高杉晋作の奇兵隊創設に参謀として加わり、下関砲撃では玄瑞の光明寺党の馬関総奉行列座として参加した。師、松陰へ変わらぬ忠節を尽した。

歌は辞世。大意は（私の死後もまた今こうして眺めている時でさえ）月は煌々と四辺を照らして（もの思う自分には唯々）眩いばかりであるというのである。人は誰しも明日知れぬ身を覚悟して栄枯を照らす頭上の月を見るとき露ほどの我が一瞬の生の短さに哲学的感慨を催さずにはいられない。憂国の誠忠を万古不変の天上の月に託した述志歌である。ほかに「松陰先生の墓に花を挟む」と詞書して「年を経てかはらぬ梅のはなの香をたむくるさへもこころはづかし」。享年28。

四首目は寺島忠三郎（天保14～元治元・1843～1864）。長州藩周防（山口）の無給藩士の家に生まれる。14歳で松下村塾、のち藩校明倫館に学ぶ。久坂玄瑞と肝胆相照らし若手尊攘派として活躍。八・一八政変では探索厳しい京に潜伏し情報収集に当たった。

歌意は勿体なくも君の治められる国に人となり今日ここに宮居を遥拝することができたというのである。皇居遥拝に感激しての作。「おほけなく」はもったいなく、恐れ多いの意。「雲井」、「九重」は皇居。ほかに師、松陰を追慕しての「関の戸は雲や閉ざさむ五月雨の今朝ふく風を君は何処へ」「いくとせか君はあづまに宿るらむ古里さびしさみだれのころ」など。享年22。

安政の大獄で師、松陰が刑死して5年、師に「防長年少第一」と評された玄瑞が逝った。勤皇か佐幕か、攘夷か討幕か、諸士、諸藩が戦々恐々、右顧左眄しているときに、玄瑞は師の「志ヲ行フ已《ノミ》」という純粋精神（＝純粋行動）を全的に継承、一筋に貫き通した。彼の清冽無比の殉志行動があったればこそ、長州藩の尊攘運動が断然他を抜いてひと際輝いたのであり、困難な一藩勤皇も可能になったのである。

倒幕運動の理論的指導者

おほ山の峯の岩根に埋みけり吾がとしつきの大和だましひ　　真木和泉守

書みれば思ひあはする事ぞ多き昔もかかるためしありけり

かかる身になりてさこそと思ふかなたぐへて見むはかしこかれども

ふくる夜の雪のふぶきの寒ささへ袖におぼえぬ吾が誠かな

沖つ浪かへるおもなき吾が身かなうらめしき世に浮き沈みして

戦いはほぼ一日で決した。伏見・嵯峨・山崎の長州三軍は薩摩、会津、桑名を中心とした幕軍に敗れた。殿軍の増田隊は伏見長藩邸に火を放ち長州へ退却した。鷹司邸にあった真木和泉ら忠勇諸隊は重囲を破って天王山へ戻った。真木は集まった諸隊に「諸君は外夷来寇の惧れある馬関に急ぎ戻れ」と言い残し、自らは敗軍の責任をとり、彼を慕う宮部春蔵ら一門17人と天王山へ立て籠もり、攻める会津藩兵や新選組と最後の闘いを挑んだあと火薬に火を放って陣営を爆破し割腹自決した。

真木は長州藩進発に当たって大きなダイナモの役割を担った。そうした意味で禁門の戦いの青写真を描き、事実上のリーダーとして挙兵進発を指導した彼は玄瑞に劣らぬ、ある意味では玄瑞以上に維新の進展に必要不可欠の人物であり純粋行動者であった。

真木和泉守（文化10～元治元・1813～1864）。保臣。筑後（福岡）久留米藩士。久留米水天宮祠官の家に生まれ、官位を持つ。6歳で馬廻り格待遇（150石）、11歳で家督を継ぎ、20歳で従五位となり和泉守を名乗る。幼少の頃読んだ『絵本楠公記』に感激して以来、楠正成の崇拝者として今楠公と呼ばれた。のちの靖国神社の淵源の招魂社を作った。長じて王政復古思想の志を固めるとともに会沢正志斉の『新論』に傾倒し一門に入り、水戸学の後継者ともなる。弘化4（1847）年、孝明天皇即位の際、上京し三条實美卿や長州藩主に持論の王政復古論を述べ中央に知られる。嘉永5（1852）年、一藩勤皇を核とした藩政改革を藩主、有馬慶頼（頼咸）に上り、執政派に悪まれ改革派の首領株として久留米水田村の実弟宅に蟄居を命ぜられた。蟄居は10年に及んだ。その間、幽囚の身ながら『何傷録』を著わすなど尊皇の志愈々固く、自ら名付けた寓居「山梔窩《さんしか》」には平野國臣、宮部鼎蔵、有馬新七、清河八郎ら尊攘志士が訪れ、国事を図った。文久元（1861）年、尊皇倒幕の大胆な具体策を説いた『義挙三策』を著わし倒幕運動の理論的指導者と仰がれるようになった。翌文久2（1862）、島津久光上洛を攘夷親征の好機と見て蟄居先を脱出したが同年4月、寺田屋事件で夢叶わず久留米藩に還され禁固刑に処せられる。長州藩などの取成しで赦され同年5月、同藩に赴き藩主毛利慶親父子に「攘夷は長藩一藩のみでは列強相手に勝ち目はない。日本国一丸とならなければならない。そのためには天皇が攘夷親征（王政復古）を進める以外に道はない」との『義挙三策』の大方針を建言し、長藩の攘夷親征運動を牽引、玄瑞とともに倒幕運動の実践的指導者となった。学習院出仕を命ぜられ、大和行幸実現をあと一歩のところまで推進させたが、八・一八、禁門の一戦を招来させた。

掲出歌一首目は辞世。元治元（1864）年7月20日、山崎天王山にて自刃。一首の意は（倒幕の志成らずと雖も今ここに）この大山の頂上の岩の根本に埋め置きておこう、練り上げ鍛え上げてきたわが大和魂を、というのである。「おほ山」は大きい山の意で固有名詞ではない。四句目の「吾がとしつきの」の語句は事実に裏打ちされた不撓不屈の実践運動者の自信に満ちた一句である。歌柄は大きく声調あくまで従容として大丈夫の最期にふさわしい堂々たる辞世である。結句を「大和魂」で結ぶ幕末志士の尊皇愛国歌は数え切れないほどあるけれどもこの保臣の歌と松陰の「かくすれば」の歌二首が双絶である。ほかに「砕けても玉と散る身はいさぎよし瓦とともに世にあらんより」も辞世で、「丈夫玉砕甎全ヲ恥ズ」（西郷南洲の漢詩一部）と同意の、これも名を惜しむ純粋行動者らしい潔い覚悟を示した一首である。享年52。

二首目はこれより12年前の嘉永5（1852）年、40歳の作。藩政改革の事破れて蟄居させられたときの「水田天満宮奉納二五首」中の一首。歌意は（吾がこの度の謹慎のことは）菅原道真公の左遷せられたときのことなどを記した文書を読むと昔からよくある醜争だったと納得したというのである。自分の謫居を天満宮祭神菅原道真公の大宰府配流に思い合わせて詠んだ。ほかに「一たびは玉とも見えて吹く風にくだくる露ぞ身のたぐひなる」と不運を託《かこ》った連作もある。

三首目も水田村蟄居中の作。40代前半の作か。「五月二五日、楠公戦死の日なり」と題詞し、楠公を崇めた彼が楠公の心境に迫る思いを述懐した。一首の意味するところはこのような幽閉の身となって（変転極まりなき人の世の、まして楠公の心の奥底や去就など分かろう筈もないが）自分がその当事者となってはじめて「成る程」と思うようになった、わが身を大楠公に比べてみようなど畏れ多いことであるけれどもというのである。「かかる身」はこのような身、すなわち籠居の身を指す。「さこそ」はそのように、定めし、もっともなことの意だがここでは「成る程」と解した。「たぐふ」は「類ふ」で較べるの意。「かしこ（畏こ）」は畏れ入る。この歌は頭や理屈では分かっていても自分がそのような実際の境遇にならないと本当の心底、心境は測り知ることが中々出来ないものであるということをしみじみ感得した歌だ。歌に詠むには不向きで難しい内容であるが、心すべき一首であろう。

真木和泉は、写真はないが肖像画で見る限り清河八郎などに似た大柄な目鼻立ちの容貌で佐久間象山ほど異相ではないが尋常の人でないこと一目瞭然である。ほかに「高山の大人《うし》なにびとぞ人ならば攀じても見なむかれなにびとぞ」と先憂志士高山彦九郎と自分を比べた歌もあるように楠公や菅公など目標を常に歴史上の大人物に置いて志あくまで高く自身を鼓舞していたようである。

四首目は文久2（1862）年2月。久光の率兵上京を攘夷親征の好機とみて蟄居先から脱出し、薩摩へ向かった50歳のときの作。「脱走入薩の途次」と詞書。嘉永5（1852）年の幽居から凡そ10年、その間、大獄、桜田、坂下へと時代は猛スピードで進み保臣の憂国慨世の念は極に達した。一首の意は（国を救う手立てを胸に急ぎに急ぐ吾が身には）夜更けに吹き付ける吹雪の雪の寒さなどまったく感じないというのである。一句目の「ふくる夜の」から二句目の「雪のふぶきの」の流れるようにつなぐ手際の辺り、保臣は専門歌人に近い幕末志士歌人として平野國臣、伴林光平、佐久良東雄、藤本鐵石と共に五指に入るのではなかろうか。ほかに鹿児島滞在中の詠として「草まくら旅のやどりの板びさしいたきことのみ多きころかな」「小夜ふかく知らぬ旅路もひと筋の誠ばかりを知るべにぞゆく」がある。

五首目はやはり文久2年5月、50歳頃の作。4月23日、寺田屋騒動に連座して京都薩摩藩邸から大阪の久留米藩邸へ連れ戻された時の歌。この歌は（どの面貌下げて帰ることができようか）まことに面目ない吾が身である、うらめしい（測りがたい）世とは言えその定めない世に翻弄されてというのである。一首の中心は二句目の「かえるおもなき」で初句の枕詞「沖つ浪」は「かえる」に懸る。「沖つ浪」「かえる」「うらめしき」「浮き沈み」すべて「浪」の縁語で構成してある。ほかに「伏見一挙の後に詠める」と題し「思ふこと結びもはてず覚めにけり伏見の里の夏の世のゆめ」。文久3（1863）年建白書を奉じた際に「百敷きの軒のしのぶにすがりても露のこころを君に見せばや」「深芹の思ひふかめし一葉とはみをつみて知る人もあらなむ」。安政5（1858）年「大道はひとすぢなれどよきぢ多しただいにしへの書見てゆかむ」「暗き夜によし迷ふとも行きなれし道はかへじと思ふなりけり」など歌才縦横、佳歌多く凡作寡なし。漢詩にも堪能で「逸題」と題し「決死既三焉。不死亦幸矣。大任蓋未終。杖剣看山水」など。享年52。

昭和50（1975）年、自決した『北一輝論』の著者、村上一郎（1920年生まれ）の言うように真木は単なるイデオローグ（観念的夢想家・煽動家）などでは決してない。彼は10年に及ぶ蟄居中の研鑽思考から日本救国は倒幕による王政復古実現以外になしと結論した。そうしてそれを絶対の信念をもって説き、七卿も、長州藩（主）も、志士も、彼のその熱誠に衝き動かされて維新倒幕の道を進んで行った。その点で言えば革命家であり、イデオローグだが、彼はその最後において老骨を信念とともに天王山に屠った純粋行動者であった。終局において詩人であり、村上氏と同じサムライであり、純粋行動者たることを証明したのである。

京の都が戦場になったのは実に応仁の乱（1467～1477）以来397年振りであり、天皇を取り合って時の幕府と大名が御所周辺で戦うのは南北朝時代（1331～1392）の両統迭立の争いを除けば史上初である。それほど日本の歴史にとって大きな出来事であった禁門の戦いを、長州藩を軸に動かしたのは久坂玄瑞であり真木和泉（保臣）であった。玄瑞は師、松陰の大攘夷論を継承し真一文字に推し進めた。真木は玄瑞の大攘夷論を更に進めてそれには天皇が天下に大号令をするしかない、そのためには今の徳川幕藩体制を変える親征討幕しかなしと断じたのであった。２人は紛れなき熱血的純粋行動者であった。２人の日本救国の大信念によって長州藩の挙藩討幕が実行されたのであり、回天への歯車が音を立てて大きく動いたのである。

久坂・真木両人の壮烈な戦死をもって明治維新の第二幕である尊攘運動のクライマックスともいうべき禁門甲子の戦いは終わった。東上の途上、敗戦を知った世子定広、五卿は長州へ引き返した。長州側の死者は凡そ４００人、幕府側は90人といわれる。兵火で京都市街の半分が焼けた。

長州藩の挙兵は結果的に無謀な企てに終わった。しかしその暴走は必然的・絶対的道程であったといえよう。この戦いで玄瑞、真木という純粋で、狂熱的な烈しい行動者らが自らの役割を果たし畢えて維新の舞台から去った。

ということは、次の志士たち、高杉晋作、桂小五郎、坂本龍馬、西郷隆盛、勝海舟らの登場、活躍が必至の段階となって行くのである。その意味で禁門の変は第一群の熱血行動型の志士群から次なる第二群の熱慮断行型の志士らへのバトンタッチとなる避けられない劇的な終焉の舞台であった。

第27回　長州試練（一）―幕軍第一次征長―

三家老切腹、四参謀斬首

しらま弓ひきなかへしそ大君の辺にこそ死なめ大丈夫のみち　増田親施

くるしさは絶ゆるわが身の夕煙空に立つ名は捨てがてにして　福原越後

よしやよし世を去るとても我が心御国のためになほ尽さばや　国司信濃

元治元（1864）年7月23日、幕府は朝廷から長州藩追討の勅許を得た。幕府から見れば長州の反幕的行動は許すべからざる反逆罪である。禁裏御守衛総督、一橋慶喜は薩摩藩以下21藩に出兵の準備を命ずる。毛利藩主父子の官位・偏諱（「慶」の一字）を奪い、江戸、京、大阪の長藩邸を没収する。8月2日、将軍家茂は江戸城総登城の場で将軍進発を宣言した。

しかし征長総督を各諸侯が固辞して2か月近く決まらなかった。うっかり引き受けて威令が通らず笑い者になる恐れもある。好んで火中の栗を拾うものはいなかった。10月5日、尾張藩主、徳川慶勝は全権委任と軍中臨機の裁きを条件に、西郷隆盛を参謀に征討総督を引き受けた。幕府は大小35藩、15万の兵を編成し、10月22日に大阪で軍議を開き、11月18日を総攻撃の日と定めた。慶勝は征長総督の挨拶言上の際に処分寛大の裁量をほのめかした。

参謀、西郷は、長州藩支藩の吉川経幹と会い、三家老の切腹、四参謀の斬首、五公卿の追放等を決めた上で、10月24日、慶勝に長藩自らで自藩を処罰する所謂「長人をもって長人を征す」降伏のプロセスを述べると、慶勝はその場で脇差を与えて西郷に全権を委任した。慶喜はのちにこのことを「総督ハ芋ニ酔ヒ候」と苦々しく書簡に書いている。11月4日、西郷は吉川にその旨を伝え、同11日、増田親施と国司信濃が、翌12日に福原越後が切腹。同日、宍戸真澂、竹内正兵衛、中村九郎、佐久間佐兵衛の四参謀が斬られた。12月5日、藩主父子の謝罪状と山口城から萩城への移城（事実上の引籠り）、山口城の取り壊しが行なわれ、西郷は五公卿の筑前（大宰府）行を促す最後の詰めを行った上で総督に報告した。総督慶勝は12月27日に征長軍解兵令を出し、第一次征長は干戈を交えることなく終わった。

徳川慶勝（文政7～明治16・1824～1883）。尾張名古屋藩（62万石）第14代藩主。尾張藩支藩高須藩松平義建の2男に生まれる。京都守護職・会津藩主、松平容保（7男）、京都所司代・伊勢桑名藩主、松平定敬（8男）とは兄弟。安政5（1858）年の将軍継嗣問題では一橋派攘夷論者として水戸斉昭、松平慶永、島津齋彬の側に立った。明治元（1868）の戊辰戦争鳥羽伏見以後、御三家筆頭ながら尊皇の立場を貫いた。

吉川経幹（文政12〜明治2・1829〜1869）宗家長州藩支藩の周防岩国（6万石）藩主。第一次長幕戦では幕府軍と長州藩の仲介者となり周布政之助と清水清太郎に西郷隆盛の意を伝えた。第二次長幕戦争では宗藩と共に幕軍と戦った。

掲出歌三首は3家老の辞世。

一首目は増田右衛門介（天保4〜元治元・1833〜1864）。親施。長州藩代々首席家老。増田家（1万2千石）第33代当主。嘉永2（1849）年、17歳のとき、松陰の兵学門下となる。松陰の良き理解者であった。嘉永6（1853）年、ペリー浦賀来航の際の浦賀総奉行。安政5（1858）年、通商条約問題では朝廷の意思に沿った攘夷決行を幕府に建言した。禁門の戦いでは兵を率いて中立売門から境町御門に戦った。帰藩後は領地須佐（萩市）に待機した。幕府恭順派に代わった藩庁政府により幕命に従い11月、徳山（山口現周南市）惣持院で切腹。享年32。

歌意は（「大君の辺にこそ死なめ顧みはせじ」と古歌にあるように）もののふたるものは出陣したからには引き返してはならない、大君をお守りしその傍で見事な討死をしたいものであるというのである。作者はまさに大君の辺（御所境町御門内鷹司邸）まで進んだのであった。武人にとってこれ以上の本懐はない。「しらま弓」は白真（白檀）で作った弓で「引く」に縣かる枕詞。二句目の「ひきなかへしそ」は「な〜そ」のかたちで禁止の意を示す。一首の三、四句は大伴家持（養老2、霊亀2〜延暦4・

718、716〜785）の万葉集の長歌（巻18の4094）の一節。ほかに「今さらに何あやしまん空蝉のよきもあしきも名のかはるまじ」

二首目は福原越後（文化12〜元治元・1815〜1864）。元僴。支藩徳山（周防山口4万5千石）藩主の家の第6子に生れ、長州藩永代家老福原家宇部領主（1万1300石）の嗣となる。嘉永以来、常に藩政の中枢に在って藩主敬親を補佐し、尊攘運動を推進した。禁門では主力軍の総大将として兵を率い伏見長藩邸に布陣した。生地、徳山を避けて岩国で切腹した。享年50。

一首の意は、（死ぬ身は惜しくはない）気掛かりで残念なのは、わが身が山野辺の空に夕煙となり立ち昇って消えてしまうことである、「空に立つ名」（＝根拠のない朝敵の冤名）を棄て置けないままにしてというのである。初句の「苦しさ」は二、三句に係らず、結句の「捨てがてにして」に係っている。典型的な臨刑死の残念歌である。長州藩家臣代表としてはもっとも辞世である。朝敵の汚名をそのままにしては死ぬに死ねない苦しみであったに違いない。武士は死しての後の名を惜しむ。将に「人生有限名無尽」である。心残りの響きが一首の詞調に露われた無念の遺詠である。「苦しさ」は苦痛の意だがここでは心残り、残念の義でなければならない。「夕煙」は火葬の煙の事。四句目の「空に立つ名」の「空」には「夕煙」を受けた実景の「空」のほかに嘘偽りの意の「空事《そらごと》」の「空」が掛けてある。本歌のポイント句の「空に立つ名」は根拠のない濡れ衣（冤名）と意訳して間違いなかろう。「立つ」は多義あるがここでは「風評が立つ」の意。「名」は評判、聞こえ。「捨てがて」は捨てては置けない。「がて」は接尾辞で困難、難しいの義。ほかに「幽囚中述懐」の詞書の「おしなべて曇りはてたる世の中に月影のみぞさやけかりける」。歌を能くし『緑浜詠草』一巻を遺した。

三首目は国司信濃（天保12〜元治元・1841〜1864）。長州藩寄組の家の次子に生まれ、藩家老国司氏の養嗣子となり5600石の家督を継ぐ。文久2（1862）年、赤間奉行となり、外国船砲撃の指揮を執る。資性鋭敏、若くして頭角を顕し下関防備総奉行を経て家老職を務める。禁門の戦いでは兵を率い蛤御門まで迫り戦った。無条件降伏で増田親施とともに徳山惣持院澄泉寺で切腹。享年24。

歌意は、よいではないか、残念ながらこういう結果になってしまい世を去ることになってしまったが我が赤心は魂魄となって君国のためになお盡したいというのである。「ばや」は希望の意の終助詞。ほかに「飛鳥川きのふに変る世の中に憂き瀬に立つは我身なりけり」。

3家老とも勤皇の志厚く、主命を奉じて何ら誤まらなかった。その報いが切腹である。武士の習いとはいえ無念至極の最期であったろう。

参謀4人は斬首であった。

宍戸左馬之助（文化元〜元治元・1804〜1864）。真澂。長州藩上級藩士。馬廻り役。伴信友に国学を学び、藩の典籍に精しく吉田松陰に「尊皇の志最も堅し」と評された。安政3（1856）年、京都長藩邸に専従。八・一八後、禁裏守護を解かれ、大阪藩邸留守居役。禁門では潰兵を率い天王山に布陣し、帰国後、降伏条件を受けて11月に斬られた。辞世に「われならぬ人の指折をたどりつつ高根ににほふ花を見るかな」。享年61。

竹内正兵衛（文政2～元治元・1819～1864）。長州藩上級藩士。馬廻り役（2百石）。所帯方頭役。藩の会計経理に手腕を見せた。福原越後に従い上京し戦った。戦い前夜の軍議の際、寝ているので起こすと「決戦に備えているのだ」と答えた。享年46。

中村九郎（文政11～元治元・1828～1864）。長州藩中級藩士。馬廻り役47石。藩校明倫館に学び、22歳のとき、松陰の門下生となり、のち松陰と最も親しい間柄となる。ペリー来航以来、在京の尊攘志士らと親交し政情を探った。禁門では国司信濃の参謀として戦った。享年37。

佐久間佐兵衛（天保4～元治元・1833～1864）。長州藩中級藩士。中村九郎の実弟。兄に従い松陰門に学ぶ。水戸に遊学し会沢正志斉に師事。福原越後に従い、時には越後に代わって指揮を執って戦った。辞世に「心あらば梢の紅葉しばし待てあはれ我が身と共に散らなむ」。享年32。

幕府・幕閣は総督慶勝の生ぬるい長藩処罰に満足しなかった。長州藩は椋梨藤太らの一意恭順派（守旧親幕派）と武備恭順派（尊攘反幕派）の烈しい内訌となった。第一次征長戦は幕府側にも、長州側にも次なる波乱の予感を残し、一応の局を閉じた。

◎

西郷が長藩寛典策を採用した背景には、勝海舟（安房）から「幕府の土台骨は腐っている。外国を相手にするなら雄藩の連合政権が次善の策だ」と直言されたことが影響したと言われている。余談になるが、この時、勝の監督する海軍神戸操練場の塾頭をしていた坂本龍馬（1835～1867）が「西郷とは分からん男だ。大きくたたけば大きく鳴る。小さくたたけば小さく鳴る。馬鹿なら大馬鹿で、利口なら大きな利口だ」と言った話は有名だ。維新の大詰め間近に主役となった3人がこのとき初めて出逢ったというのも歴史の偶然というか必然というか奇なるところである。このとき勝42歳、西郷38歳、坂本30歳というのもなるほどである。

幕府の長藩追討の勅命とほぼ時を同じくした元治元（1864）年8月5日、英・仏・米・蘭4カ国連合艦隊は長州下関に集結して長州藩砲台陣地に一斉砲撃を浴びせた。

尊皇幕批、攘夷倒幕の魁となって旗を掲げた長州藩の試練の始まりであった。

第28回　長州試練（二）―英仏蘭米連合艦隊に全面降伏―

高杉晋作、キューパー提督相手に一世一代の大芝居

今さらに何をかいはむおそ櫻故郷の風に散るぞうれしき　高杉晋作

西へ行く人をしたひてひがし行くこころの底ぞ神や知るらむ

元治元（1864）年8月5日、禁門の敗退とほぼ時を同じくして長州藩は英仏蘭米4ヶ国連合艦隊の砲撃を受けた。

前年の文久3（1863）年5月15日、朝廷の意思に沿って幕府が定めた攘夷実行の期限のこの日、長州藩は米商艦ペムプローグ号を砲撃し（第一次馬関戦争）、攘夷を実行して馬関（下関）海峡を封鎖していた。

このため海峡通航ができなくなった4国は多大な経済的な損失を蒙っていた。特に英国公使のラザ

フォード・オールコックは自国が横浜貿易の86％を独占していたことから、エスカレートする攘夷派の過激な行動を憂慮した幕府が横浜鎖港を打診してきたことに危機感を抱いていた。オールコックはこれらの原因が安政５（１８５９）年の神奈川通商条約（所謂無勅許条約）を勅許しない朝廷とそれを背景に破約攘夷を主張する長州藩を中心とした尊攘派の外国に対する攘夷活動の激化にあると考えていた。そこで彼は連合艦隊を組織して攘夷派の拠点であり朝廷の意志を代弁している長州藩を一気に叩いて彼我の実力差を見せつけ、敵対行動（攘夷）の無益無暴を思い知らせるために長州藩への攻撃を決めた。

７月27日、四ヵ国艦隊は横浜を抜錨、翌28日に豊後（大分）姫島沖に攻撃態勢を完了。一方、禁門敗退直後の長州藩は海峡通行を約束して開戦を避けようとしたが及ばず、８月５日戦闘が開始された。戦力の差は歴然。連合艦隊17隻の軍艦、２８８門の大砲の前に前田村、壇之浦等の諸砲台は沈黙。翌６日は２千人の陸戦隊に砲台を占領破壊された。戦闘は３日間で終わり、長州藩は敗北を認め全面降伏し、７日媾和に応じた。

しかし禁門敗退直後の長州藩には３家老はじめこれまでの藩重役ら尽く幕府の断罪を待つ身、頼みの周布政之助ら尊皇派は蟄居同然、新たに実権を掌握した守旧派の藩政務役には外国との積極的にして柔軟、しかも国際的感覚を要求される外交交渉の出来る人物は一人とていなかった。まして全面敗北の媾和交渉ほど難しいのは極東裁判の一事を見ても判ろうというもの。この難交渉を曲りなりにも処理できる人物（上中級藩士）は但州出石に潜伏した桂小五郎不在のとき高杉晋作以外にいなかったのである。何を仕出かすか分からない問題児であっても、時勢は獄中の晋作を表舞台に引っぱり出さずにはおかなかった。早速、脱藩の罪（経緯は第26回参照）が赦され出獄。8月8日、藩の媾和全権大使として和議交渉に臨んだ。

晋作は筆頭家老、宍戸備前の養子、宍戸刑部と名乗り、烏帽子、大紋の礼服で井上聞多（馨）、伊藤俊輔（博文）を通訳に従え連合艦隊司令官レオポルド・キューパーらが待ち受ける英旗艦ユーライアス号に乗り込んだ。四ヶ国側の通訳、アーネスト・サトウが「彼は戦争に負けたくせに魔王のように威張っていた」と記録したように、①馬関海峡通過船への薪水提供②新砲台建設禁止は呑んだものの③賠償金（300万ドル）支払いは幕府に請求せよと談判し、④四ヶ国側の主張する彦島・姫島租借は皇祖、ニニギノミコトから始まる日本国の成り立ちを滔滔と弁じ、キューパー提督らの要求を断固はねつけた。伊藤は後年、このことについて「犬と支那人、立ち入り禁止」と書かれた貼り紙を見た上海での植民地化の実態を目の当たりにしたことが晋作の脳裏に焼き付いていたからだと回想している。弱冠26歳の晋作が経験豊富な軍人でしかも煮ても焼いても食えぬイギリス人を相手に堂々と渡り合って媾和交渉の大役を果たしたのみならず租借とは言え領土問題で「寸土を許さず」の大信念をもって一歩も譲らなかったことは最大限に評価されて然るべきでその見識の高さは驚嘆に値いしよう。

高杉晋作（天保10～慶応3・1839～1867）。東行、狂生と号す。長州藩士。長門（山口）萩。大組（中級藩士）150石の家の長子に生まれる。藩校明倫館に学び、安政4（1857）松下村塾に学ぶ。玄瑞の純情熱血、晋作の識見気魄は村塾の双璧と称せられる。師、松陰は晋作を「人の賀駁（褒貶）

を受けざる高等の人物なり」と独往性を見抜いている。文久元（1861）年、23歳のとき藩校、明倫館の舎長。世子、毛利定広の小姓などを務める。文久2（1862）年、藩命で五代友厚（薩摩藩士）らと共に幕府使節随行員として渡欧。支那（中国）上海が欧米列強の植民地化となっている惨状を目の当たりに見、危機感を強める。帰国後、桂小五郎、久坂玄瑞、他藩の志士らと攘夷運動に邁進する。同年12月に攘夷の有言実行を他藩に示すため江戸品川御殿山の英国公使館を焼き打ちした。11月、洋人襲撃を計画し金澤八景（横浜）へ赴いた時の作に「欲補邦家急。拋身致寸誠。任他塵世客。呼我作狂生」がある。翌文久3（1863）年正月、余りの過激のため世子定広に帰藩を命ぜられる。同年2月、学習院御用掛りを下命されるも「わが任に非ず」と辞退し、玄瑞、真木らと一線を画す。同3月、幕府、朝廷に頼らぬ救国攘夷論『防長割拠論』を周布ら政務役に唱えたが容れられず頭を丸めて隠遁するが、同年5月、呼び戻される。長州藩は米商艦を砲撃し（第一次馬関戦争）、攘夷を実行。晋作は日本初と言われる身分に由らぬ志願兵組織「奇兵隊」を創設し自ら総督となり指揮して馬関総奉行手元役、次いで政務座役（政庁重役）として参加した。翌元治元（1864）年正月、京都進発を巡って脱藩し、3月29日、萩野山獄に下る（下獄中に藩は禁門戦争、第二次馬関戦争に敗北）。同年6月21日君命により急遽出獄し、自宅謹慎。8月8日、全権大使として和議交渉に臨み一世一代の大役を果たしたのは既述の通り。直後、政務座役に復するも守旧派の藩庁に嫌気して身を隠す。慶応元（1865）年正月、内訌を座視できず功山寺挙兵。3月、親幕派を一掃し藩論を元に戻す。翌慶応2年6月、第二次長幕戦起こり勝利に導く。翌慶応3（1867）年4月、年来の病い重り死去。享年29。

ラザフォード・オールコック（1809～1897）。初代駐日公使。英国外交官。軍医。前清国総領事。支那のアロー号事件（1858年）を処理したあと、安政6（1859）年、日本着任。水戸浪士の江戸高輪で起きた東禅寺襲撃事件（文久元・1861年）を機に在日外交団のリーダーシップを握り辣腕を揮った。『大君の都』の著書がある。

オーガスタス・レオポルド・キューパー（1809～1885）。英国海軍軍人。中将。第二次馬関戦争、薩英戦争の指揮及び講和交渉の責任者。

アーネスト・サトウ（1843～1929）。英国公使館書記官。26年間に渡り日本に駐在し『一外交官の見た明治維新』を書いた。著書の中で文久2（1862）年、19歳で日本に着任早々出くわした生麦事件や芝居小屋で日本語で喧嘩したことや勝海舟や西郷隆盛に世界の趨勢を説明したことなどが比較的日本に好意的に書かれている。

ニニギノミコト（瓊瓊杵尊）。正しくは天津《あまつ》彦彦《ひこひこ》火《ほの》瓊瓊《にに》杵尊《ぎのみこと》。日本神話の神。人皇初代神武天皇の祖先。天照大神の孫で葦原中国の日向の高千穂峰に天降り、天孫降臨した（「古事記」、「日本書紀」）。

冒頭掲上歌は存疑ながら元治元年（1864）2月、晋作が野山獄に繋がれる、京から国元へ連れ戻される途次に賜死の覚悟を詠んだ26歳のときの作と推定。少し註解を要する一首の意は（これから脱藩の罪で囚人となるけれども）今さら何を言おう、言うことがあろうか遅櫻の身で、（松陰、玄瑞、九一、弥市など）われを育んでくれ、大義のために散っていった師や仲間にやっと追付いて故郷の風に散ることができるなら（＝たとえ賜死であるとも）こんなに嬉しいことはないというのである。彼は、勤皇のために、或いは主君のために己の信ずるところに殉じて死んで行った師や仲間に対して偸生慙愧の思いで絶えず苦しんでいた。のちに彼等を偲んで賦した漢詩の「毛利登人」のところで「酬国膽心萬古存。偸生愧我負鴻恩。與君同志穴翁在。泉下相逢共慰魂」と詠んでいるように彼の偸生に繋がる死に遅れの思いは強烈であった。それがやっと死に場所を見つけてこんな喜ばしいことはないと身を遅櫻に譬えたのである。「遅櫻」は遅咲きの桜で「死に遅れ」の己を自嘲した晋作自身を指す。「故郷の風」は「賜死」の意。故郷《コキョウ》と音読で表現していることから後代作の説があるが漢詩を得意とした晋作らしい文字遣いとも言えるしどこか反語的な印象を受ける一句でもある。初句「今さらに」は俗語ではなく「今さらに何生ひ出づらむ竹の子のうきふししげき世とは知らずや」（凡河内躬恒　古今集）や「今さらになにをか忍ぶ花すすきほに出し秋もたれならなくに」（源実朝　金槐和歌集）などがある。牢中の人となった日に「甲子三月念九下獄」と題し「敢辯誅戮與囚禁。只恐雙親懐我深。韓醢彭俎本非罪。讒人在世古猶今」という人心の量り難さを詠じた一詩もある。転句「韓醢彭俎本非罪《カンカイホウソモトツミニアラズ》」は漢の高祖の臣、彭越が塩漬けの刑に遭った故事を踏まえたもの。

凡そ85日間の在獄で6月21日に出獄した。その出獄時の感懐を述べた漢詩で高杉晋作という人物の精神像を理解する上で重要な七言絶句があるので掲げておこう。

　偸生岸獄八旬餘。
命下只今脱此居。

猶有真情難忘得。
去囚室似出吾廬。

彼は獄中にあって一日一詩を己に課した。本詩七絶はその最後の一篇で「二一日脱野山獄」と題したもの。一篇の意は生を偸（盗む）ように岸獄に繋がれて八十余日。藩命により今この居を出る。（藩命であるから出るが）猶、忘れ難い本心が別に有る。（であるから）牢を去るのは（三顧の礼を尽くされた訳ではないが）孔明が蘆を出るようなもので、頼まれたから出るというのである。転句の「猶忘得難キ真情有リ」と言い、結句の「囚室ヲ去ルニ吾ガ廬ヲ出ルニ似タリ」と言うなど、「出たくて出るのではない」といういかにも晋作らしい持ち前の頑質とユーモアの措辞である。「偸」は「貪る」。「岸獄」は牢獄に繋がれること。「八旬」は80日、「旬」は10日間。「忘れ得難き真情」は持論の『防長割拠論』か、はた悼友の情か。「真情」は本心、言いたいこと。「出蘆」は支那（中国）の三国時代（220〜280）、蜀王の劉備玄徳が諸葛亮孔明を軍師に迎えるため隠棲していた住まいを訪ね三顧の礼を尽くし、孔明がそれに応えて草蘆を出た故事を踏まえている。

野山獄。萩城下（現萩市古萩町）の藩士身分の牢（獄）屋敷。元野山某の屋敷跡を獄舎に改造したのでその名となった。藩士以外の身分の者は野山獄の向かい側の岩蔵獄（元岩倉某屋敷跡）に収容された。

ここで晋作の「狂」について少し触れておくと、彼は、生粋の純粋行動者に違いないけれども、その本質は直感的な洞察力、現実把握に優れた武人的行動者であった。その点で純粋の詩人的行動者である師松陰や畏友玄瑞とはかなり違ったタイプである。晋作は先輩、桂小五郎が「少々、頑質」と評し、自らも好んで「狂夫」「狂生」と号したほど、自分でも次の行動の予測の出来ぬ一種の奇人であった。事績を見ても、立派な仕事の合間に出奔、隠遁、脱藩、入獄を繰り返している。彼は主君への忠、親への孝、己の志（救国）との相剋から生ずる「死に遅れ」、「偸生」の思いに苦しみ、それが時として「狂態」「佯狂」となって噴出し爆発した。何をするか分からない「爆弾児」となって「狂」を演じざるを得なかったとも言える。

掲出歌の二首目は晋作の作中もっともよく知られた作品であろう。ともに彼の「狂挙」「奇行」を理解する上で格好の歌である。文久3（1863）年3月、25歳のときの作。晋作は持論の救国攘夷論『防長割拠論』を進言し、政務筆頭重役、周布政之助に「十年早い」と短慮を窘められるや「これより10年のお遑を申す」とこの一首を壁に書き付けて頭を丸め藩の許しを得て松本村（萩）に引き籠った。歌自体は「神ぞ知るらむ」の常套句で終わるなど至って平凡であるが、晋作の奇人ぶりを最もよく表している逸話にまつわる歌である。一首の意は（吾輩は頭を丸めるほど）「西へ行く人」を敬慕しているにも拘らず（敢て）わが志実現のために「ひがしへ行く」のだ、その心を（誰も分かってくれぬが）神だけは知ってくれるだろうというのである。「西へ行く人」は歌人、西行法師を指す。「ひがし行く」人、すなわち東行は自分自身を指してこう詠んだ。号、東行は毛利家の藩威恢復、江戸討平の志実現のために東へ行く意の「東行」である。人口に膾炙された歌だが西行に傾倒したとも思えない晋作が己の遁世願望の心の内をも伝えたかったために元朝廷衛士、西行を引き合いに出したものと愚考する。

西行（元永元〜建久元・1118〜1190）鎌倉時代の歌人。僧名円位。俗名佐藤義清。北面の武士として御所北側で白河院（法皇）の警護に当たった。『山家集』など旅の歌人として著明で、将軍、源頼朝と会談したことでも知られる。

◎

話を戻すとこの戦闘で四国艦隊の目的は十二分に達せられた。長州には勿論、日本中の攘夷派に、恐らくは朝廷にも圧倒的な実力差を見せつけた。全国の攘夷論者に攘夷の非現実性と開国攘夷の必要性を改めて認識、痛感させた。

一方、連合艦隊との媾和交渉（＝談判）に臨み、交渉を成功させた晋作だが攘夷派からは攘夷論から一転、開国を唱える晋作を夷敵に篭絡された裏切り者として命を狙われ、恭順派からは藩を窮地に追い込んだ不忠者として指弾される羽目になった。

長州藩は絶体絶命のピンチに立たされた。禁門の戦いによって朝敵とされ、今また攘夷の藩是の旗印を引きずり降ろされた。藩は尊皇攘夷の大義名分の大黒柱をへし折られ、二派に分裂、一挙に浮沈存亡の秋を迎えた。

第29回　長州試練（三）―藩内訌・親幕派の台頭―

晋作、潜竜

里人の知らぬもむべや渓間なるふかき淵瀬にひそむこころを　　高杉晋作

おしなべて惜しまるる花おしむ草きのふにかはる今日の木枯し　　井上聞多

なかなかに正しき人ぞ夏蟲の火にいるうき目みる世なりける　　野村望東尼

もののふのやまと心を縒りあはせすゐ一すぢの大縄にせよ

西郷隆盛の「長人をもって長人を征す」の策は見事に当たった。長州藩は滅亡を免れた代わりに全面恭順派と武備恭順派に分かれて熾烈な内訌となった。天保の改革（1838）以来、守旧派（全面恭順・

親幕派）と改革派（武備恭順・反幕派）は藩政改革を巡って鋭どく対立していた。

　守旧派の旗頭、椋梨藤太らは萩の長藩正規軍の選鋒隊と共に西郷の恭順策の内意を受けた岩国藩主、吉川経幹（監物）の意を後ろ盾に三家老五参謀の切腹斬首以下、いかなる処分も甘受すべしとして山口藩庁へ大挙押し掛け、藩公父子、藩重職を説得し、反幕派の主張する武備恭順の藩論を全面恭順に変更させた。実権を掌握した親幕派は山口城を取り壊し藩主父子を萩城へ移したのをはじめ、反幕派に対するこれまでの不満、鬱屈を一気に噴出させるかのように主導者、周布政之助や若い家老清水清太郎以下の尊攘派を蟄居、謹慎、捕縛するなど弾圧排除を開始した。長州毛利藩は全面恭順派の所謂「俗論党」の跋扈するところとなった。奇兵隊以下の諸隊も解散を命じられ四分五裂の状態であった。

　藩公御前会議で武備恭順を力説した井上聞多（馨）は9月25日夜、守旧派選鋒隊に10数か所を斬られ瀕死の重傷を負った。同夜、周布政之助は守旧派を抑え切れなかった責任を感じ自害した。晋作は身の危険を感じて萩を離れ、10月29日、赤間（下関）の白石正一郎の屋敷、次いで11月2日、野村望東尼の小倉（福岡）の平尾山荘に身を隠した。桂小五郎は禁門以後但馬方面へ行方をくらましていた。

　椋梨藤太（文化2～慶応元・1805～1865）。長州藩士。藩内親幕派の首領。50石の小身から藩内門閥派の領袖、坪井九右衛門の直系として頭角を現し改革派、村田清風、周布政之助と政権を争って対立。禁門以後は幕命遵奉の全面恭順派の代表格として野山獄にある多数の尊攘派を粛清した。

　白石正一郎（文化9～明治13・1812～1880）。長州藩支藩の清末藩の御用商人。長門（山口下関）赤間が関の荷受問屋の家に生まれる、国学者鈴木重胤（1812～1863）に学び、重胤門下の西郷隆盛と親しく、平野國臣、真木和泉、久坂玄瑞、坂本龍馬などを援助した。文久3（1863）年、晋作の奇兵隊創設にも屋敷を本陣として提供するなど多大の支援をし、51歳の時自ら会計役として入隊。財は底を突いたが見返りを求めなかった。

掲出歌一首目は谷梅之介と名を変えて元治元（1864）年12月、萩を逃れ平尾山荘に身を隠した晋作26歳のときのもの。和議交渉で乾坤一擲の大芝居を演じ藩の窮地を救ったもののその後周布政之助の推挙で任にあった藩政務座役を守旧派に追われたばかりか親幕派選鋒隊に命を狙われた。

一首の意は里人（＝余人）が知らぬのも至極もっともである、渓谷の奥深い淵や瀬に潜み隠れたわが心の底（＝本心）を、というのである。「余人」はほかの人。ここでは親幕派・攘夷派双方を指す。「むべ（宜）」はまことに、もっとも。「淵瀬」は川の深い処と浅い処、或いは人の世の人事の浮き沈みなど。「ひそむ（潜む）」は潜伏、潜居で、「ひそむこころ（潜む心）」は潜伏した真意、理由の意。その「山荘潜居」の真意であるが、心奥に秘めた「割拠討幕」や「藩威恢復」の思いを偏狭な守旧派に説いたところで誤解されるだけと黙って三十六計を決めたのではないだろうか。三、四句目の「渓間なるふかき淵瀬」は、隠れ家の場所を初句の「里」に対応した対句的表現で示しただけでなく、潜む「理由」である政治上の疎ましさをも暗示しているようである。本歌は晋作の説明を嫌う生き方がよく出ているなぞらえ歌である。「人知ラズシテ慍ラズ」（『論語』「学而篇第一」）とあるが不遇の時こそその人の真価が顕われる。周りの人の無理解に思わぬ不遇を蒙むりながらぐっと自制して愚痴を言わず、言い訳をせず、黙して山深い山荘に雌伏（＝潜竜）したのは流石、晋作である。ほかに類した歌に「人は人我はわれなり山の奥にすみてこそ知れ世の浮き沈み」。また漢詩に「俗客叩扉驚酔眼。醒来不答笑吹烟。勁松貞菊秋三逕。即是先生適意天」という守旧派の猖獗ぶりを一笑に伏して七絶に詠んだ。晋作は和歌よりも断然漢詩に優れている。「醒来不答笑吹烟」など人を喰った、腹の据わった見事な一節だ。

二首目は井上聞多（天保6～大正4・1835～1915）。志道聞多。のちの井上馨。長州藩中級藩士の家に生まれる。志道家の養子となり後、旧姓に復す。藩主父子の小姓役などを務める。尊攘派として品川の英国公使館焼き打ちに加わったこともある。文久3（1863）年、伊藤俊輔ら5人で藩命で英国留学し見聞を広めるなど嘱望された。内訌では刺客に襲われて30数針を縫う瀕死の重傷を負った。余りの苦痛に「介錯してくれ」という聞多を掻き抱いた母のお蔭で一命を取り止めた。大きな刀瘡は普通の針で間に合わず畳針で縫い合わせたという。慶応2（1865）年、安芸宮島での第二次長幕戦の講和交渉では藩代表として勝海舟との交渉に臨んだ。維新後は政府顕官として伊藤博文の側で外務大臣や内務大臣を務め活躍した。正規の総理大臣には成らなかったし、成れなかった。亡くなる直前まで政局を蔭から支えた。

歌は元治元（1864）年、藩内訌で幕府恭順派に尊攘派の一人として糾弾されていた頃の30歳頃の作。歌意は（世の中というものは一体に）その時々で評価ががらりと変わるものである、きのうまで「花よ名木よ」とあれほど持て囃されたのに（今日は誰も見向きもしない）それどころかまるで身は木枯しに遭ったようであるというのである。有為転変は世の習い。昨日の淵は今日の瀬となり、世間の風は木枯しとなって情け容赦なく孤影悄然たるわが身辺に吹く、無情の世間をこう詠った。「おしなべて」

は一体に。

三、四首目は野村望東尼（文化3〜慶応3・1806〜1867）。本名、もと。勤皇女流歌人。筑前（福岡）藩士の家の3女に生まれる。文政12（1829）年、24歳で福岡藩士、馬廻り組野村新三郎と再婚。夫婦で大隈言道（福岡の歌人）の門に入る。弘化2（1845）年、夫の致仕に伴い平尾村（福岡）に草蘆を結ぶ。安政6（1859）年、54歳のとき夫の死で剃髪。福岡藩士、月形洗蔵を介して月照、晋作、平野國臣ら勤皇志士を平尾山荘に匿った。慶応元（1865）年、福岡藩内訌で姫島（福岡糸島）へ流されたが晋作らに救出され下関の豪商白石正一郎の家に匿われた。晋作の最後を看取ったことで知られる。自身も同年11月病歿。享年62。

三首目は望東尼の「夏述懐」と詞書した歌。晋作はじめ勤皇志士を慰めた歌とされる。詠草の意は、正しい（と思った）ことを行なおうとしても（それがうまく行かないのが世の常で）却って夏の虫が火の中へ飛び込んで焼け焦がれ死んでしまうのと同じような憂き目に遭うのが世間（＝憂き世）であるというのである。満腔の同情をもって純粋行動者を擁護し、讃美している。何が正しくて何が正しくないのか。その見極めは俗人には難しい。ましてや激動の時代にあってはきのう正しいとされたものがきょうは否定の大合唱に見舞われる思わぬ辛き目を見る時代である。世の中は今も昔も「勝てば官軍」の現世である。「義を見てせざるは勇無きなり」という言葉が現実にはそうすることの難しさを語るように正論を唱えて火の中へ飛び込んで行くのは勇気がいる。いつの世もそうであるが、一等はじめに正論を吐き、最後まで真っ正直に退かないものが、真先に非道い目に遭うと相場は決まっている。他人は要領の悪さを嗤うだろうが、百万人と雖も我れ征かんの気概を持って自ら信じるところを奉じて夏蟲の猛火に入るごとく飛び込んで行く、それが純粋行動者の面目であり、資質であり、純粋行動者たる所以なのである。

四首目は元治元（1864）年。59歳の作。11月、晋作が山荘に10日ほど潜んでいたとき、望東尼が月形洗蔵らの斡旋で西郷隆盛を山荘に招じ入れたものの晋作は頑として面会を拒んだ。望東尼はこのときこの歌など二首を見せて晋作を戒めたとされる。一首の意は日本の国の大本である天皇をお守りするもののふたるものが持っている大和心を集め縒り合わせて末にはただ一筋の大縄（＝尊皇日本）にしなければなりませんよというのである。平尾山荘での晋作と西郷のすれ違いを疑問視する史家は多いが、望東尼の歌は本物である。もう一首は「くれないの大和錦もいろいろの絲まじえてぞあやは織りける」と同工異曲の女性らしい詠草。また「長門の国の君なき罪に陥らせけるを臣たちの悲しぶを聞きて」と詞書して「暗きよに今あふ野の松原もあすはの原と明けずやあるべき」と長州藩主父子の冤罪を家臣とともに悲しんで詠んだ一首も捨て難い。晋作が望東尼に事情を述べたに違いない。

ほかに安政の大地震に言寄せて「たひらけき道うしなへる世の中をゆりあらためむ天地のわざ」、皇室と幕府を競べ馬に譬えて「浦安のみやこと江戸のくらべ馬むさし鐙を踏みたがへ来て」、慶応元（1865）年、60歳のとき福岡藩内訌を野分（台風）になぞらえて「ひとたびは野分の風のはらはずは清くはならじ秋のおほ空」などいずれも巧みに尊皇斥覇（＝大義名分）の思いを詠んでいる。大隈言道の弟子だけあって歌のための歌を排し救国尊皇の真歌を好んで詠んだ。望東尼の時事歌は上品で男性よりも痛烈である。また「囚われける頃血汐もて般若心経を書きける奥に」と詞書して「遅れ居て書くも詮なし法の文よみがへり来むつてならなくに」。辞世に「雲水の流れまとひて花の浦の初雪とわれ降りて消ゆなり」。「花の浦の松の葉しろく置霜と消ぬればあはれ一さかりかな」。

月形洗蔵（文政11～慶応元・1828～1865）。福岡筑前（黒田）藩中級（馬廻り組）の家格の家に生まれる。黒田藩尊攘派リーダーとして三条實美ら尊攘派公卿の大宰府渡海、晋作の平尾山荘潜行、薩長連合の斡旋などに活躍。福岡藩内訌で捕らえられ斬刑に処せられた。享年38。

第30回　功山寺蹶起

親幕派を一掃、藩論元に復す

まごころをつくしのきぬは国の為立かへるべきこころもてにせよ　野村望東尼

雲霧はよしや我が身を隔つともさやけき月をこころとも見む　毛利定広

よしあしの繁れる中を流れつつ澄こそまされすだの川なみ　伊藤俊輔

藩外に脱出することひと月余り。親幕守旧派の実権掌握、尊攘反幕派の凋落、奇兵隊はじめ諸隊の解散命令、同志囚獄の悲報に加え萩城に移封されている藩主父子流罪画策の噂等々が次々に晋作の元に伝えられる。遂に晋作は藩内訌を座視出来なくなった。元治元（１８６４）年11月25日、守旧派を打倒するため望東尼に別れを告げて平尾山荘を出、長府へ戻った。望東尼は冒頭の一首を絹の新衣に副えて晋作の壮図を励ました。

国元へ戻った晋作は奇兵隊以下諸隊が集まっていたところで「俗論党（親幕守旧派）の支配する長州藩はわが長州毛利藩にあらず。今こそ我等諸隊の決起の秋だ」と挙兵を呼び掛ける大演説をしたが、守旧派との合同存続策へ傾きかけていた第3代奇兵隊総督の赤根武人らは逡巡して同調する声は無かった。晋作はそこで有名な「一里行けば一里の忠、二里行けば二里の忠」と言い置いて単身蹶起を宣言、藩公父子の居る萩城下を目指した。そこへ先ほど沈黙していた力士隊隊長伊藤俊輔、遊撃隊隊長石川小五郎が決死の部下を率いて晋作の麾下に馳せ参じた。肝腎の奇兵隊を預かっていた山形狂介（有朋）は動かなかった。

元治元年12月15日、死を決意した晋作は60余人を率いて進撃。折しも降り来る雪の中、周布政之助の形見の桃型の鎧兜に身を固め途中五卿の潜む功山寺（下関長府）に立ち寄り「これより長州男児の肝魂をお目にかけ申す」と死出の旅路の挨拶をする（五卿は慶応元・１８６５年正月14日、土方久元（土佐）、月形洗蔵ら随従の士とともに長門（山口）を出、九州大宰府延壽王院に着。爾後、慶応3・１８６７年赦されるまで同地に潜むことになる）。

12月16日未明、高杉軍は下関新地代官所を襲撃占領し、陣営とした。ついで三田尻（山口防府）に停泊していた軍艦3隻を奪うとともに長期戦に必要な金穀類を確保した。これを聞き知った諸隊が晋作の元へ集まって来る。総勢３００余となった高杉軍は萩を目指して進軍。山形狂介も漸く奇兵隊を率いて参加した。

一方、萩城に藩主父子を擁し実権を掌握した椋梨藤太ら親幕守旧派は高杉追討を決定し、守旧派先鋒隊2千人を明木（萩城下南）に集結させ、報復として野山獄に捕えていた武備恭順派の重臣、毛利登人、前田孫右衛門、松島剛蔵、渡邊内蔵太、楢崎弥八郎ら6人を斬首、家老清水清太郎を切腹させた。明けて慶応元（1865）年、1月6日〜16日にかけて高杉軍は秋吉台（山口美祢市）東の絵堂、赤村、太田の戦いで守旧派軍を撃破。ここで晋作は軍議を開き、萩城入城を留保し、一旦山口まで退き、全軍諸隊会議を開いた。諸隊は晋作を統理（最高司令官）とし、山口に軍政を敷き、守旧派との最終決戦に備えた。

1月21日、晋作は藩代表毛利元純（長州支藩1万石清末藩主）と同月28日まで休戦協定を結ぶ。翌月14日、高杉軍進撃を開始、椋梨以下守旧派幹部は萩から逃亡。功山寺挙兵から2か月余で守旧派を一掃し内乱を終息させた。3月17日、毛利敬親・定広父子は晋作と奇兵隊以下の諸隊10隊の総督と3支藩の家老を召し、改めて藩論を武備恭順に復し、尊皇反幕の藩路線を宣明した。同月27日、藩公父子は萩を出て山口に入り、幕府に公然対峙する態度を鮮明にした。

石川小五郎（河瀬眞孝）（天保11〜大正8・1840〜1919）。長州藩士。藩校明倫館に学ぶ。木島又兵衛戦死後の遊撃隊総督。維新後は英国に渡り、侍従長や英国公使、枢密顧問官を務めた。

赤根武人（天保10〜慶応2・1839〜1866）。長州藩士。医家の家に生まれる。高杉晋作より奇兵隊3代目総督に任命され、尊攘激派として活躍していたが第一次長幕戦辺りから変節、脱藩して新選組に入ったり幕府と長州親幕派の間を周旋したりした。

山形狂介（天保9〜大正11・1838〜1922）。山形有朋。長州藩士。軍人。足軽以下の家に生まれる。松陰の江戸下獄直前の村塾門下生。文久3（1863）年、奇兵隊軍監（のち総督）となってから頭角を現す。功山寺挙兵には赤根同様積極的ではなかった。兵略家として戊辰戦争、西南戦争、日清・日露戦争に重要な役割を果たした。政治家として伊藤内閣の内務相、明治22（1889）年と明治31（1898）年には第3代・9代総理大臣を務めるなど大きな影響力を持った。戊辰戦役を詠んだ「あたまもるとりてのかかり影ふけて夏も身にしむ越の山かせ」、西南の役を詠んだ「木留山しらむ砦のすてかかりけふるとみしはさくらなりけり」など軍人らしい佳歌を詠んだ。

掲出歌一首目は野村望東尼の餞歌であるが、その前に晋作に功山寺蹶起の際の歌がないことに触れておこう。漢詩に「帰馬関有此作」と題した「売国囚君無不至。忠臣死義是斯辰。天祥高節成功略。欲学二人為一人」や、「逸題」と題した「逃名遁跡豈無籌。奈此胸間万斛愁。使我無君又無父。早将脱剣作雲遊」、或いは両親を思う心中を吐露した「臨発題寓舎壁」（第31回参照）と題した七絶があるけれども、三詩とも蹶起の決意や宣言詩としてはやや物足りないと愚察し敢て取り上げなかった。なお、右漢詩中、「天祥」は文天祥、「成功」は鄭成功。「籌《チュウ》」は計画、計りごと。

望東尼の掲出歌に戻れば、餞歌は、何れこのときあると仕立てて置いて晋作に贈った大名縞の袷と羽織に添えた一首。「谷梅ぬしの故郷へ帰り給ひけるに形見として夜もすがら旅衣縫いて贈りける」と詞書してこの一首と「やまぐちの花ちりぬとも谷の梅のひらく春辺をたえてまたなむ」を決死の旅の餞に贈った。一首の意は（こういうことも有ろうかと）真心を尽して筑紫の絹で縫っておきました、君公や国を救うためにお戻りになる際袖を通してください、というのである。「衣手」は「衣《そ》の手」、袖の意。二句目の「つくし」は「尽す」と「筑紫」の掛詞だがそんなことはどうでもよい。君国救助のためお帰りになるあなたのために真心込めて縫っておいた着物ですと差し出された謂わば出陣の晴れ着、これ以上、男冥利に尽きる首途の花道があろうか。

二首目は毛利元徳（天保10〜明治29・1839〜1896）。定広。藩主毛利敬親の世子。長州支藩徳山4万石藩主の子に生まれる。嘉永4（1851）年、13歳のとき敬親の養嗣子となる。文久3（1863）年、藩論を尊皇攘夷に大転換した御前大会議に参加、幕府への攘夷督促の勅使下向の供奉、賀茂・石清水行幸供奉など攘夷をリードする藩主敬親を助けて活動した。八・一八政変以後藩公父子ともに官位を剥奪されるなど朝敵とされ、藩内幕府恭順派に萩城へ逼塞させられたりしたが、慶応元（1865）年、桂、高杉らの倒幕派の政権奪還後は藩主代行格で復帰。慶応3（1867）年、討幕の密勅が降った際には薩摩藩主島津忠義と直接会談し維新の実現に大きな貢献をし、明治元（1868）年、鳥羽伏見戦には自ら率兵し大任を果たした。

歌は「慶応の初め、世の中騒がしく国に潜みしころ月を見て」と詞書にあるように藩最大の危機を迎えた27歳頃の作。一首は（今こうして戦い時に利有らず）尊皇攘夷に捧げた我が身が雲や霧に遮られているけれども我が心は天上を照らす清い月（＝皇室）を心の支えとして時節を待つて揺るぎもしないというのである。この歌は上の句に「我が身を隔つとも」と言い結句に「こころとも見む」と言い、こと志と違った境遇に置かれながらも藩世子らしい節度ある暗喩表現によって皇室尊崇のひたむきな響きが伝わる逸詠となっている。「雲霧」は幕府側や薩摩のみならず藩内の親幕派も含んでいる。「さやけき」は「明けき」「清けき」。ほかに藩祖、元就を詠んだ「大御門たすけましつる御心をうけつぎゆかむよろづ代までも」。文久3（1863）年、自ら指揮した馬関戦争の「幕府因循袖手時。断然独立攘戎夷。二州今日為焦土。不譲楠家揚義旗」など尊皇攘夷の魁の気概を示した好個の一詩がある。

三首目は伊藤俊輔（天保12～明治42・1841～1909）。後の伊藤博文。長州藩士。初代の内閣総理大臣。長州（周防）の貧農の家に生まれる。父親が藩の軽輩、伊藤家を継ぐ。14歳頃、松下村塾に入門。師松陰は「周旋の才有り」と俊輔の本然を喝破している。尊攘派として玄瑞、晋作の下で働き英国公使館焼き打ちなどに加わる。文久3（1863）年、藩命で井上聞多らと英国留学後、攘夷実行による四国艦隊との敗戦処理に晋作を補佐する。晋作の功山寺挙兵に力士隊を率いて真っ先に参加し、長幕戦では芸州口責任者として幕府軍を撃破した。「動けば雷電の如く発すれば風雨の如し。衆目駭然、正視するものなし」と終生、高杉を尊敬した。慶応元（1865）年、晋作亡き後は桂小五郎の下で補佐役を務め、新政府樹立後は岩倉具視、桂、大久保利通を補佐した後、初代の内閣総理大臣となる。満州ハルピン駅頭で朝鮮人、安重根に狙撃され亡くなった。享年69。

掲載歌はいつ頃の作かはっきりしないが「勤王家詩歌集」所載の四首中の一首。一首の意は、（人は）葦や蘆の生い茂った河原の中を流れる隅田川のように濁らず澄んで流れていくことが大切だというのである。善し悪しなど色んな価値評価のものごとが混在した変転極まりなき世の中を葦蘆の生い茂った河原に譬えその中を濁らずに生きてゆく己をすだの川の流れになぞらえて詠んだ。世間の善し悪しの評判など重要ではない、それよりもそうした世の中に棹差しながら濁らぬ澄んだ姿を持続することこそ優れているという人生哲学の歌である。俊輔、のちの博文は幼いうちからの境遇と生まれつきの才能で機を見るに敏なる取り持ちの能力を身に付け、自分もそれを自覚しその中に己の生きる道を見つけ、周旋の要諦である相手に信頼されるためには濁らないこと、澄んだ心でいること、つまり裏切らないことという人心掌握の術を体得して行ったのではないか。歌釈と大分離れたが掲出歌自体、伊藤公の作か存疑である。「よしあし」は植物の葦、蘆と物事の良し悪しの両意。「澄《スミ》」は「澄む」の連用形の名詞化で濁りなく澄んでいること、澄明なこと。「すだ」は隅田川、住田川で武蔵（江戸）と下総（千葉）の境を流れる。

殉難、上席六士

あずさゆみ引きてかへさぬもののふの正しき道に入るぞ嬉しき　　毛利登人

かねてより立てし心の撓むべきたとえこの身は朽ち果つるとも　　松島剛蔵

はや咲けばはや手折らるる梅の花清き心を君に知らせて　　渡邊内蔵太

青柳の色にそめぬる水よりもうつろひやすき人のこころか　　清水清太郎

右四首は守旧親幕派により野山獄で切腹や斬首された攘夷派上層部の辞世。

一首目は毛利登人（文政4～元治元・1821～1864）。藩の重臣大組（650石）の家に生れる。世子、元徳の小姓として藩主父子に忠義を尽くした。文久2（1852）年、勅使三条實美の江戸下向に顧問格で供奉したり、元治元年の外国船砲撃の媾和交渉の正使高杉晋作の副軍師役を務めた。武道に優れ、画道茶事にも堪能だった。晋作の尊敬した上役。

歌意は侍たるもの一度言立てしたら一歩も引かない、前言を翻したり後退したりしない、それでたとえ我が身が死に至るとしても初志を貫く、そういうもののふの正しい道を進むことが出来てこんな晴れ晴れしいことはないというのである。享年44。

二首目は松島剛蔵（文政8～元治元・1825～1864）。藩医（39石）の家に生まれ、西洋医学を学び世子の侍医を務めた。長崎で航海術を習得し藩最初の洋式軍艦「丙辰丸」の建造に尽力し、文久元（1861）年、同船上で水戸藩と「成破の盟約」を結ぶなど尊攘派として活躍した。

歌は普段から迷いなく真っ直ぐ打ち立てて置いた勤皇の赤心が（どうして）曲り撓むなどということがあろうか、たとえこの身は朽ち果てようともというのである。享年40。

三首目は渡邊内蔵太（天保7～元治元・1836～1864）。藩中級の家に生まれる。明倫館に学び、剣術に長じ、文久2（1862）年、世子定広の小姓役から祐筆に抜擢され藩政に加わるようになった。

勅使下向に供奉したり、媾和交渉の応接係などを務めた。

一首の意は（花の魁とされる）梅の花でさえ早く咲けば早く手折られる（これは致し方のないことである）私は十二分に充ち足りて死んで行く、鏡の如き清き赤心を主君に知らせてというのである。武士たるもの艱難に遭って右顧左眄して去就を決めるべきではない、己がこうと思ったらまっしぐらに進み、実行すべきである。早いからどうの遅いからどうのというものではないのである。享年29。

四首目は清水清太郎（天保14～元治元・1843～1864）。長州藩家老。馬廻り役の家の長男に生まれる。若くして宗家3700石余を継ぎ寄り役となり、文久2（1862）以降、京で尊攘活動を行う世子定広の側近くに在って扶けた。俊秀を謳われ頭脳明晰で自らも江戸で大橋訥庵の門に入り、学習院出仕を務めた。八・一八政変後、周布政之助とともに吉川経基（岩国藩主）を頼って尊攘派の弁明に務めたが、親幕派に阻まれた。「古道照顔色」の5字を残して萩に自刃した。享年22。

歌は「寄柳恋」と題し、先述の「勤王詩歌集」に出ている。歌意は襲《かさね》の青柳色に染まった水よりも人の心の何と移ろいやすいことだろうかというのである。水の流れに言寄せて人心の移ろいやすい頼りなさを嘆いた慨嘆歌で、22歳という若さで家老職という重職を担ったと思うといささか哀れを誘う一首である。「青柳」は襲の色目で表裏とも濃い青（または青と薄青）で春に用いる。「春」「糸」に掛かる枕詞でもある。

前田孫右衛門（文政元～元治元・1818～1864）。家禄173石で代々武具方を担当し兵備拡充に務めた。藩主の信頼厚く直目付、用談役として側近く仕えた。松陰門下の晋作や玄瑞らの良き理解者であった。享年47。

楢崎弥八郎（天保8〜元治元・1837〜1864）。藩中級組士の家の嫡男に生まれる。江戸詰のとき清水清太郎とともに大橋訥庵に学ぶ。勅使下向では供人に列し、文久3（1863）年、三田尻海岸防備では参謀に抜擢され、同年政務重役に任ぜられた。享年28。

第31回　長幕戦争前夜

桜山招魂場（奇兵隊）

後れてもおくれてもまた君たちに誓ひしことを我れ忘れめや　高杉晋作

弔らはむ人にいるべき身なりしにとむらふ人になるぞ恥かし

恥かしと思ふ心のいやましてなほらひ御酒も酔ひえざるなり

高光るみこを岩戸にかくさずは常闇の世とならざらましを　日柳燕石

藩論を武備恭順、勤皇討幕に再統一させた晋作は列強艦隊（第二次馬関戦争）の敗北から近代的武備の必要性を痛感し、これまでの武力攘夷を当面放棄して下関開港を唱えるなど「開国大攘夷」の方針に切り替えた。このため攘夷派からも命を狙われたため5月に四国讃岐（香川）の勤皇侠客、日柳燕石の元へ身を寄せた。6月、出石（但馬）から立ち戻っていた桂小五郎の弁護で誤解も解け、四国から戻って慶応元（1865）年8月6日、奇兵隊諸子と桜山招魂場で祭事に臨んだ。

桜山招魂場。文久3（1863）年晋作が発議して出来た殉難者を祀った下関新地（山口大字吉田）の神社。日本初の招魂社で明治2（1869）年にできた東京招魂場（現靖国神社）のモデルとなった。

同9月、幕府は長州再征の勅許を得、大阪へ兵力を集中して2度目の長州征伐の準備をし、長州藩も坂本龍馬の手引きでグラバー商会から武器を買い入れ臨戦態勢を整えるなど双方の戦争機運が高まって長幕戦争前夜を迎えつつあった。

掲出歌は「招魂場連作」三首。桜山招魂場の落成式に列しての晋作27歳のときの作。一首目は生野で自刃した白石廉作に手向けたもの。「白石資興尊攘のために忠死せし御魂を祀る」と詞書。一首の意は（いま自分はこうして）一緒に死ぬことが出来ず遅れに遅れているけれども君たち同志に約束した志を決して忘れるわけがない、（いまに自分もそちらへ行くぞ）というのである。「後れてもおくれても」と繰り返しの常套句ながら晋作の「死に遅れ」の自責の思いが直裁に詠まれている。「君たち」は白石廉作のほかに玄瑞、弥市、九一ら松陰門下生、同志らを指す。「誓ひしこと」は尊皇救国であり、討幕であり、晋作にとっては毛利家の藩威伸張でもあったろう。「君たち」を和歌（倭歌）に用いたのは晋作が最初ではなかろうか。同日作の漢詩の詞書に「引率ノ奇兵隊軍装ニテ臨ミ、出陣式ノ如シ」とあり「猛烈奇兵何所志。要将一死報邦家。可欣名遂功成後。共作招魂場上花」と詠んだ。

白石廉作（文政11〜文久3・1828〜1863）。下関の豪商で勤皇家の白石正一郎の弟。文久2（1862）年。兄と共に奇兵隊に加わり士籍となる。翌年10月、河上弥市と共に生野に挙兵し、事破れ自刃した。享年36。

二首目は「八月六日招魂場にて」と詞書。歌意は、嗚呼、本来なら自分はここ（招魂場）に真っ先に弔われているべきであるのに、それが卿らの前におめおめと生きて弔う側になっているのは実に恥ずかしい限りである、慙愧に耐えぬことであるなあ、と師友同志の霊前で忸怩としたのである。三首目は二首目に続くかたちで「御魂に供えし御酒を頂戴するとて」と詞書。歌意は、（招魂場での慰霊が終って）恥ずかしいと思う心がさらに深まって直会酒をいくら飲んでも頭は益々冴え返り酔うことが出来ないというのである。「なほらひ御酒」は神事後の酒宴。連作三首とも、晋作は殉難碑を前に恥辱、焦燥、弁明、自負、強気、弱気といった心内に押し寄せてくるあらゆる感情をそのまま実感の言葉で詠っている。一見、直線的、奔放に見える彼が実は緻密な省察家であることが分る。そこに高杉晋作という人間の近代性も複雑さも有るように思われる。

以上の三首に顕著なように彼の歌や漢詩には①「偸生」②「死に遅れ」③「死に時」切望といった思いが強烈に表現されている。畏友、玄瑞の霊魂を弔い、「埋骨皇城宿志酬。精忠苦節是千秋。欽君卓立同盟裏。不負青年第一流」の讃詩もあるがその裏面に師松陰、同門玄瑞らの直線的行動に対して絶えず一種の後ろめたさを感じていたことはほぼ間違いない。

何ゆえ、彼は皆と一緒に死ななかったのか、或いは死ねなかったのか。

私《ひそ》かに惟うのに、彼は己の墓銘碑に「毛利家恩顧の臣」と書いてくれと遺言したように藩祖元就公以来の毛利家譜代の臣である高杉家の嫡男であることを人一倍誇りにし、毛利家に絶対的な恩顧を感じていた。また彼は普段から「父あり君あり。吾が身の如くして吾が身にあらず」と述べている如く非常なる親孝行であった。晋作にとって長州毛利家が如何に大切であったかは禁門戦前後頃に書いた獄中での『焦心録』の「内憂外患迫吾州。正是危急存亡秋。唯為邦君為邦國。焦心砕骨又何愁」という七絶に徴しても明らかである。と同時にそれほど大事な宗家の一大事の時でさえ、「罪及妻児不足論。恨無他慰両親人。遁名潜跡遂何事。欲以禍災帰一身」（「臨発題寓舎壁」）と両親の心配をする一詩を旅宿の壁に書き付けて功山寺に挙兵しているのである。

結論すれば晋作にとって最も大切なものは毛利家（主君）への忠義であり、それと表裏一体の高杉の家名を守る親孝行であった。この二義との両立が極めて難しい尊皇救国の志の実現、勤皇一辺倒であった玄瑞とはやや違った憂国の志士であった晋作にとってあくまで3番目の重要事であったと言っても叱声は受けないだろう。彼の遺した詩歌等に尊皇・攘夷の言及が比較的尠ないことからもそう言わざるを得ないのである。

とまれ、彼はこの三義を包摂的に達成する具体化の道を模索した。持論の『防長割拠論』もそこから生まれたに違いない。しかしそれは不可能に近い至難の道であった。晋作は葛藤し、進退に苦しみ、悩んだ。彼が皆と一緒に死ねなかった理由も、「暴発」「狂挙」を繰り返さざるを得なかった訳もそこに原因があると愚考する。

こうしたことは晋作一個に限らず大なり小なり維新の志士は藩士や処士としての現実的な立場と藩や家を越えた日本救国の志との相剋調整に悩んだ。無暗に大言壮語や単純軽薄な観念論過剰の尊攘思想に固執したわけではないのである。志士たちはそれぞれ割り切れない現実の矛盾葛藤の中から己の中のアンビバレンツ（相反価値併存）な思いを最終的に断ち切って救国に立ち上ったのである。そういう意味で晋作ほど真率に藩主・親への忠孝と救国の志との葛藤を真剣に語った志士はそういないのではないか。

彼はその「忠孝志」の三義が矛盾なく、同時に、一体的に実現する「死に時」を求めて試行錯誤し続けた。

そしてその願いが実現可能となる機会が幕府軍の総攻撃を受けて藩が消滅するかもしれないという絶体絶命のかたちでやって来たのである。このお家存亡の事態こそ皮肉でなく彼が『防長割拠論』で思い描いていた「忠孝志」の一体的実現という宿願を現実化させる願ってもない場であったと言っていい。何故なら彼にとっては尊皇も、討幕も、攘夷もすべて長州毛利家の挙藩行動の一環として包摂的・一体的に実現さるべき事柄であって、そういう意味でこの伸るか反るかの一戦の到来は語弊はあるが晋作にとって千載一遇のチャンスであり、唯一無二の大舞台であると言って過言でないのである。勿論、自藩が幕軍を打ち破ることが絶対条件であったが、この存亡必至の長幕戦争こそ藩と主君の朝敵の汚名を雪ぐ大忠義であるとともに、家名を上げる親孝行の本道であり、且つ彼の尊皇救国の志を具体化する大願成就の一本道なのであった。晋作は彼が望んだ通り父祖伝来の地で勇往邁進して「故郷の風に散る」ことができるこれ以上ない理想の死に場所を迎えたのであった。

四首目は日柳燕石（文化14～明治元・1817～1868）。本名加島屋長次。讃岐（香川）の侠客勤皇家。豪商地主の家に生まれ、21歳で家督を継ぐ。多芸多才で任侠に富み、大親分になる。頼山陽の『日本外史』を読み勤皇の志を抱く。慶応元（1865）年、晋作を別荘呑象楼に匿った罪で高松藩から明治元（1868）まで3年間獄中に在る。釈放後仁和寺宮嘉彰親王の北越征討軍の日誌方として活躍、陣中で没した。享年52。

歌は建武の中興（1334）の大塔宮護良親王を時の幕府が鎌倉の獄に幽囚した史実を詠んだ。歌意は皇子を岩戸（＝土牢）に隠したりしなければ闇の世などに成らなかったものをというのである。そういう愚かなことをするから今もこうした常闇の世の中になっているのだと嘆じたのである。「高光るみこ」は大塔宮護良親王。「高光る」は枕詞。「岩戸にかくさずば」は天照大御神の岩戸隠れの神話を踏まえ、足利幕府が親王を鎌倉の牢獄に押込めた史実を指す。「常闇」はいつまでも暗いこと。ほかに「久方の月よりやかく聞こゆなり越しのやまべのかりのひところゑ」。出獄の際の「いせ海老の腰はしばらくかがめてをれどやがて錦の鎧着る」。また漢詩にも秀れ楠木正成を仰望して「日本有聖人。其名謂楠公。誤生干戈世。提剣作英雄」と詠んだ。

大塔宮護良親王（延応元～建武2・1308～1335）。後醍醐天皇の第3皇子（第1皇子とも言われる）。6歳で法親王。20歳で天台座主。元弘元（1331）年、父帝後醍醐天皇の元弘の挙兵に従う。親王の令旨を受けた楠木正成、新田義貞らの活躍で足利鎌倉幕府倒る。元弘3（1333）年、建武の親政で征夷大将軍となるが、建武元（１３３４）年。父帝との不和から将軍職を解かれ、足利方に囚われ、鎌倉二階堂の土牢に幽閉されたのち、足利尊氏の弟、直義に弑《しい》された。御年28歳。

第32回　第二次長幕戦争―長州大試煉―

長州藩、四境戦争に勝利す

死んだなら釈迦や孔子に追ひ付きて道の奥義を尋ねんとこそ思ふ　　高杉晋作

討ち死になせし益荒男の
魂の行方を尋ぬれば
小倉の城をおとしつつ
我が国ひろくなしにけり

長州藩は桂、高杉、井上、伊藤、前原一誠ら松陰門下が藩枢機を占め、武備恭順の合言葉のもと軍政、藩政を一新し対幕決戦体制を作り上げることになる。軍政面においては同藩の兵学者、村田蔵六（大村益次郎）を軍制改革の中心に据え洋式兵制、戦術を大胆に取り入れる。晋作の創成になる国民皆兵的な志願兵組織である奇兵隊以下の諸隊を質量ともに充実拡大させ、日夜訓練に励み、強固な近代的軍隊組織に作り上げた。これら奇兵隊以下の諸隊を三田尻、小郡、舟木、吉田、萩、山口に配置した。また財政面では桂（木戸）、高杉自ら下関で藩外貿易（密貿易）を大幅に拡張し戦費、財源の蓄積に務めた。

文久以降薩摩藩とは下駄に薩賊会奸と焼印してこれを踏み鳴らすというほどの仇敵関係にあったが、幕府の長州再征の動きを境に土佐（高知）の中岡慎太郎、土方久元らの仲介により長薩2藩間に急速に接近の気運が開けた。長藩は薩摩藩を通じて英の武器商人、トーマス・グラバーから新式銃や軍艦を買い入れた。慶応2（1866）年、晋作は長幕戦の始まる1か月前の5月、自ら長崎に出向いてグラバーから軍艦「丙寅丸」（90トン）を藩に無断で4万両で購入した。井上聞多、伊藤俊輔が7千余挺の最新式ミニエー銃・ゲベール銃を購入した。

大村益次郎（文政7～明治2・1824～1869）。本名、村田蔵六。長州藩士。兵学者。周防（山口）の医者の家に生まれる。適塾、シーボルト、ヘボン等に学ぶ。一時、伊予宇和島藩（伊達宗城）に招かれた。慶応元（1865）年、帰藩し討幕派藩政府で抜擢され総参謀長として軍政面の中心を担い、第二次長幕戦争で石州口参謀として実戦に天才的な指揮能力を発揮し、長州軍を優位に導いた。戊辰戦争（1869）では維新新政府の全作戦指揮者として幕府軍、彰義隊を1日で壊滅させた。維新後、近代的徴兵制を構築中、京都木屋町の旅宿で士族消滅の危機感を抱いた士族らに暗殺された。享年46。

前原一誠（天保5～明治9・1834～1876）。佐世八十郎。長州藩寄組、佐世家（47石）の長子に生

れ、前原家の嗣となる。最年長の松陰門下。四境戦争では参謀として輸送を受け持った。新政府では参議を務めたが、主流派と合わず下野。旧士族の改革を訴えて萩（山口）に挙兵し捕えられ斬られた。トーマス・グラバー（1838～1911）。英国スコットランド出身。主に薩摩藩を中心に倒幕諸藩に武器を売った。坂本龍馬が薩摩藩名義でグラバー商会から長州藩への武器売買を実現させたことが難航していた薩長同盟締結の一要因となり、延いては幕藩体制の早期崩壊の引き金となった。

一方、幕閣は徳川慶勝、西郷隆盛の第一次征長戦を手ぬるしとし、不満に思っていた。在京の慶喜も容保も同感だった。この際長州藩に徹底的に制裁を加えることによって、幕府の支配体制を朝廷、諸侯に見せつける好機であると考えた。何とかして幕藩体制の崩壊を喰い止めねばならない。慶応元（1865）2月、幕閣は天下に幕府の威令が揺るぎないことを知らせようと長藩主父子、五卿の江戸護送を幕府独自で実行しようと老中阿部正外が幕兵3千を率いて入京し、尾張、薩摩、芸州等諸藩に出兵護送を命じたが、諸藩は体よく断った。慶応元（1865）5月、将軍家茂上京参内後、6月大阪城に布陣。同月、長藩支藩の吉川経幹、毛利基純以下4支藩に上阪を命じたが4支藩は拒絶、公然幕命に抗した。9月、幕府はこの幕命無視を理由に長州再征の勅許を得た。

ここまではほぼ順調だった。しかし幕府が実際に軍を進めたのは9カ月も後の翌慶応2（1866）年6月であった。理由は複数あるが、偶然か計算づくか同年9月、英仏蘭米4カ国は安政5（1858）年以来の政治的課題を一挙に解決しようと軍艦9艦を兵庫沖と大阪天保山沖に配置し、条約勅許、兵庫開港、関税引き下げを幕府に迫った。朝議が連日開かれ一会桑の慶喜、容保ら幕府、賀陽宮（中川宮）

ら国事係堂上、果ては在京35藩の代表を宮中に呼び意見を徴したが決まらなかった。ここで慶喜は勅許を戴かねばこの場で切腹するというネゴシェイター（辣腕）ぶりを発揮し、君側諸卿らを抑え込み、慶応元（1865）年10月5日、遂に条約勅許の聖断を得た。

通商条約勅許と再征長勅許は懸案の難問一時に氷解し幕権回復の絶好機に思えたが、列強に力づくで押し切られた開港通商、関税引き下げは国内経済を直撃し、未曾有の物価騰貴を引き起こした。慶応元年暮れ、大阪、兵庫で米問屋の打ち壊しが多発し、翌2年には段々江戸へも波及し、武蔵名栗村（埼玉）の「世直り」と称する一揆や豪農、豪商への打ち壊しが頻発した。異装の集団が町中を一晩中練り踊る「ええじゃないか」という一種の無法（アナーキズム）現象が京、大阪で流行したのもこの頃であった。

この間、慶応2（1866）年1月長州藩は倒幕に舵を切っていた薩摩藩との間に長幕戦争の命運を左右する軍事同盟（薩長同盟）を結んだ（第33回詳述）。

征長総督の将軍家茂は既に大阪城に居り、先鋒総督徳川茂承（紀州藩主）の家老安藤直裕が牙営地広島で全軍（約10万）を督した。受けて立つ長州軍3500は藩主敬親、世子定広を総大将に桂、高杉、伊藤、井上、大村、山形らの実力者が全軍に令した。長州藩は①基本戦法を自藩領内での守備型防衛戦を不利と見て藩境を出て他藩領で闘う敵陣攻撃型とし、②個々の戦闘では白兵戦（集団型接近戦）でなく最新鋭火力（ミニエー銃など）による彼我離れて戦う銃砲撃戦（散兵戦）の2本柱で闘うとした。

慶応2（1866）年6月7日、幕府軍（幕府艦隊、松山藩兵）の富士山丸による周防大島（瀬戸内）砲撃で長幕戦の火蓋が切られた。同島は一時、松山藩兵に占領されたが、応援に駆け付けた晋作が12日夜、自ら軍艦丙寅丸に乗艦し得意とする夜襲をかけ、錨を下ろし釜の火を落している千トン級の幕艦4隻を奇襲し、戦局を忽ち優位に導き、同16日には世良修蔵、林友幸ら第2奇兵隊が同島へ上陸し、松山藩兵を破って19日に同島を取り戻した。長州軍は晋作の電撃作戦による緒戦の大捷に士卒の士気大いに揚がり全軍奮い立った。親藩（御家門）の松山藩（松平隠岐守）以外の土佐、宇和島、徳島、高松、今治藩の四国勢は出兵しなかった。

周防大島口に次いで芸州口（広島・山陽道）、石州口（島根・山陰道）、小倉口（福岡）の長州四境に長幕軍の激しい戦闘が交えられた。幕府は薩摩藩による萩口（長門・海路）の攻撃を企図したが薩摩藩は出兵を既に拒否していた。

芸州口では同13日、石川、井上らが指揮する遊撃、御楯、膺懲、鴻城の諸隊と岩国藩兵ら約千人が紀州、彦根、大垣、高田、津山藩の約5万の幕府の主力藩兵と岩国と広島の藩境小瀬川を挟んで睨み合った。緒戦の大竹・和木の戦いは射程の長いミニエー銃を持った狙撃部隊が旧式銃や槍、刀で武装して渡河しようとする彦根軍を三方から邀撃して敗走させ逆に小瀬川を渡渉し幕軍総督基地のある芸州（広島）領内に入り各所を戦場とするなど戦局を優位に進めた。幕軍は中盤から紀州藩兵を投入し銃砲撃戦は一進一退の持久戦となったが、中立の立場を執っていた芸州藩が8月末、間に入って一時休戦となった。

石見口では6月16日、大村指揮下の南園、精鋭、育英の諸隊と清末藩兵ら約千人が浜田、福山、鳥取、松江の藩兵と闘った。戦闘は津和野藩が長藩に道を開けたため追討軍の本拠地浜田で直接開始され幕軍の軍目付を戦死させるなど長軍が圧倒した。幕軍は3万の兵力を投入したが慶喜の実弟、松平武聡の浜田藩と福山藩以外は実質的に戦闘に参加しなかったといわれる。

小倉口では晋作、山形率いる奇兵隊、報国隊の長州軍千人と小倉、唐津、筑前、久留米、肥後藩など約2万の幕府・九州軍が関門海峡を挟んで対峙。6月17日未明、海軍総督晋作は軍艦丙寅丸以下5隻を率いて、先制攻撃をかけ門司を砲撃、山形軍監の奇兵隊以下諸隊の銃砲隊が田野浦、門司、大久保へ上陸し、九州軍を小倉に釘付けにして戦略的優位を確保し一旦下関へ戻った。晋作ら首脳部は小倉口総督の布陣する小倉城攻略を戦いの天王山と位置づけ7月3日と同27日に渡海上陸し、城近くの小倉平野まで迫った。これに対し幕軍は軍艦3隻による砲撃や城手前の大里、赤坂口の高所に陣した肥後藩が強力なアームストロング砲で反撃するなど双方一歩も引かぬ銃砲撃戦は1か月弱に及び両軍に多くの戦死者が出る長幕戦争最大の激戦となった。

そうした戦況のも中、慶応2（1866）年7月20日、追討総督、将軍家茂が大阪城で病歿した（わずか21歳であった。将軍の死は1か月近く伏された）。

情報を入手した小倉口総督の唐津藩世子小笠原長行（老中）は7月29日、小倉から軍艦で遁走。これを知った肥後藩ほか九州各藩は同日撤兵。8月1日には残った小倉藩兵が城に火を放ち、幕軍の敗色が決定的となった。

戦闘は近代的装備、士気に勝る長州軍が幕軍を圧倒して終わった。慶喜は大阪から出なかった。

冒頭の掲出歌一首目は晋作の辞世とされる。晋作らしい最期の言葉ではあるものの一般の辞世から見れば型破りで、現代短歌に近く、或いは初学者が詠んだようである。遺詠においても独往独邁、彼は彼の流儀を最後まで押し通したと言っていい。歌は説明の要はあるまい。卒したら聖賢2人に追い付いて道の奥義（＝真髄）を尋ねたいと言うのだ。いかにも人を喰った詠みぶりであるけれども内容は頗る真面目である。彼の一生は、傍目はどうあろうと藩と家と国との円満合一の実現に命懸けで取り組んだ荊棘《けいきょく》の生涯であったと愚考する。しかし日本国が世界の国々に伍してゆくためには「藩」や「家」は畢竟、消滅せざるを得なかったのは御存じのとおりだ。彼にとって釈尊や孔丘に借問したい「道の奥義」とは如何なるものであったのか。元気なころの晋作の言葉に、「死んだなら我が墓前に芸妓衆を集め三絃などを鳴らして御祭り下され」とも言っていた。ともあれこの遺詠は功山寺クーデタで藩内親幕派を倒したあと、芸者衆に三味線を弾かせながら政庁に乗り込んで行ったという逸話もあるくらい、晋作らしい洒脱、豪放であると同時に生真面目でもあった複雑な性格を三十一文字に覗かせた一首である。

二首目の掲上歌は晋作自ら艦隊を率い長幕戦争の大勢を決した小倉城攻防戦の様子を回顧して詠んだ今様。「行方」は行き先、行った先が原義だがここでは「勝敗の行方」などの「結果、結末」の義も加味して意訳した。「尋ねる」は「先に行ったものの跡を求める」意だから敢て晋作が「問ひたれば」や「求むれば」ではなく「尋ぬれば」を用いたのは自分が間もなくそちらへ行く予感があったのかも知れない。大意は（この度の戦で）討ち死にしたつわものらの御魂が何処へ行きどうなったであろうかと追惜してみたら壮烈無比の彼らの益荒男魂が小倉の城を攻め落とし邦家を広くしたということがよく分かったというのである。誉め歌であり一種の挽歌でもある。「我が国」が毛利家第一の晋作のことだから長藩一国を指すのか日本国を指すのか些か気になるところだが作者に「冗らんことを聞くな」と一喝されそうだから両意有りとして野暮な詮索は止めにしよう。

次に晋作の長幕戦を詠んだ七絶の漢詩2題を掲げる。

赫赫東藩八萬兵。
襲来屯在浪華城。
我曹快死果何日。
笑待四隣聞砲聲。

一詩目は慶応元（1865）年9月以降、幕軍が四境周辺へ大軍を集めている頃の長幕決戦前夜の「絶句」と題した27歳のときの作。一詩の意は幕軍八万の大軍が大阪城に集まっている。迎え撃つ我等が快死するのはいつの日であろうか。砲声の轟く決戦の日を笑うて待つばかりであるというのである。四境から攻め寄せてくるなら来い、我等奇兵隊以下断然之を迎え撃つ決戦の用意は十分出来ている、長州男児の胆っ魂を目にもの見せてやる、と余裕綽々嘯いているのである。結句の「笑待四隣聞砲聲」など晋作の心意気が伝わる七絶である。「赫赫」は熱気、耀やく様など、ここでは幕軍の著しい武威を指す。晋作一流のアイロニーである。「東藩」は幕軍。彼の念頭に関ヶ原の東軍、西軍のイメージがあったのであろう。「屯在」は集まり蝟集すること。「浪華城」は大阪城。「曹」は衆、仲間の意。ここでは奇兵隊などを指す。「四隣」は芸州、石州、小倉、防州の四境を指す。

二詩目は慶応2（1865）年6月以降の長幕軍激突の「馬上偶成」と題した陣中詠。

臨険臨危豈恃衆。
単身孤馬乱丸中。
沙邊枕甲腥風夕。
幽夢悠悠到海東。

大意は危険や艱難に臨んでなにゆゑ衆を恃まんとするか、己れ一人馬にうち跨って先頭に立ってどこまでも進み、乱れ飛ぶ弾丸の中真っ先に敵陣へ突入するのみである。戦い済んで腥ぐさい戦場の風の吹く夕べ、兜を枕にしばしまどろんでいるとはやくも幕府のある海東の江戸城に悠々至る夢を見たというのである。結句の「幽夢悠悠」がいかにも晋作らしい表現で、戦場の雰囲気描写も簡潔で全体に歯切れのいい幕末の戦陣歌中秀逸の七絶である。「単身孤馬」は衆を頼まぬ騎馬武者。「乱丸」は乱れ飛ぶ弾丸。「沙邊」は戦場の砂原。「枕甲」は兜を枕にすること。「腥風」は乃木希典の『金州城』の「風腥新戦場」と同意で死屍累々たる戦場の腥い風。「幽夢」はひと眠り。「海東」は江戸城。

ほかに「四境ノ勝報ニ満城欣喜ス。余独リ之ヲ憂ヘ小詩ヲ賦シテ自ラヲ警ム」と題した「廟堂原野共論評。称嘆勇功兼智名。勝乎易勝孫呉術。秋毫名月是精兵」という一時の勝利に浮かれることなく心機を費やす晋作の軍人的嗅覚の一面を垣間見る一詩を紹介して長幕戦陣中詠の幕を閉じよう。

家茂の急逝により急遽、将軍名代となった一橋慶喜は8月8日、参内。自軍の不利に鑑み同月22日、再征一時中止の朝命を得、9月2日、幕府軍艦奉行勝安房守（海舟）が慶喜に狩り出され厳島（広島・宮島）大願寺で井上聞多と休戦協定を結んだ。

この思わざる敗北によって幕府の弱体ぶりは満天下に晒し出され、幕藩体制の崩壊近しが明らかになった。事実、これよりわずか1年後に260年続いた徳川幕府の大政奉還が行なわれたのであった。

これまでの変転極まりない過程において生起した大小無数の事柄の一つ一つが果となり因となって維新の歯車を押し動かしてきたわけであるが、この長幕戦における長州藩の勝利こそ維新倒幕の歯車を急速度に、大きく回転させたといっていい。天下の大勢を半ば決定づけた長州藩大捷の原因は一に軍事的天才、高杉晋作の爆発的行動力であり統率力であり彼に統率された奇兵隊以下諸隊の獅子奮迅の決死的活躍であった。他面より見れば幕府に対する諸藩の忠誠心の薄れ、薩長による二大外様雄藩連合の成立といった戦局を左右した側面的事実も要因であるが、それらとて長州軍の勝利という絶対的な事実があっての話。実際の戦に負けたのでは薩長連合も何もあったものではないのだ。

以後、天下は俄然薩長に靡くことになる訳だが、これとともに拙著のテーマである死を決して志を行う純粋行動者の活動の軌跡の叙述もここで一先ず終りを告げるのである。

晋作、逝く

おもしろきこともなき世をおもしろく　高杉晋作

すみなすものは心なりけり　望東尼

三千世界の烏を殺し主と朝寝がしてみたい　高杉晋作

その高杉晋作も事実上長幕戦の勝利を決定づけた小倉城を落した直後喀血し、戦陣を退いて療養に努めた。年来の無理を振り切り長幕戦の、就中この2ヶ月余の小倉城攻略に全精神を傾注し、生命力を余すことなく使い切った晋作に余力は残っていなかった。年を越して病は重るばかり、遂に重病の人となり、馬関新地（下関桜山）の林参九郎邸（白石正一郎の縁戚）の離れで死の床に着いた。両親妻、同志、愛妾、友人が見守るなか紙と筆を所望し、掲出歌の「おもしろきこともなき世をおもしろく」とまで書き付け瞑目すると、そばにいた望東尼が「すみなすものは心なりけり」と下の句を付けて見せると「おもしろいのう」と言ってまた目を閉じた。暫くして「吉田へ行け、吉田へ行け」と譫言のように2度繰り返した。吉田は毛利家ゆかりの地であり、晋作が創り上げた奇兵隊発祥の地、吉田驛（山口下関）である。墓石には「奇兵隊開闢総督」と書いてくれと遺命した。奇兵隊に対する彼の愛着は深かったのである。遺言は「ここまでやったのだからこれからが大変じゃ、しっかりやってくれ」と皆に言ったと妻女、雅は記憶している。大政奉還の5ヶ月前の慶応3（1867）年4月14日であった。享年29。

掲出の都々逸（端唄）は、晋作の作の中でも「西へ行く」とともに最もよく知られた作品である。「三千世界」は仏教用語で全世界の意。「烏」は世の憂き、面倒な事の寓喩。歌意は世界中のカラス（面倒なこと一切）を退けて主と朝寝がしてみたいというのだ。いかにも晋作らしいと言いたいけれど、普通に読めば作者は遊女か苦界の人になり代わって作った俗曲で、晋作にしてはちょいと洒落過ぎているように思う。或いは酒席で芸妓と三味線を爪弾きながらひと節唄ったのかも知れない。労咳（結核）であった晋作の遠からぬ死を予感させる部分もあり、深く大きいことを言ってのけた印象に残る一曲ではある。「なにをくよくよ川端柳水の流れを見て暮す」（東雲節の一節）や「わしとお前は焼山かづらうらは切れても根は切れぬ」という都々逸も晋作の作だという。

ここで晋作が死期を察した頃に書いた己の生き方を総括した良詩があるので掲げる。「歳晩」と題した事実上の「辞世詩」で、

在家不孝罪三千。
於国不忠違世賢。
放蕩依然孤侠客。

幾年此地送残年。

という自身を的確に凝視めた全篇、彼一流の反語から成る七絶である。「歳晩」は年末、年の暮れ、ここでは人生最晩年の意。「残年」は余生。中唐の詩人韓愈（768〜824）の「左遷至藍関示姪孫相」中の「残年ヲ惜シマンヤ」と同意。一篇の主意は親には不孝、主君には不忠、放蕩孤狂の徒となって大事を為さんと試みたが今は唯余生を畢る（死んで行く）ばかりであるというのである。

「放蕩孤狂ノ客」として「残年ヲ送ル」のみと謙遜しているけれども、天は晋作を放ってはおかなかった。愚存を述べれば、天は、彼がどれほど狂挙を繰り返し義死、万死を冀望しても、長幕戦争という大事な一戦に勝つまでは、彼に死ぬことを許さなかったのだ。尚武の神は、日本国未曾有の国難の秋に維新の岩戸を押し開く手力男の役を彼に与えたのであった。暴れ牛、高杉晋作は幕府崩壊を決定づけた長幕戦大勝利という天が用意した役割を成し遂げて、その疾風迅雷の生涯を閉じたのである。日本浪曼派の保田與重郎（明治43〜昭和56・1910〜1981）が「彼は明治維新を早くした第一人者であった。ただ一人をればよいという類の人で、それが実にただ一人いた」と言い切っているように、彼は明治維新を具体化し、早めた最大の功労者であった。晋作がいなかったら明治維新の到来はもう少し遅かったに違いない。それほど彼の、幕府を追い込んでいった天才的行動は素晴しかった。「強質精識凡俗に卓越す」と評した師、松陰も愛弟子がここまで軍事的統率能力を持っていようとは流石に予言していなかったようである。師松陰が灯し、志友玄瑞らが捧持してきた尊皇維新の大松明は爆弾児、高杉晋作という非常の人物によって最初の曙光となって扉の向こう側へ光を投げかけたのであった。

第33回　桂、西郷、龍馬

薩長同盟

矢じりもてしるせる君が言の葉は身を貫きて悲しかりけり　桂小五郎

五月闇　あやめわかたぬ　浮世の中に　なくは私と　ほととぎす

思ひ立つ君が引手のかぶら矢は一すぢにのみ射るぞかしこき　西郷隆盛

国のためみがきあげたる白玉を投げうつときはいまぞ来にけり

世の中の人は何とも言はばいへ我がなす事は我のみぞ知る　坂本龍馬

心からのどけくもあるか野辺はなほ雪気ながらの春風ぞ吹く

大君の邊にこそ死なめますらをの都はなれていつかかへらむ　　　中岡慎太郎

薩長同盟の表舞台の立役者は桂小五郎、西郷隆盛、坂本龍馬である。影の功労者は土佐の中岡慎太郎と土方久元の両人である。中岡、土方は国難を救うには倒幕以外になしと断じ、そのためには雄藩、薩長が力を合わせ幕府を倒し攘夷を行う以外に道はないとし、薩長の融和を図るのに努力していた。西郷隆盛が薩長連合を具体的に考え始めたのはいつごろからであったか。薩摩藩は藩枢要に西郷、大久保（利通）が就いてより、幕府頼むに足らずとして藩論の軸足を公武合体から幕政批判に移していた。就中、西郷は側近に幕府の長州再征を私争と断じ、「私戦ニ差シ向ハス可キ道理無ク候」と出兵拒絶していた。

中岡は薩摩藩のこの方針転換を好機に、具体的な行動に移り、同じ土佐藩の坂本龍馬にも一枚加わってもらい、話を具体化させた。

中岡は桂らに薩長同盟の重要性を説き、龍馬は西郷ら薩藩要路に長藩との提携を薦めるなど、各々薩長間を往来した。しかし、宿敵同士の怨念の和睦は至難であった。

中岡、土方、龍馬は政経分離作戦を行った。龍馬は長州側の為に西郷に長幕戦に必要な武器購入の便宜を図ることを約束させた。中岡はこれを受け長藩、桂へ連絡し、伊藤俊輔、井上聞多を長崎へ赴かせ、薩藩家老小松帯刀を通じて武器商人グラバーより新式銃7300丁を買付けることが出来た。薩摩藩名義で龍馬の亀山社中を通じて軍艦1隻も購入できた。長州藩は見返りとして薩摩藩上京の兵糧を下関で賄うことなどを取り決め、両藩の経済協力関係を成功させた。

慶応2（1866）年正月、京都二本松の薩摩藩邸で桂、西郷が会った。小五郎は西郷、大久保らと国事を談じ滞在10日余に及んだが、両者の意地と面子が同盟についてどちらからも切り出さなかった。遂に桂は帰藩を決意し、帰ろうとしたところへ龍馬がやって来て、西郷、桂に国家存亡の大事を前に何を拘わってをるか、と叱咤され、且つ大同団結を火の如く説かれ、一言も無かった。時の氏神の龍馬の一言に流石に維新の三傑といわれた両人は今までの意地、宿怨をグッと呑み込んで倒幕を目的とした6ヶ条からなる薩長軍事同盟を結んだ。龍馬は同席して証人となった。

掲出歌は桂小五郎（天保4〜明治10・1833〜1877）。長州藩士。木戸孝允。松菊。維新の三傑の一人。長門（山口）萩藩医の家の長子に生まれる。桂家（大組90石）の養子となる。藩校明倫館で松陰に兵学を学ぶ。松陰は小五郎を「厚情の人物也」と評価している。剣は江戸の齋藤弥九郎門で塾頭をつとめた。安政の大獄以来、久坂玄瑞、高杉晋作らと藩の尊攘派の指導者として諸要職を担う。大村益次郎や井上聞多を重用した。慶応2（1866）年、藩を代表して薩長同盟を締結。維新政府成立後は五箇条の御誓文起草、版籍奉還、廃藩置県、立憲政体など新政府の中心となって活躍した。征韓論や大久保利通の台湾出兵に反対して下野し、以後大久保との関係が修復せず政界から次第に遠ざかった。元治元（1864）年、禁門の変など何度も死地を脱し、昭和の歴史小説家、司馬遼太郎（1923〜

1996）に「逃げの小五郎」とも称された。西南の役で、病床にあった彼が日本の将来を心配し「西郷、いい加減にせんか」とうわ言を言いながら死んだというのは維新の元勲にはちょっと淋しい逸話だ。享年45。

一首目は小楠公（楠正行）を詠んだ詠史。延元元（1336）年、南朝の忠臣楠正成（大楠公）は櫻井（大阪府三島郡島本町）の驛で一子正行に一族勤皇の教訓を残し湊川で戦死を遂げた。正行はそれを忘れず12年後の正平3（1348）年、「かへらじとかねて思へば梓弓なき数にいる名をぞとどむる」という決死の一首を如意輪堂（奈良吉野町）の板壁に矢鏃で記し留め、足利方の軍と四条畷（大阪府北河内）で決戦し、戦死した（24歳）。小五郎の一首の意は嗚呼、「かへらじと」の君のその言の葉は我が身を貫通し悲しいばかりであるというのである。「身を貫きて」は矢の縁語。小五郎は和歌より漢詩に巧みで「偶成」と題し「一穂寒灯照眼明」に始まり「世難多年万骨枯」から「邦家前途不容易。三千余萬奈蒼生」と続く明治6（1873）年征韓論に反対し国家の前途を憂いて作った七言12行詩など殊によく知られている。

二首目は都々逸で、32歳のときの作。禁門の戦い（蛤御門の変）後なお一人洛中に潜んで形勢を窺ったが幕吏の探索厳しく潜伏5昼夜飢えに苦しんだ。京三本松の芸者幾松（後の孝允夫人）が闇に紛れ、二条大橋の下に乞食姿に変装していた小五郎に握り飯を渡した話はこの時のもの。「五月闇」はさみだれ頃の夜の闇。「あやめ」は文目で模様の意。浮世の闇と潜んでいる闇とが重なっているところが味わいどころと言えばいいえる。

三首目は西郷隆盛（文政10～明治10・1827～1877）。薩摩（鹿児島）藩士。南州。吉之助。軍略家。維新の三傑の一人。鹿児島城下加治屋町の平下士の家の長男に生まれる。青少年時代を加治屋町の郷中教育（少年自治組織）で過した。加治屋町からは大久保利通、東郷平八郎、山本権兵衛、大山巌ら維新の英傑が輩出した。安政元（1854）年、藩主島津斎彬に見出され江戸表で藩主御庭番など驥足を伸ばす。斎彬死後、弟の久光と反りが合わず奄美大島、沖永良部島などへ2度流された。元治元（1864）年、赦され、禁門の変で復活。第一次征長戦で幕府方参謀として軍略家の才能を発揮。第二次征長戦では幕府に征長の大義なしとして出兵を拒絶し、水面下で長州藩と同盟を締結するなど藩論を公武合体から倒幕体制へまとめた。慶応3（1867）年、幕府側代表の勝海舟と江戸城無血開城の大決断を成功させ、日本を列強の爪牙から守った。維新後は大久保、岩倉らの反征韓論に敗れ、野に下り、明治10（1877）年、西南の役を起こし、故郷城山で自刃した。維新最大の武断家、純粋行動者である。享年51。

一首目は万延元（1860）年、大島謫居中、大久保一蔵（利通）に送った直書の末尾の詠。34歳のときの作。歌意は君が射る愛国の鏑矢はただ一筋に射るべきである、その赤心の思いはうなりを生じて相手の心に響くだろうというのである。「鏑矢」は矢の先がかぶらの形をして射ると音が出る。西郷は「朝鮮国ニ使イスル命ヲ蒙ル」や「月照和尚忌日ヲ賦ス」等々漢詩が素晴らしく、殊に配流中の「獄中有感」の「朝蒙恩遇夕焚坑。人生浮沈似晦冥。縦不回光葵向日。若無開運意推誠。洛陽知己皆為鬼。南嶼俘囚独窃生。生死何疑天附与。願留魂魄護皇城」や大久保に与えた書簡中の「偶感」と題する幾歴辛酸志始固。
丈夫玉砕恥甎全。
我家遺法人知否。
不為児孫買美田。

という七言絶句は維新志士漢詩の傑作である。

二首目は西郷作と伝えられるがそうでは無いかも知れない。彼は和歌は余り作らなかったようだ。遺詠8、9作の中でも、後世作かも知れぬ右歌は何度も死地に生命を投げ出した西郷的特徴を最もよく伝えているのではないか。歌意は国のために磨きに磨いて来た我がまごころを今こそ擲うつときが来たというのである。「白玉」は報国の丹心。この白玉はいかにも大きく重そうである。幾たびかの辛酸を経て磨き抜かれて皓皓として光を放ち、投げ放てば巨きな音を立てて転がり人の心胆に響かずにおかない。「失題」と題し同一の心事を詠じた五言律の「我有千絲髪。毿々黒於漆。我有一寸心。皓皓白於雪。我髪猶可断。我心不可断」とともに味わうべきであろう。

維新の行方を決定したとされる小御所会議の途中で逡巡する大久保に西郷が「これ一本で済むことでごわせんか」と短刀を示したという挿話はどこまで真実かは即断できないが武断家、西郷のすべてがシンボライズされていると愚考する。事に臨んで自分の命を惜しむ人間には決して口に出来ぬ容易ならざる言葉である。

月照との入水のときの辞世（伝）とされる「二つなき道にこの身を捨て小舟波立たばとて風吹かばふけ」は平凡であるが城山の最期は見事である。終焉の地となった岩崎谷（鹿児島市内）の洞窟を出て辺見十郎太ら側近が「もう、ようごわんか」と言ったが「まだまだ」と数丁走ったところで「晋どん、ここら辺でよか」と坐ったところを別府晋介が「ごめんなったもんせ」と手を合わせて首を打った。「ここら辺でよか」は前述した木戸臨終の際の「いい加減にせんか」に符節を合わせた後世の逸話かも知れないが西郷の辞世の言として承詔必謹すべき名言である。

五首、六首目は坂本龍馬（天保6〜慶応3・1835〜1867）。土佐藩郷士。高知の豪商（酒造家）の次男に生まれる。私費で江戸に出、剣術に励む。土佐勤王党に加盟。叔父であり、師でもあった土佐勤王党領袖の武市瑞山（半平太）が龍馬を評して「あれは土佐一国にてはあだたん（治まり切れない）奴だ」と言ったほどの既存の枠に囚われない柔軟思考の希代の風雲児であった。文久2（1862）年28歳のとき、開国論者の幕臣、勝海舟を斬りに行き、世界の大勢を説かれ、その場で海舟に入門。翌年、海舟に従い幕府の神戸（兵庫）海軍操練場の塾頭となるなど活躍。勤王党で、幕臣勝海舟の門下生、しかも一方で、薩摩藩（西郷）の助力で長崎に貿易カンパニー「亀山社中」を設立し商才を発揮するなど当時では型破りの考え方の持ち主であった。慶応元（1865）年頃から、同郷の中岡慎太郎と薩長同盟の構想を抱き、実現化に奔走し、慶応2（1866）年正月、同盟を成功させた。第二次長幕戦では亀山社中の持ち船ユニオン号を率いて参戦した。慶応3（1867）年、藩士に復し「土佐海援隊」を組織した。五箇条の御誓文の原案と云われる構想を「船中八策」にまとめ、後藤象二郎に説いた。慶応3年、11月11日、定宿近江屋（京都市中京区塩屋町）で中岡慎太郎とともに京市中見廻り組の今井信郎らに暗殺された。享年33。

龍馬は維新の志士には珍しいタイプであったように素朴な詩歌をわずか数首詠んでいるにすぎない。掲出歌両首ともお世辞にも上手いとは言えないが、前首ののびのびとした歌いぶりは太平洋の黒潮に育てられた龍馬という人物の汪洋とした精神の風貌が窺い知れるように思う。佐久間象山の「謗者任汝謗。嗤者任汝嗤。天公本知我。不覓他人知」と同詩境か。元々龍馬には佐幕も勤皇も攘夷も開国も、薩摩も土佐も長州も、武士も町人もさしたる違いはなかったといえよう。そうした既成概念に拘らぬ融通無碍が薩長二藩の調停者としてまさに天の配材というべくぴったりだった。とは言え「姦吏を打殺し、いま一度日本を洗濯いたし申し候」などとも云っているのである。後首は大政奉還の時の龍馬最晩年の作。彼のそのときの充足感と現実感をそのまま素直に詠んだまさに春風駘蕩たる一首。「雪気」は雪の気配を含んだ空気。大政奉還時の空気をよく捉えた言葉である。ほかに存疑だが「引臼のごとく上下たがはずばかかる憂目にあふまじものを」。

七首目は中岡慎太郎（天保9〜慶応3・1838〜1867）。土佐藩士。陸援隊長。土佐（高知）の郷士で大庄屋の家に生まれる。文久2（1862）年、土佐勤王党に加わる。翌文久3（1863）年、藩命で京都で他藩や朝廷との応接係を務め、八・一八政変後、脱藩し長州に留まり、禁門の戦い、第一次長幕戦に遊撃隊や忠勇隊に加わり活躍。国難打開は薩長同盟による倒幕以外になしと決意し、同藩の土方久元や龍馬とともに同盟実現に奔走し、実現に漕ぎ着けた。慶応3（1867）年、龍馬とともに暗殺される。掲出歌は八・一八政変後、都を逃れ、長州仮寓の折りに詠まれた皇士への帰思切なる36歳頃のときの一首である。享年30。

大久保利通（天保元〜明11・1830〜1878）。薩摩藩士。一蔵。維新の三傑の一人。鹿児島城下加治屋町平下士の家に育つ。通り一つ隔て三歳年上の西郷隆盛がいた。征韓論で袂を別つまで幼少の頃から西郷の弟分で片腕的存在。薩摩誠忠組のリーダー格。藩主島津齋彬死後、囲碁を介して島津久光に登用され頭角を著わした。智謀の才を武器に朝廷工作に本領を発揮し、稀代の政略家、岩倉具視に重用され薩摩藩を代表するかたちで西郷とともに維新政府実現に尽力。明治元（1868）年1月3日の小御所会議（御前会議）で慶喜の辞官納地を迫るなど王政復古の第一歩となる大仕事をした。明治6（1873）年、西郷が征韓論で野に下った後は内務卿として岩倉とともに明治新政府の実権を握った。廃刀令など士族政策に不満を抱く旧加賀藩士（石川県士族）島田一郎らに暗殺された。「山階宮晃親王の御殿に召されしとき窃かにうたへる」と詞書して「久かたの雲井に高くもひびくなり群れをはなれし葦田鶴の聲」と感激を詠んだ一首がある。

土方久元（天保4〜大正7・1833〜1918）は土佐（高知）郷士の家に生まれる。土佐勤王党に加盟。藩命で三条實美ら公卿の御用係を勤め、八・一八政変では脱藩して七卿に随行し周防三田尻招賢閣、更に元治元（1864）年に筑前（福岡）大宰府まで卿らに随従した。その間、中岡慎太郎と薩長連合を実現させるなど倒幕運動の陰の立役者として活躍した。維新後は政府顕官として活躍した。

長州藩最大の敵は幕府でも会津藩でもなかった。それは薩摩藩であった。八・一八、禁門、第一次征長戦と薩摩は長州の行く手に尽く立ちはだかった。そのたび長州は何度薩摩に苦杯を喫したことか。しかし今やその薩摩が徳川幕府に見切りをつけ長州と固く手を握り倒幕に邁進することになった。これは一重に土佐の坂本、中岡、土方の尽力の賜であり、就中・龍馬の天衣無縫の調停力によった。幕藩体制の崩壊はこの時に定まったといって過言でないくらい、薩長盟約は日本の歴史をご一新の方向へ大きく回転させたのであった。

補記の12・最後の将軍、徳川慶喜

明治維新は関ヶ原以来の外様藩、薩長勢力による徳川幕府への復讐だったという報復論的見方は歴史学者、津田左右吉（1873～1961）はじめ根強い。そういう側面は一面の真実であり否定できない。しかし、それ丈では只の大きい内戦である。核心はそこにはない。薩長反幕勢力にとっても幕府にとっても、押し寄せて来る外国列強の侵略をどう防ぐかが最大唯一の懸案であったことは間違いない。だからこそ双方が清国の二の舞にならぬ内に矛を収めたのである。そういう核心的な部分で徳川慶喜の存在は大きかった。このことについて日本の歴史家は左右に拘らず十分な評価、意味づけが出来ていないと愚考する。

徳川慶喜（天保8～大正2・1837～1913）。第15代徳川幕府最後の将軍。徳川御三家で尊皇藩主、水戸斉昭の第7子として江戸小石川水戸藩邸に生まれる。母は登美宮吉子。弘化4（1847）年、12代将軍、家慶の推挙により10歳で御三卿、一橋家の当主となる。ペリー来航の年の嘉永6（1853）

年、家慶の病死に伴い次々期将軍継嗣問題が浮上し、条約勅許問題と連動して渦中の人となる。文久2（1862）年、26歳のとき公武合体策を柱にした幕政改革で14代将軍、家茂の後見職となり攘夷鎖港を主張する朝廷と開国止む無しの幕府の間に立って心機を費やした。文久3（1863）年、八・一八政変の後、御簾前で開いた有力諸侯参与会議で一人、朝廷側に立った横浜鎖港論を唱え参与会議分裂の因を作ったり、慶喜を頼り西上した水戸天狗党の大量処刑の要因を自ら招いたりした。政友、松平慶永は慶喜を一筋縄ではいかない「酒呑みのねじ上げ」と評している。元治元（1864）年3月、28歳のとき、参与および後見職を辞任し、京都禁裏御守衛総督に就任。その年7月起きた禁門の戦いでは自ら一刀を振るって指揮を執ったとされる。同年11月、慶喜及び幕閣不満のうちに第1回長幕戦不戦のうち終了。慶応元（1865）年、辣腕を揮って無勅許だった安政5カ国条約（米英仏露蘭通商条約）と長州追討の勅許を得る。慶応2（1866）年、第二次長幕戦の最中の7月20日、将軍家茂が大阪城本陣で急逝。長幕戦敗北のうち休戦となる。12月5日に将軍職を受諾。同月25日、頼みの孝明天皇崩御。慶応3（1867）年、兵庫開港の勅許を得る等、幕政挽回を図ったが10月13日に出された「討幕の勅諭」による薩長の怒涛の波に抗しきれず翌14日、大政奉還を奏上。慶応4（明治元・1868）年、1月3日、鳥羽伏見の戦い（戊辰戦争）で敗退。6日、大阪から江戸へ船で脱出し上野寛永寺大慈院に籠り、恭順の意を示した。徹底抗戦を主張する小栗忠順はじめ臣下多数いたが恭順の姿勢は変わらなかった。このとき32歳であった。

登美宮吉子（文化元〜明治26・1804〜1893）。慶喜の生母。天保元（1830）年、斉昭に降嫁。

正室。有栖川宮家六代織仁親王（宝暦3〜文政3・1753〜1820）の末娘。曾祖父は第112代霊元天皇。90歳と長寿だった。

鳥羽伏見の戦いでは「千騎が一騎になっても戦うべし」と叱咤命令しておきながら自分は数日を経ずして大阪城から潰走した。慶喜の東帰の原因は新政府軍が「錦旗」を掲げたからだとされる。旧幕府軍（旗本、会・桑軍）を率いた彼は薩摩を討つ目的で「討薩の表」を掲げて新政府軍（薩長軍）と戦っているつもりであった（「討薩の表」は、旧幕府を挑発する目的で江戸市中で略奪放火を繰り返している「赤報隊」を使嗾する薩摩に対するものであった）。ところが突然、錦旗翻り新政府軍が天皇の軍（親征軍）になったのを知って戦意を喪失したとされる。今日の史資料研究等によると、その錦旗（親征軍旗）の根拠となった「討幕の勅諭」は実は御名御璽も伝奏者（3人）の花押もない「偽勅」ではないかと当時から疑われていたようであるし、事実、「大政奉還」直後に同勅諭は御沙汰書によって取り消されている。

とするなら慶喜は①「討幕の勅諭」は偽勅、若しくは「失効」したのであるから②「錦旗」を向けられる覚えも③「朝敵」呼ばわりされる謂れもないという大義名分を掲げて大いに戦えたのである。しかし、実際には彼は戦わなかった。彼が孝明天皇や松平容保ほどの信念的人物であくまで徹底抗戦を命じていたらどうなっていたか。幕末日本は外国の浸食を招く大内乱状態に陥ったであろうというのが今日の識者の一致した見方である。そういう巨視的視点も併せ考えると、臣下を置き去りにして逃げ帰るなど武士にあるまじき背信者也との指摘は間違いではないけれども、それがただ単に不勇、不決断、無責任といった自己保身からのみ招来されたとの批判は正鵠を得ていない皮相の言である。

何故か。結論を言えば、慶喜は「討幕の勅諭」が仮に偽勅だと分かっていたとしても、「錦旗」が新政府軍に掲げられた以上、「朝敵」にはなりたくなかったということではないのか。事実を直視すればそういうことになる。ということは、彼は日本には徳川の上に天皇が在るということを弁えていたとしか考えようがない。更に言えば聡明な彼は頼みの綱の孝明天皇の崩御を知った時点で、徳川幕府の命運が尽きたことを悟ったのではないか。

徳川幕府第15代将軍、慶喜は幕末第一等の尊皇藩主、水戸斉昭の実子であった。最後の将軍が慶喜であったという歴史的事実は天の巧まざる配材であったと言うほかない。その意味で彼は徳川幕府終焉の将軍にふさわしかったと言える。それが日本の歴史上偶然であったのか必然であったのか永遠の謎であるが。歴代将軍中、将軍在職中に江戸城に入らなかったただ一人の将軍と言われている（大政奉還したあと江戸城に入城している）。将軍とは征夷大将軍の謂である。

将軍職を退いた後は明治30（1897）年まで約30年を駿府（現静岡）で、以後大正2（1913）年77歳で逝去するまでの16年間を東京で過ごした。その間、銃猟、投網、油絵、写真、書、サイクリング、能・謡曲など多様な趣味を楽しみ、明治天皇、明宮（のちの大正天皇）、迪宮（のちの昭和天皇）など皇室との往来を深めるなどしたが、余生と言うには余りにも長い45年の残生を過ごした心の内は察するに余りある。何時ごろの詠か知らぬが「この世をばしばしの夢と聞きたれど思へば長き月日なりけり」「楽しみはおのが心に有物を月よ花よと何求むらむ」という公の歌など精読玩味すると心のうちにも果たして楽しみはなかったのではないかと愚察する。

第34回　孝明天皇崩殂

話を元へ戻すと慶応2（1866）年7月20日、追討軍総督、将軍徳川家茂は牙営地大阪城で俄に病没した。わずかに21歳の若さであった。彼にとって幕末の政局は悉く命を縮める重圧であった。そういう意味で彼も時代の犠牲者であった。

幕府は家茂の死去からひと月過ぎた8月20日に将軍の喪を発表すると共に慶喜の家督相続を布告した。慶喜はこの時、当然襲うべき将軍職はこれを拒んだ。幕閣に人気のなかった慶喜の自己防衛的擬態であったという説が一般的である。4か月後の12月5日、慶喜は禁中において征夷大将軍職の宣下を受けた。茲に、岩倉具視、大久保利通らが「恐るべき勁敵」と評した15代将軍徳川慶喜の「ねぢり屋」ネゴシエーターぶりが発揮され、幕府は落日を中天に挽回するかに見えた。

ところがこの月に大変事が起きた。孝明天皇が崩御されたのである。慶応2年12月25日。御年36歳。遺骸は洛東泉湧寺に葬られ、陵墓は後月輪東山陵という。（のち慶応3・1867年12月、勅勘を解かれた三条實美は孝明天皇陵の前に額づき「悲しきやかへりて見れば月の輪のみかげは早く雲かくれたる」と流涕した）。

孝明天皇の登霞は幕府に致命的ダメージとなった。皮肉なことに崩壊寸前の幕府を支えていたのは外ならぬ孝明天皇であったからである。

話を崩御を遡る8年前に戻せば安政5（1858）年、幕府は将軍継嗣と通商条約の勅許を得ようと老中、堀田正睦を上京させた。

これに対し孝明帝は関白九条尚志に宸翰を下され「正睦、幕命ヲ含ミテ大金ヲ献ズルノ聞エアルモ、黄白、豈ニ朕ガ志ヲ動カスニ足ランヤ。朕ガ治世ニ迨ビテ通商ヲ外夷ニ許スノ俑ヲ作ラバ、信ヲ国民ニ失シ、恥ヲ後世ニ残シ、神宮、列聖ニ対シテ一身ヲ置クニ処ナシ」と宣揚され、更に「開港ハ之ヲ許容スベカラズ。洋夷若シ強要セバ、干戈マタ敢ヘテ辞セザルベシ」と把剣攘夷の御心を示され、幕府の要請を厳しく撥ね付けられた。その烈々の気概に導かれて、それまでどちらとも決めかねていた朝議は攘夷に決したのである。

このように孝明帝は熱烈な攘夷論者であった。しかし倒幕論者では決してなかった。寧ろ会津藩主、松平容保を禁裏守護として厚く信任されるなど、一方では公武合体論の頑固な支持者でさえあった。帝は幕府に征夷大将軍の役割を求められていたのであってその限りで幕府の強力な協調者・擁護者であった。その一点において幕府は孝明帝という絶対の切り札を握っていたわけである。倒幕派は柳営の枯れんとするのを横目に見ながら八・一八政変に見るように討幕の詔勅を得ることも親征の軍を興すこともできなかった。それが崩御によって一瞬にして討幕の詔勅降下の可能性が生まれたのである。ここに毒殺説の揺曳する余地が生じてくるわけである。古今東西を問わず重要人物の死去の際、毒殺説が囁かれるのは歴史の常套ではあるが。

迂闊な憶測は慎むべきであるけれども、次の事だけは断言してもいいのではないか。弘化・嘉永以来、孝明天皇を中心に動いてきた大渦が俄に海中に没し、そのあとに岩倉、大久保を中心とした別の渦が生まれ、それが奔激の如く倒幕の潮流を形成しつつ、維新の大門に向かって流れ始めたのであると。

孝明天皇は仁孝天皇（寛政12～弘化3・１８００～１８４６）の第4皇子として、天保２（１８３１）年生誕。外夷東漸し重圧漸く深くなった弘化３（１８４６）年父帝崩御を受け16歳で践祚、第１２１代の大統を継ぎ、慶応２年12月の崩御まで治世は21年の長きに渡った。その間、元号は弘化・嘉永・安政・万延・文久・元治・慶応と転変し、まさに幕末維新にふさわしい歴史の身ぶるいを示した。帝はこの古今未曾有の激動期にあって、幕府の二百数十年に及ぶ厳しい朝廷控制にも拘らず勇断よく天皇大権を発動され、幕府を叱咤、督励され、日本国宗主としての威厳と面目を発揮された。通商開国を迫る一方、あわよくばわが国を窺窬しようと窺う列強の恫喝外交にうろたえる幕府に海防の勅諭を降されてより、常に攘夷の大御旗を堂々と掲げられ、波乱万丈の治世21年間を過酷な政治の中心に自らを置かれ

澄ましえぬ水にわが身は沈むともにごしはせじなよろず国たみ

という御製にあるように、捨身の覚悟で幕末の国論を牽引されたのである。

我々はともすると明治維新の実現をいわゆる勤皇の志士らの活躍の結果だとし、その活躍の源につ

いてはあまり深く考えないけれども、孝明天皇の微動だにしない攘夷の信念があったればこそ志士の出現も活躍も可能となったのである。この見落とすべからざる一点を「近世日本国民史」の著者、徳富蘇峰（1863～1957）は『孝明天皇和歌御会記序』で

維新の大業を完成した其の力は薩摩でもない、長州でもない、其他の大名でもない。又、当時の志士でもない。畏多くも明治天皇の父君にあらせらるる孝明天皇である。（中略）孝明天皇は自らが御中心にならせられて、親王であらうが、関白であらうが、駆使鞭撻遊ばされ、日々宸翰を以て上から御働きかけになられたのである。即ち原動力は天皇であって、臣下は其の原動力に依って動いたのである

と言い切っている。

2千年の日本民族の歴史の中でも、最も激しく美しい緊張と光輝に満ちた明治維新は孝明天皇のこころのうちにすでに用意されてあったと言うこともできようか。そうであったからこそ維新の志士（＝純粋行動者）らは感奮興起して雲の如く湧き起こり、喜々として一命を擲ったのである。

国難の秋に孝明天皇という御一人者の出現と幾百、幾千の純粋行動者らの輝くばかりの累々たる豊饒の死。この2つの宝玉が当時の列強が瞠目し、いまなお世界史に比類ない明治維新を実現したのであった。

幕末動乱、明治維新の実質部分は、孝明天皇の崩殂によって終わったといっても過言ではない。現実の維新政府の実現までには討幕密勅、大政奉還、小御所会議、戊辰戦争、江戸城開城、版籍奉還、廃藩置県、辞官納地という大手順を必要とするわけであるが、そうした政治的維新過程の詮索は拙著の範囲ではない。

本著の目的は、孝明天皇の辰襟に衝迫され草莽崛起した維新の志士らの行動と精神を、彼等の心に湧き出でた歌心剣魂の調べの中に発見し、紹介することにあった。

幕末は孝明天皇に始まって孝明天皇に終わったと愚考する。その歴史の顰に倣い、帝の御製を謹載して本稿も終わることとする。

安政元（1854）年　鴨社御法楽　御年24歳

烏羽玉のよすがら冬のさむきにもつれて思ふは國たみのこと

安政2（1855）年　右大臣忠熙へ　御年25歳

昔より名にはきけども今日みればむべめかれせぬ絲ざくらかな

安政5（1858）年　神宮御法楽　御年28歳

神ごころいかにあらむと位山おろかなる身のをるもくるしき

安政6（1859）年　石清水御法楽にて　御年29歳

わが命あらむ限りはいのらめや遂には神のしるしをもみむ

同　　　　　　　　　　　　　寄風述懐・内侍所御法楽
こと国もなづめる人も残りなく攘ひつくさむ神風もがな
文久元（1861）年　毛利慶親へ宸筆　　　御年31歳
國の風ふきおこしてもあまつ日をもとの光にかへすをぞ待つ
同　　　　　　　　　　　　　島津久光に宸筆
世を思ふ心のたちとしられけりさやくもりなきもののふの魂
文久2（1862）年　砧・寄物述懐　　　　御年32歳
うたでやむものならなくに唐衣いくよをあだに猶おくりつつ
文久3（1863）年　松平容保へ宸筆　　　御年33歳
武士とこころあはしていはほをもつらぬきてまし世々のおもひで
元治元（1864）年　外患祈攘五十首より　御年34歳
音にたてて百たび千たびうてやうて夜寒を業の賤がさごろも
慶応元（1865）年　獨述懐・神宮御法楽　御年35歳
人しらず我が身ひとつに思ひ尽す心の雲のはるるをぞまつ
慶応2（1866）年　月照瀧・内侍所御法楽　御年36歳
もつれなき瀧の絲すぢあらはしていはねに月の照りまさるかな

最終首は7月21日の御作。いはねの月に照らされた滝水の直くもつれなき様と、それを静かに照らす怜悧な月を観照的に詠んで複雑な幕末の世のもつれへのなげきが却って深く表現された。歌は境遇の所産であるというが、孰れの御歌も痛切なばかりに危機感の横溢した意志的な正述心緒歌である。

あとがきに代えて

補記の13・明治維新160年の歩みと今日の課題

幕末維新歌の真価

拙著は嘉永6（1853）年の黒船来航から慶応3（1867）年の大政奉還までの約14年間の維新動乱を志士と呼ばれる青壮年有志らの行動と遺した歌を通して見てきたつもりである。彼らは外国の脅威から国を護るために持てる全エネルギーを己の志士的活動に注ぎ込み、そのことを歌に詠んだ。それらの歌は日本を取り巻く厳しい時代環境から生まれた尊（勤）皇歌、攘夷歌、愛国歌、殉難歌に大別されるけれども、どの歌にも「日本危うし」の危機感、国を救わんとする「救国義勇の志」、敵を討ち倒さんとする「戦闘心」、国を愛し守る「報国心」が溢れ漲っている。一言で言えば日本人が日本人である限り有する日本精神が力一杯表現されている。そう感じ考えるとき私どもは彼らの死を賭《と》して詠んだ歌に共鳴し国家存亡の危機感を共有すべきではないかと思う。歌の巧拙よりそこに幕末維新歌の真価を見るべきであると愚考する。

ナショナリズム覚醒

歌の話はその位にして、ここで幕末動乱から現在（令和時代）までの凡そ160年間の歩みを略叙し問題点を抜き出し今日の課題を提起してあとがきとしよう。

幕末動乱の14年間は列強に対する日本の外交方針や国の基本方針を決める日本歴史史上最も重要な時代であった。「日本が夷国の属国にされる‼」。黒船来航によって眠っていた日本民族のナショナリズムが覚醒し大和魂に火が点いたのである。

但しわが国のナショナリズムの矛先は外国との戦争ではなく先ず国内のヘゲモニー（覇権）争いという変則的なかたちを取った。というのは覇権争いの根本には元々、日本の統治権者は「天皇」か「将軍」かというわが国の根幹に関わる権力の二重構造問題が在るからだ。これが大元となって外夷から日本国を守るには①今の幕府では防ぎ切れない②対抗するには天皇を中心に国が一つにまとまる必要がある③そのためには幕府を倒さねばならぬと考える青年志士らを中心とした倒幕勢力（尊皇反幕派）と、「徳川」300年の底力で何とかなるという幕府側勢力（幕藩体制派）が熾烈な主導権争いを繰り広げたことは本篇で既述した通りである。繰り返しになるが、民族主義に目醒めた幕末という時代は、国の基本は「天皇国日本」で行くのか「徳川日本」で行くのかを最大の争点に公家、藩主、武士、町人を問わず渦中に身を置いた全ての日本人が勤皇派と佐幕派に分かれて日本大乱をも辞さずと激突を繰り返した世界史的激動の時代なのであった。

100年続いた明治維新のエネルギー

だが、既述したように徳川慶喜第15代将軍が、取り返しがつかなくなる前（日本大乱になる）前に天皇に大政を奉還した大英断によって、王政復古の大号令が発せられた。その結果、誕生した明治新政府によって国の基本は天皇を中心にした天皇親政に、外交方針は開国に、政治体制は立憲君主制（公論衆議政治）に決まった。日本はその基本方針に沿って「富国強兵」と「殖産興業」の2大政策を車の両輪にして西欧に追い付き追い越せの近代化への道をひたすら驀進した。その甲斐あって他国が数十年かかったことをわずか10数年で実現するなど世界を驚かせ東アジアで唯一の植民地化をはねのけると同時に西洋列強との一応五分の交際を始め、民族の誇りを守ることが出来た。

さらに民族的ナショナリズムの爆発沸騰は勢いを止めることなく日清・日露、第一次世界大戦（欧州大戦）勝利、満州国建国へと約1世紀に渡って続き遂に欧米列強に伍して世界の強国としての地位に辿り着いた。

その延長線上の世界史的な一到達点が孝明天皇践祚（弘化3・1846年）から約100年となる大東亜戦争、就中、アメリカとの日米戦争であった。

「ＷＧＩＰ」（日本人洗脳計画）─日本的なもの一切を「悪」と断罪─

ところがその日米戦争に日本は負けた。

維新の数百倍（３１０万人）という貴い血を流したにも拘らず、日本は有史以来の大敗北を喫し、「軍の無条件降伏」や「占領」を含むポッダム宣言（降伏要求）を受諾し、列強の侵略（間接）を許した。その結果、天皇親政の大号令の下１００年間粒々辛苦築き上げてきた栄光は一朝にして烏有に帰したのみならずその根底にある日本精神、大和魂といった「日本的なるもの」一切が木っ端微塵に粉砕された。

昭和20（１９４５）年8月14日、ポッダム宣言受諾によって日本国土はアメリカを中心とした連合国総司令部（ＧＨＱ・General Head Quarters）に占領された。以後サンフランシスコ講和条約が調印・発効する昭和27（１９５２）年4月28日までの約7年間に渡って日本無力化を目的とした「日本占領政策」が占領国アメリカによって実施された。日本無力化とは日本精神、民族精神を破壊することである。

日本を二度と立ち上れなくする「日本無力化政策」の主なものは①天皇人間宣言、②占領憲法、③東京裁判、④戦争犯罪広報計画（ＷＧＩＰ・ウオー・ギルト・インフォメーション・プログラム）、⑤日本国民洗脳（ジャパニーズ・ブレン・ウオッシング）の５つであった。

①「天皇人間宣言」はＧＨＱ占領下の昭和21（１９４６）年1月1日、昭和天皇が「朕自ラ国民ト

心ヲ一ニシテ国運ヲ開カント欲ス」(意訳)と述べられた年頭の詔書(官報号外)で、文中に「人間宣言」や「神格否定」の文字や意味はなかったが、日本の媚GHQメディア等によって天皇を貶める偏向解釈が喧伝され今日に至っている。尚、この「天皇人間宣言」と共によく引き合いに出される写真で、軍服姿のD・マッカーサーが腰に両手を当て、側に昭和天皇が立っておられる写真は心ある日本人にとって忘れることのできない屈辱の1枚となった。

②「占領憲法」(原案)は日本の軍事的無力化を目的にGHQによってわずか1週間で作成された。有無を言わさぬかたちで交戦権・戦力放棄の第9条を柱とした「日本国憲法」(原案)が示され、「敗戦利得者(日本人反日者)」と言われる日本人憲法学者らによって国際法違反である主権なき「占領下憲法」が作り上げられた。その押し付け憲法前文に「平和を愛する諸国民の公正と信義に信頼して、われらの安全と生存を保持しようと決意した」とあるが、どこに自国の安全や生存を他国に委ねる間抜けな国があろうか(「占領下」憲法はハーグ条約の「戦勝国は敗戦国の法律を変えてはならない」に明白に違反している)。

③「東京裁判」(日本断獄裁判)は極東国際軍事裁判と言い、戦勝国が一方的に事後法「平和に対する罪」を設けるなど日本断罪を唯一の目的とした裁判に名を借りたリンチ(私刑)である。何らの法的根拠も示さず戦争責任は「戦争犯罪」を行った日本にあると一方的に宣告し、日本軍が行なった軍事行動一切を「侵略戦争」と決めつけた。(A級戦犯の汚名を着せられた7人は皇太子(現上皇陛下)の誕生日(12月23日)に絞首刑となった)。

④「戦争犯罪広報計画」（ＷＧＩＰ・War Guilt Information Program）は戦争罪悪感の植え付けを目的に、日本人の戦った戦争を一部の「軍国主義者」が行なった「侵略戦争」として日本国民に信じ込ませるための検・論証無しの一方的な虚偽宣伝である。それは、「真相はかうだ」などＧＨＱ指揮下の民間情報教育局（ＣＩＥ）によって新聞報道並びにＮＨＫラジオ放送を通じて全国的に行われた。所謂、「日本人洗脳」（Japanese Brain Washing）の始まりでもあった。

⑤「日本国民洗脳」（ジャパニーズ・ブレン・ウオッシング）はＷＧＩＰと並んで「日本無力化政策」の中心的柱である。日本を骨抜きにするには根底にある日本精神を破壊することだと考えていたＧＨＱは、日本の歴史、伝統、文化といった日本精神を形成しているすべてを、「軍国主義に繋がる良くないもの」として日本人に植え付ける「日本国民洗脳」を実施した。昭和20（１９４５）年10月、ＧＨＱは「教職追放令」を発令し、それまで国のために献身的に働いてきた大学から小学校に至る10数万人の教職者を「戦争協力者」の名のもとに教壇から追放した。翌年の昭和21（１９４６）年、「公職追放令」を公布して同一の理由で約20万人の愛国的人々を公職から追放した。

また、これと並行し占領下の圧倒的強制力を用いて新聞、出版、放送等の言論機関に対し厳重な検閲、言論統制を行ない、日本精神を少しでも評価する人物を監視し職場から排除した。

日本人反日者（敗戦利得者）の跋扈

更にここで特筆しておかねばならぬことは、GHQはこうして愛国者を追い払ってその空いた所に、それまで地下に潜っていたり外国に隠れたりしていた、日本という国柄及び日本の歴史を全否定する考えを持った「日本人反日者」を日本国民洗脳の教師役として利用したことである。GHQの「日本全否定史観」と、日本人反日者らの「日本全否定革命思想」が野合したのであった。GHQのお墨付きを貰った日本人反日者（＝敗戦利得者）らが大学をはじめとした教育、学問、政治、経済、社会、歴史、伝統、文化、メディア、言論等々に主要な地位を占め戦前の日本的なもの一切に「軍国主義」のレッテルを貼って反日的、自虐的、亡国的思想を日本中に撒き散らしたのは言うまでもない。

GHQは日本人反日者らを手先に使ってあらゆる分野、あらゆる機会を通して戦争罪悪感の植え付け、並びに贖罪意識の刷り込みを行う「日本精神の計画的破壊」を実行した。

日本にとって自衛の戦争であった「大東亜戦争」は他国の主権を侵す「侵略戦争」として絶対悪と決め付けられ、一握りの政治家、軍部が企んだ「戦争犯罪」として有無を言わさず全否定された。東アジア諸国の独立開放や自衛戦争の面は一顧だにされず「大東亜戦争」「大東亜共栄圏」という言葉の使用は一切禁止された。

その戦争の根源に在るものとして肇国以来2千年に渡って日本を日本たらしめてきた忠節、礼儀、武勇、信義、質実等の「日本精神」は完全否定され、それを少しでも評価する言論、表現は過去に遡って容赦なく糾弾された。当然のこととされてきた「報国精神」、「愛国心」「義勇心」は「個」（人権）を否定する非民主・不平等の封建的思想として徹底して排除され、「国のために戦うこと」は「平和を愛する多くの国民の望まぬ」一部の軍国主義者の好戦思想として問答無用に抹殺された。

その結果、日本人は「天皇」「国體」「忠君愛国」というそれまで当たり前に使っていた言葉を口に出来なくなった。代わりに「過ちは繰り返しませぬ」「日本が悪かった」「負けて良かった」などという自分の国を否定する自虐思想の大合唱が町に、村に、日本中に溢れた。以来、骨抜きになった日本人は大和魂をどこかへ置き忘れて魂の乞食になって今日に至っている。

ＧＨＱの日本人洗脳政策の猛威はこのように日本人反日者を除く大多数の国民に面従腹背せざるを得ぬ亡国の民の悲哀、苦痛、悔しさを骨身に味わわせた。そのトラウマ（精神的傷）は戦後80年経った今日でもわれわれの心に深い傷痕を残していると言っていい。「社会貢献」「郷土愛」という糊塗的言辞は口にしても「国家貢献」や「愛国心」や「日本精神」という正言については今猶、表現を躊躇している空気があるのがそれである（国歌「君が代」斉唱に反対し、国旗「日の丸」に敬意を払わない非常識の振舞いが公々然と行なわれ外国の顰蹙を買っているのは周知のとおりである）。

死んだ子の年を数えるようだが、日本人はこうしたＧＨＱのやり方に「それは違う」「侵略ではなく、自衛であった」というべき反論をしなかった。のみならず、国は国民に、教師は生徒に、親は子に先人らの血と汗によって築いてきた日本の国の歴史や文化を教えることを憚り、語り継がなかった。このことがその後の日本の思想的方向を歪んだかたちに導くことになった原因の一半であり、所謂「世代の断絶」を生じ戦後世代の大多数がwGIPの「日本悪玉論」の刷り込みによって日本は悪いことをした国であると信じ込まされているのである。

「日本人反日者」。日本人でありながら日本の国の在り方（国柄、国體）を否定する人を指す。日本を全否定する革命思想を持つ反日主義者、その活動をする反日活動家を指す。

「敗戦利得者」。英語学者で保守の論客、渡部昇一（昭和5〜平成29・1930〜2017）の造語で、GHQによる日本占領下時代（1945〜1952）、日本人でありながら日本無力化の占領政策に進んで協力し重宝された反日的な学者、文化人、左翼政治家、メディア系の寄生虫的人々を指す。

日本精神復権を主張した四烈士

戦後80年が過ぎた。その間、「日本精神復権」を冀って絶命した者は次の4烈士である。

国のため神州男児晴れやかにほほえみ行かん死出の旅路に

山口二矢（昭和18〜昭和35・1943〜1960）。元大日本愛国党（赤尾敏総裁）党員の辞世である。昭和35年11月2日、東京少年鑑別所（練馬）の未決独房の壁に歯磨き粉で「七生報国　天皇陛下万歳」と記して自決した。17歳。

散るを厭ふ世にも人にもさきがけていまこそ散れと吹く小夜嵐

それから10年後の昭和45（1970）年11月25日、小説家で「楯の會」隊長、三島由紀夫（大正14～昭和45・1925～1970）が同會の隊員を率いて市ヶ谷の自衛隊東部方面本部で、会館内総監部のバルコニーから集まった約千人の隊員らに向かって「我々の愛する日本を骨抜きにした憲法に体をぶつけて死ぬやつはいないのか。諸君は武士だろう。共に死のう」と占領憲法否定の蹶起を呼び掛けた。しかし、ヤジと怒声を飛ばすものはいても立ち上る隊員は一人もいなかった。

三島は演説を途中で諦め、「天皇陛下、万歳」を唱えて、バルコニーから部屋続きの総監室へ戻り学生隊長森田必勝（25）とともに割腹自決した。右歌は、日本復活は押し付け憲法を破棄し、自衛隊を国軍とする新憲法を樹立する以外にないという信念に殉じた純粋行動者三島の辞世である。45歳。

民族の本ついのちのふるさとへはやはや帰れ戦後日本よ

昭和54（1979）年5月25日、大東塾長で不二歌道会の影山正治（明治43～昭和54・1910～1979）は元号法制化と日本回帰を念じて大東農場（東京青梅市）で右一首を遺し自決した。歌人にして日本民族派の論客、影山翁が「はやはや帰れ」と熱願した「本ついのち」とはやまと魂であり日本精神であったに違いない。69歳。

さだめなき世なりと知るも草莽の一筋の道かはることなし

その14年後の平成5（1993）年10月20日、YP（ヤルタ・ポッダム）体制打破、日米安保条約破棄を唱え、日本の自主独立を主張し続けた昭和最後の民族派行動者、野村秋介（昭和10～平成5・1935～1993）は自らの国を貶める偏向報道を繰り返す朝日新聞社に乗り込み、役員応接室で社長以下に猛省を促した後、「皇尊《すめらみこと》弥栄」を三唱して3発の銃弾を自らに打ち込んで自決した。見事な純粋行動であった。58歳。掲上歌は辞世である。獄中詠に「是非を説くな俺は激しい雪が好き」の現代の100句に採られた氏の絶唱がある。上五句には「何も云ふな」「誰もしやべるな」としたものもある。

占領政策2大後遺症―「反戦平和病」と「自虐史観症」―

野村・三島両氏自決からはや30年～50年、日本占領政策から4分の3世紀が経過した。その間、GNP（国民総生産）世界第2位、2度のオリンピック開催など驚異的な経済復興を遂げた。

しかしながら肝腎の勤勉、正直、清廉、尚武、義勇といった日本精神復興は①占領憲法後遺症の「反戦平和病」、②wGIP後遺症の「自虐史観症」という2大後遺症に手枷足枷、阻まれ停滞したままである。否、寧ろ後退しているとさえ見える今日的状況である。GHQの「日本精神破壊」の目論見は功を奏したと言わねばならぬ。

「戦力不保持・戦争放棄」という憲法第九条に呪縛され、反戦平和病に取り憑かれた一部の日本人はアメリカ駐留軍に庇護されながら「戦争反対」「九条護持」を叫ぶ情けない奴隷的人間に成り果てている。独立主権国家として当然の自国防衛の責務と権利を放棄して愛国心恢復や精神復権など有り得よう筈もない。他者依存の「空想平和論」のお題目を唱えていれば平和を守れると本気で思っているのか。正気を疑う。自分の国は自分で守る。当たり前のことである。「奴隷の平和」病を撲滅する憲法第九条の廃止撤廃こそ日本が当たり前の国となる最低限にして且つ、最重要課題である。

日本の負の部分を殊更強調したり、日本人でありながら自国を否定する「自虐史観」は反日学者や反日メディア、左翼文化人、左翼教職者ら日本人反日者によって日本中にばら撒かれている。彼らは日の丸・君が代、自衛隊の否定はじめ彼らの最終目的である皇室抹殺のため法廷や政治の場、教育現場やお茶の間（TV）などあらゆる場で反日活動を繰り返している。GHQと日本人反日者の野合から生まれた自虐史観の猖獗を野放しにして国民的誇りの恢復など有ろうはずがない。自虐史観の一掃根絶こそ日本精神再興の最火急の課題である。

また、これら以上に看過できないのは清廉を尊んできた道義国家日本が、祖国の為に生命を捧げて戦った日本軍人の「報国精神」を占領国アメリカによって「絶対悪」と断罪されてより万事を金で解決しょうとする拝金国家に成り下がっていることだ。平成3（1991）年、イラクのクエート侵攻で始まった湾岸戦争で多国籍軍の要請に日本が130億ドルの金だけ払って済ませ世界の笑い者になった屈辱の記憶はまだ新しい。それどころか「金で済まそう」式の拝金思想の蔓延は令和の今日になっても上は大臣から下は我々庶民に至るまで益々世を覆っている。私どもはかかる恥ずべき物欲万能の風潮を一掃し日本を元の清潔な国柄へ戻さなければならない。

「日本精神」を取り戻す100年目

現在、日本は元寇、明治維新、大東亜戦争の敗戦に次ぐ第4の国難の秋であると断じて過言でない。わが国の周囲には、「日本は反省謝罪しろ」と事あるごとに言い募り隙有らばと日本侵攻の爪牙を砥ぐ複数の隣国（独裁国家中朝露）が在り、内に魑魅魍魎の日本人反日勢力が日本的なるもの一切を葬り去ろうと跳梁跋扈《ばっこ》している。この危機的状況は黒船騒ぎの比ではない。

我々は寸刻を惜しんでGHQによって無残に打ち砕かれた日本精神を復活させ、愛国心を再興し、祖国防衛に備えなければならない。今からでも決して遅くはない。我々の先祖は国家崩壊の危機をその都度、大和魂を振り絞って乗り越えてきた。令和の我らにそれが出来ないはずはない。

幸い、反日メディアや進歩的文化人らの自虐史観や日本悪玉論に「本当にそうなのか」という素朴な疑問を持ち始めた若者や若手文化人らが発言し始めている。占領憲法改正もその歩みは歯がゆい位に遅いが明るい兆しも見え始めた。「南京虐殺」や日本軍の「慰安婦強制連行」や「戦時徴用工強制労働」などの「歴史捏造・改竄」問題も気鋭の学者らによって事実に基づいた実証的検証が始められている。

ついこのあいだまで我々日本人にあった武士道、明治維新の救国精神、皇国の浮沈を賭けて敵艦に体当たりした特攻精神などの大和魂がたった一度の敗戦で影も形も消えて無くなるとは思えない。2千年の間、我々日本人を日本人たらしめてきた日本精神が煙のように消えてしまうことなど有ろう筈がない。きっと我々のDNAのどこかに再び立ち上る時を待っているに相違ない。

私どもは、明治維新や先の大戦において有意の多くの青年らが祖国日本の安泰を願い尊い生命を捧げた土台の上に今日の日本があることを決して忘れてはならないし、栄光ある日本を子々孫々に継いでゆく大切な義務があることを肝に銘じて奮起すべきである。世界は今、100年前に逆戻りしたかのようなロシアによるウクライナ侵略を目の当たりにし、虎視眈々と台湾侵攻を窺う中国や一触即発の朝鮮半島情勢など第三次大戦前夜の予兆を孕んで不気味な鳴動を響かせている。一大変革がいつどこでどのようなかたちで起こるや予断を許さない今日である。

今こそ我らは維新の志士や大東亜戦争の将兵らの救国の精神と行動に学ぶべきである。心ある日本人は老いも若きも男も女も我々の心の中に眠っている大和魂を掘り起こし、錆を落とし、日本を元の誇り高い義勇の国に復活させなくてはならない。日本が日本らしく生き延びて行くに一寸一秒の猶予もないのである。

令和の課題―あと20年ある、20年しかない―

私ども日本人は先の敗戦以来、民族精神を骨抜きにされて令和の今日を迎えている。今年で戦後80

年である。あと20年で敗戦100年である。100年単位で世は変ると言われる。いや、変えねばならない。あと20年あるとも言えるし、20年しかないとも言える。

佐久良東雄が「かかる時せむすべなしと黙に居る人は活きたる人とは言はじ」と言挙げしたように今こそ声を上げるときである。

梅田雲浜が「君が代を思ふ心のひとすぢに吾が身ありとはおもはざりけり」と詠んだように一人ひとりの心の内に日本精神を充満させなくてはならない。

吉田松陰が「かくすればかくなるものと知りながらやむにやまれぬ大和魂」と遺詠したように今こそ行動を起こすべきである。

愛国心なき国民はたとえ1億人いようと烏合の衆に過ぎない。報国の心なくして国のために死ぬことなどある筈もない。

拙著が次代を担う青少年らの心奥に眠っている日本精神（大和魂）を呼び覚ます一助になればこれ以上の喜びはないし、現代日本の危機的状況を考えるきっかけになればうれしい。

令和7年歳寒

参考文献引用書（蔵書）

勤王文庫　福井久蔵・平野彦治郎編　1931年版　大日本明道會
歎涕和歌集　宮地維宣編　1945年　岩波書店
新葉和歌集　石村雍子校訂　1937年　雄山閣
伴林光平全集（南山踏雲録）　佐々木信綱編　1944年　湯川弘文社
佐久良東雄歌集　顕彰会編　1937年　大行堂出版部
幕末愛国歌　川田順　1943年　第一書房
吉野朝の悲歌　川田順　1942年　第一書房
定本愛国百人一首解説　日本文學報國會編　1943年　毎日新聞社
現代短歌体系（第一巻）　山縣有朋　1952年　河出書房
吟詠和漢名詩集（絶句篇）　有富豊編　1976年　みづほ出版
万葉秀歌（上下）　斎藤茂吉　1973年　岩波書店
萬葉集全講　武田祐吉　1970年　明治書院
古今和歌集　尾上八郎校訂　1967年　岩波書店
歌集『魚歌』　齋藤史　1940年　ぐろりあ・そさえて
西郷南州遺訓　山田濟齋編　1942年　岩波書店

参考文献引用書（蔵書）

講孟余話（箚記）　吉田松陰　広瀬豊校訂　１９６９年　岩波書店
吉田松陰書簡集　広瀬豊編著　１９３７年　岩波書店
吉田松陰　徳冨猪一郎　１９３４年　明治書院
山鹿素行全集　山鹿素行　全集刊行會　１９１９年　帝國教育學会
省諐録　佐久間象山　飯島忠夫譯　１９６９年　岩波書店
古事記（中つ巻）　武田祐吉譯　１９６８年　角川書店
神皇正統記　北畠親房　阿部喜三男記　１９４０年　研究社
愚管抄　慈円　１９３６年　雄山閣
改版邦文日本外史　頼山陽　池邊義象訳　１９３３年　三陽書院
頼山陽の日本史詩　福山天蔭評釈　１９４５年　寶雲舎
氷川清話　勝海舟　江藤淳ほか編　２０００年　講談社
藤田東湖　中村孝也　１９４２年　地人書館
定本河上彦斎　荒木精之　１９７４年　新人物往来社
維新者の信條　影山正治　１９６９年　大東塾出版部
歌道維新論（復刻版）　影山正治　１９８０年　大東塾出版部
日本の文学史　保田與重郎　１９７２年　新潮社
改訂版維新暗殺秘録　平尾道雄　１９６７年　新人物往来社

ネバーギブアップ・ジョン万次郎　中濱武彦　2018年　KKベストセラーズ
日本史概説（上下）坂本太郎　1962年　至文堂
概観維新史　維新史料編纂会編　文部省　1944年　明治書院
新輯日本思想の系譜（下）　小田村寅二郎編　1971年　時事通信社
増補決定版日本史　渡部昇一　2014年　扶桑社
少年日本史　平泉澄　1971年　時事通信社
日本陽明學派之哲學　井上哲次郎　1945年　冨山房
明治維新の研究　津田左右吉　論稿編輯版　2021年　毎日ワンズ
幕末維新人名事典　奈良本辰也監修　1975年　学藝書林
和漢詩歌作家辞典　森忠重　1972年　みづほ出版
大増訂國史大辭典（増補年表）　1915年　吉川弘文館
日本史事典（歴史教育研究所編）　1969年　旺文社
新編藩史総覧（歴史と旅・臨時増刊号）　1988年　秋田書店
歴代天皇紀　肥後和男ほか　1972年　秋田書店
新潮国語辞典（現代語・古語）久松潜一監修　1969年　新潮社
最新日本世界對照年表　肥後和男　1963年　有朋堂
三島由紀夫最後の絶叫（ソノシート）　週刊サンケイ12月31日号　1970年　サンケイ新聞社出版局

ほか。

吉田慎太郎（よしだしんたろう）

昭和 18 年　満州国興安北省海拉爾市（ハイラル市）に生まる
昭和 21 年　両親弟とともに日本へ引揚げる。昭和 36 年まで福岡県大牟田市に暮らす。同県立大牟田北高校２年終了。のち昭和 40 年大検取得。
昭和 36 年　一家８人で上京。昭和 41 年まで新宿、目白、保谷などで、喫茶店ボイ、各種工事現場、花屋店員、針金工場工員、チリ紙交換等に従事。
昭和 41 年　清瀬市で牛乳配達の傍ら大学受験を目指す。父の民族運動機関紙「祖国」の編集を手伝う。
昭和 45 年　青梅市営多摩川競艇場入職。平成 21 年定年まで 38 年間自衛警備勤務。
昭和 54 年　妻子５人と青梅へ引っ越す。
平成 21 年　地方紙「西の風新聞社」入社。

平成 20 年　母との共著「負けんバイ女の一生」出版
平成 21 年　青梅市東雲短詩会入会
令和３年　短詩集「くるたの」出版
住所　198-0031　東京都青梅市師岡町 3-8-19
電話　090-3435-8258

歌剣の維新歌
歌で綴る幕末史―純粋行動者の系譜

令和七年一月二十五日　第一刷発行

著　者　吉田慎太郎
発行人　荒岩　宏奨
発　行　展　転　社

〒101-0051 東京都千代田区神田神保町２-46-402
TEL　〇三（五三一四）九四七〇
FAX　〇三（五三一四）九四八〇
振替〇〇一四〇-六-七九九九二

印刷製本　中央精版印刷

定価［本体＋税］はカバーに表示してあります。

ISBN978-4-88656-586-0